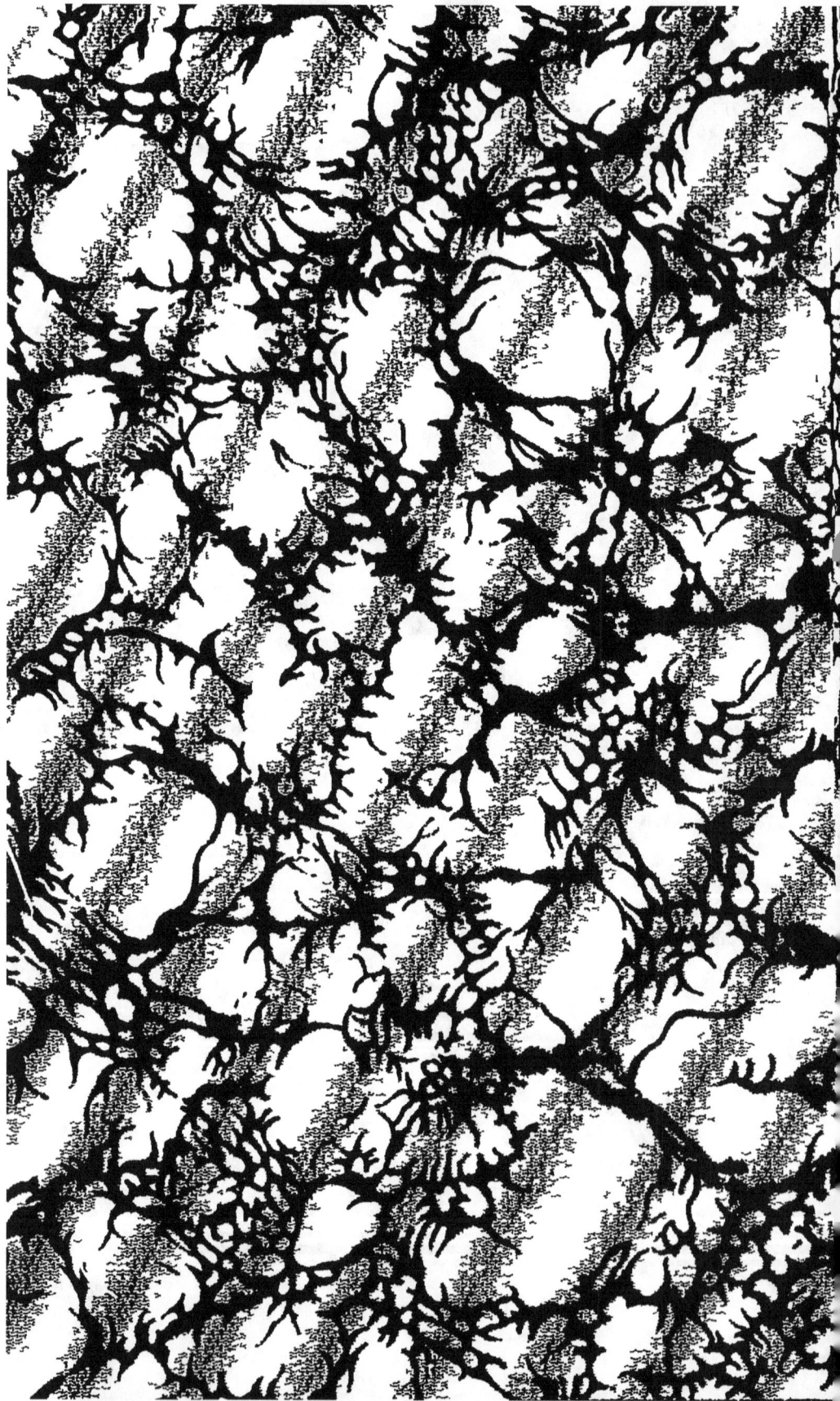

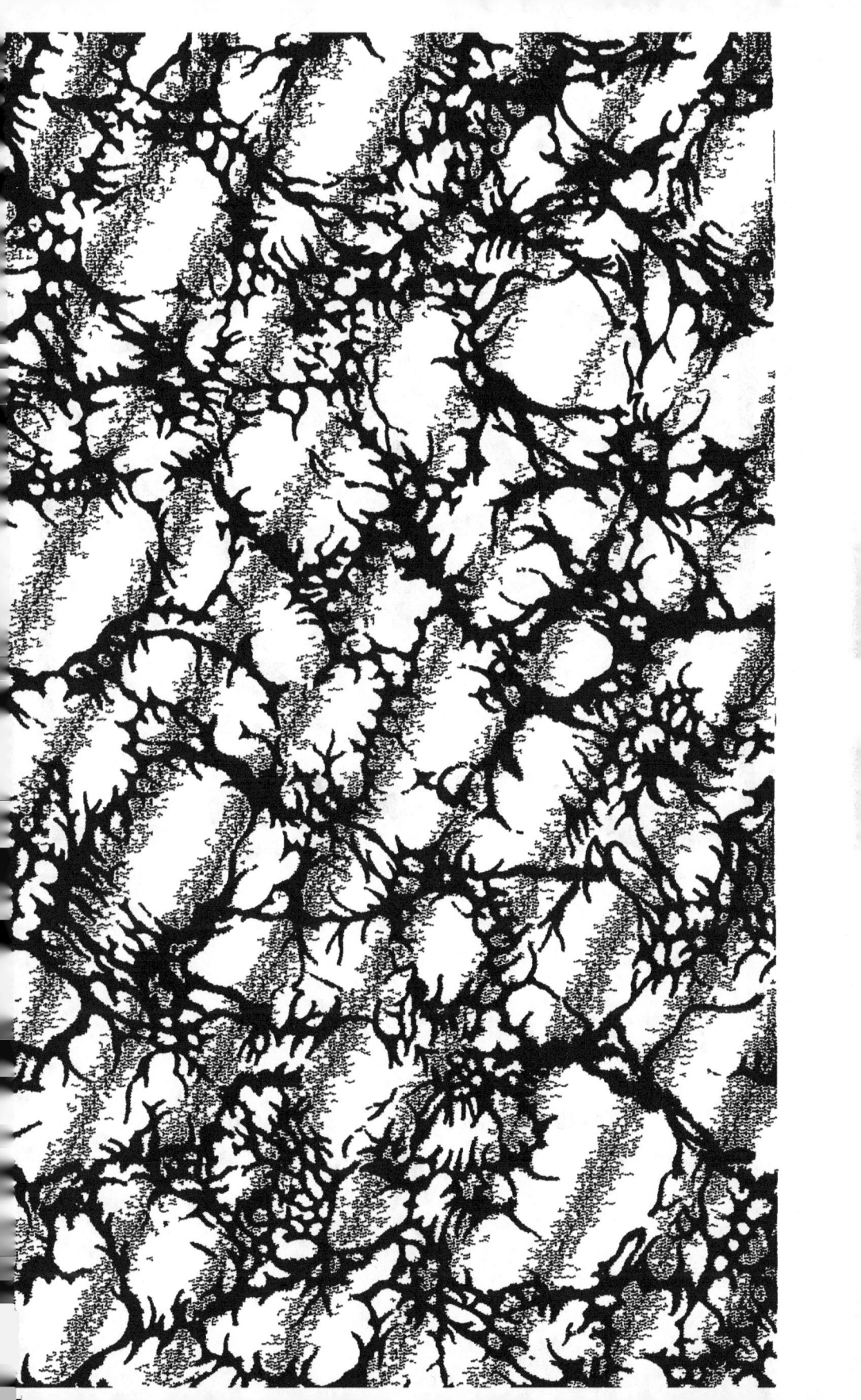

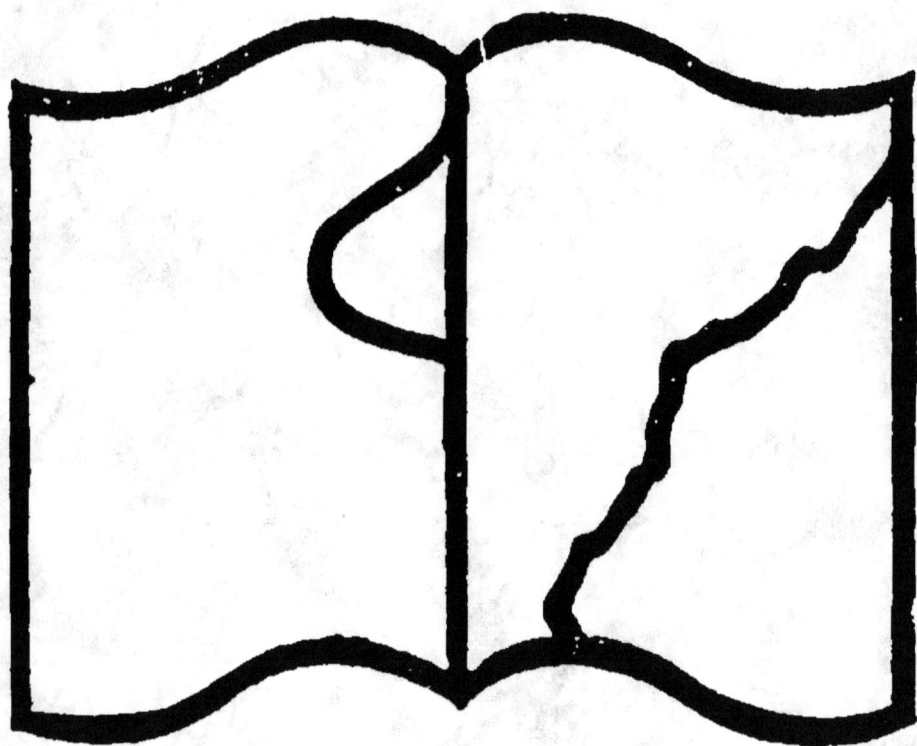

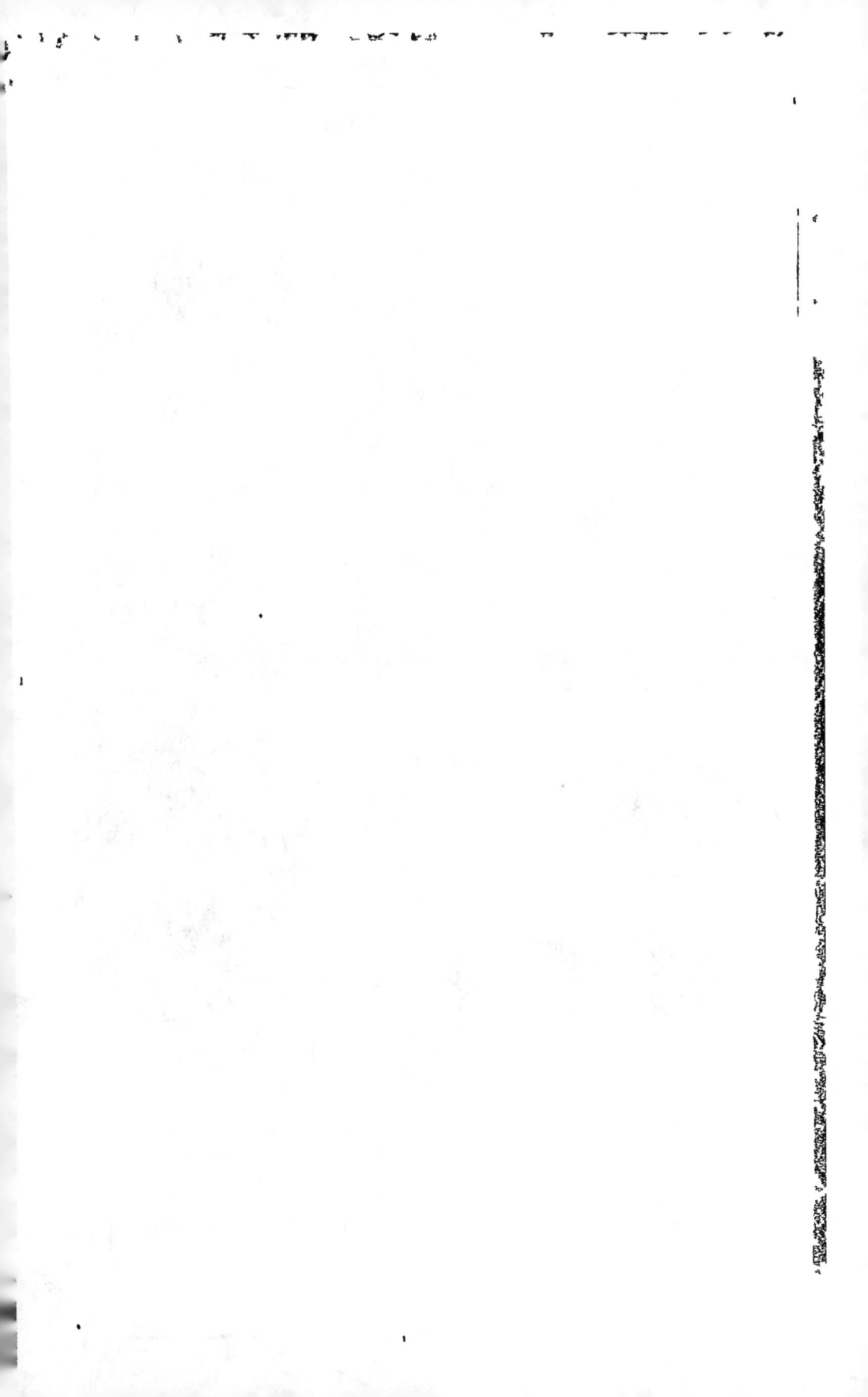

Publications de L'ACTION POPULAIR

Prêtres de France

J. PAILLART

RÉDACTION ADMINISTRATION DE L'ACTION POPULAIRE REIMS

Publications de " L'ACTION POPULAIRE "

Prêtres de France

A LA VILLE ET AUX CHAMPS

ŒUVRES SOCIALES

F. PAILLART

Imprimeur-Éditeur — ABBEVILLE

RÉDACTION ET ADMINISTRATION DE L'ACTION POPULAIRE
48, RUE DE VENISE, REIMS

PRINCIPAUX COLLABORATEURS DE L'ACTION POPULAIRE

PRÊTRES DE FRANCE

A LA VILLE & AUX CHAMPS

ŒUVRES SOCIALES

PUBLICATIONS DE L'ACTION POPULAIRE

Rédaction et Administration
48, rue de Venise, REIMS

Tracts-Brochures

PÉRIODIQUES

Paraissant le 1er, le 10 et le 20 de chaque mois

Un exemplaire : **O fr. 25**, *franco*.

L'Abonnement à la 4e série de 24 Tracts : n° 73 à 96
France, **5 francs**, Étranger, **6 francs**.

N B — Cet abonnement finit le 1er janvier 1906

A partir du 1er Janvier 1906, sur de nombreuses
demandes, l'abonnement ne se prend plus à la Série de 24
Tracts, mais à *l'année comprenant 36 Tracts,* du n° 97 au
n° 132 pour l'année 1906 Par suite, l'abonnement annuel est
porté de **5 francs** à **7 fr. 50.** (Étranger : **8 fr. 50**)

Pour s'abonner, envoyer un *mandat* ou un *bon de poste.*

A M H.-J. LEROY Directeur de l'*Action Populaire,* 48, rue
de Venise, Reims

Ou à M. LECOFFRE, 90, rue Bonaparte, Paris

N B — l'abonnement à la série de 24 Tracts (n° 73 à 96),
peut encore se prendre jusqu'en Décembre 1905.

Conditions spéciales pour la Propagande

En vente dans les principales Librairies

*Voir à la fin du volume LA LISTE COMPLETE
des Tracts parus jusqu'en fin octobre 1905.*

L'Action Populaire

L'Action Populaire est au service de l'association professionnelle, des œuvres qui la préparent ou la complètent ; son but est de grouper les hommes suivant leur profession. Unis, les agriculteurs, les artisans, les ouvriers sont plus forts pour défendre leurs intérêts et leurs libertés ; ils sont meilleurs aussi, car le vrai syndicat, instrument de concorde, école de services réciproques, est plus utile encore pour faire la paix que pour faire la guerre.

Les *Tracts*, les écrits de l'Action Populaire se rapportent tous, soit directement, soit indirectement à l'Association :

Ou bien ils en font connaître les principes, les règles ou les lois, — ce sont des tracts de doctrine, de jurisprudence ou d'administration ;

Ou bien ils étudient dans chaque profession les souffrances que le syndicat atténuerait au moins en partie — ce sont des enquêtes ;

Ou bien — et plus habituellement — ils exposent les meilleures solutions indiquées par l'expérience. Ce sont des monographies sur les caisses de crédit, les coopératives, les assurances, les syndicats et leurs multiples annexes... ou encore sur des œuvres de préparation et d'action sociale.

Le *Guide Social* de l'Action Populaire est comme une synthèse du mouvement économique de chaque année.

SOMMAIRE :

PRÉFACE VI

A la Ville.

M. l'Abbé BORDRON..... *L'œuvre d'un Curé dans une paroisse révolutionnaire...* 1

M. le Chanoine CETTY.. *Le Prêtre dans une paroisse ouvrière, Saint-Joseph de Mulhouse* 47

M. l'Abbé L. GRUSON... *Jardins ouvriers de Fourmies.* 105

Aux Champs.

M. l'Abbé MAZELIN..... *Dix-huit mois de vie syndicale à la campagne......* 147

M. l'Abbé BOILEAU...... *L'action populaire chrétienne au Mont-Notre-Dame.......* 187

M. l'Abbé PETERS. ..... *En Champagne ....* 221

M. l'Abbé F............ *Saint-Félicien. — Une petite Paroisse rurale...........* 253

A la Ville et aux Champs.

M. l'Abbé C. VALLIER... *Les Séminaristes en vacances.* 205

ʹPRÉFACE

Que peut faire un prêtre, un Curé qui ne voit rien à faire? Comment réunir autour du clocher des braves gens que disperse la crainte de se compromettre, l'habitude de l'isolement, l'indifférence religieuse, le découragement et mille autres causes? Par quel moyen résister à l'invasion du socialisme ou la prévenir? Quelles sont les œuvres qui réveillent le mieux les énergies locales et les groupent dans un effort commun, dans une marche vers un peu plus de bonheur, un peu plus de bien-être, un peu plus de liberté, un peu plus de religion?

Ces questions reviennent sur les lèvres de beaucoup, fréquentes, instantes. Plusieurs réponses y sont faites. Prêtres de France apporte la sienne, inspirée par l'expérience.

Le grand mérite de ce livre est d'être écrit par des témoins qui racontent les choses qu'ils ont vues, mieux encore par des ouvriers qui exposent les œuvres qu'ils ont faites : celui-ci à la ville, celui-là aux champs, tel dans une paroisse chrétienne, tel dans un milieu hostile, l'un avec des artisans, l'autre avec des laboureurs.

Ces pages si sincères, si réelles sont en même temps unes et diverses. Elles sont unes parce qu'un même souffle les anime, parce qu'une même pensée les inspire. C'est toujours le groupement des meilleurs, le retour à l'association, la vie jadis corporative, aujourd'hui syndicale, qui se ranime et s'organise. Elles sont diverses aussi parce que chaque auteur est bien lui, en disant ce qu'il a fait chez lui. Les moyens, les outils, si l'on veut, sont les mêmes, ils sont en d'autres mains.

Et par ce côté Prêtres de France répond à l'objection courante : « Très bien chez vous, mais impossible chez nous. » Non, point d'impossibilité dans aucun pays, point de sol si ingrat qu'il ne soit possible d'entrouvrir pour lui confier au moins le germe d'une association.

« Prêtres de France » écrit tout entier par des hommes de travail, sans souci excessif de l'actualité, vient cependant à son heure. En un moment où plusieurs estiment inutile l'œuvre du sacerdoce, il montre ce que des vaillants font pour pour le service du pays avec un courage dont n'aura raison aucune ingratitude.

Les auteurs de ce livre, d'où qu'ils soient, se rencontrent dans une obéissance filiale, confiante et joyeuse aux Souverains Pontifes. La sécurité des serviteurs, et déjà leur récompense, n'est-ce pas de faire le travail que le Maître du champ a demandé ?

EN PRÉPARATION

Françaises.

Jeunes gens de France.

Prêtres de France

Abbé BORDRON

L'ŒUVRE D'UN CURE

DANS

UNE PAROISSE RÉVOLUTIONNAIRE

Allons au Peuple.

Dans sa brochure : « *Un Curé et ses œuvres rurales* (1) », l'abbé Mazelin fait cette réflexion qui est fort juste : « Le peuple ne s'y trompe pas et quand il voit le travail, le désintéressement, la charité qu'on met à son service, il se rend compte que tout cela n'a qu'un principe: Dieu. Et c'est la meilleure des prédications. »

Puis il ajoute : « Le syndicat est un travail d'approche qui remet en contact le prêtre et le peuple, qui

---

(1) Cf. Collection de l'A. P., n° 3: *Un Curé et ses œuvres rurales.*

rend au prêtre son influence et dissipe les préjugés.

« Le syndicat *bien compris* mène directement à la pratique de la religion parce que le syndicat n'est que l'application des plus belles maximes de l'Evangile, en réclamant l'union, la coopération de tous au bien commun, l'aide mutuelle. »

Ce que dit l'abbé Mazelin du « syndicat », on peut le dire des *œuvres sociales* en général : elles rapprochent le prêtre et le peuple, elles rendent au prêtre son influence et peu à peu elles ramènent les travailleurs à Dieu et à la pratique de leurs devoirs.

C'est là ce dont beaucoup de membres du clergé ne paraissent pas se préoccuper suffisamment. Les lignes qui vont suivre, écrites à la hâte pour répondre aux pressantes instances d'un ami, n'ont d'autre but que de confirmer les paroles de l'abbé Mazelin et de montrer par des faits réels et faciles à contrôler, que *les œuvres sociales* sont, à l'heure actuelle, pour le prêtre, un moyen d'apostolat puissant, facile et fécond.

Partout où la Providence nous envoie, nous prêtres, exercer notre ministère, même dans les milieux les plus violemment anticléricaux et les plus révolutionnaires, les résultats sont absolument certains, si nous savons nous servir des œuvres comme il convient.

Ma paroisse.

Ce qu'elle était au commencement d'août 1901.

De l'avis unanime c'était la plus mauvaise du diocèse de Versailles qui, comme on le sait, en compte cependant pas mal qui ne valent vraiment pas cher.

Situé à proximité de Paris, sur les bords de l'Oise, à l'intersection de plusieurs lignes de chemin de fer, entre Saint-Denis et Creil, Persan est un centre industriel très important.

Ses forges bien connues occupent parfois jusqu'à 600 ouvriers. La Société *La Soie* a là une usine qui emploie un personnel considérable et la Société anglaise *India Rubber* y travaille le caoutchouc sous toutes ses formes. On y trouve également de nombreuses fonderies, des fabriques de tapis, de voitures, de céramique, de cols, de moteurs électriques, ainsi qu'une distillerie qui est une des plus importantes de France, etc.

Trop considérable pour la localité qui forme avec Beaumont une agglomération de près de 8,000 habitants, la population ouvrière de Persan déborde dans toute la région, ne trouvant pas à se loger sur place.

Très travaillé par les idées révolutionnaires et courbé sous le joug de quelques meneurs appartenant au Parti ouvrier, Persan avait, au moment où j'y arrivais, une municipalité du rouge le plus accentué.

Au point de vue religieux c'était la guerre violente contre tout ce qui de près ou de loin appartenait à l'idée religieuse.

A peine le célèbre Thomas, maire de Bicêtre, avait-il pris son fameux arrêté interdisant le port de la soutane sur le territoire de sa commune, que son ami, le maire de Persan, adoptait aussitôt la même mesure. Ceci se passait quelques mois avant mon arrivée.

Il y eut à cette occasion toute une série de procès

qui rendirent légendaire le maire et son premier adjoint ; celui-ci s'était fait une spécialité de courir après les curés et de leur dresser des contraventions.

En même temps qu'elle s'attaquait à la soutane, la municipalité décrétait le renversement de toutes les croix placées dans les endroits publics. On vit alors disparaître la vieille croix du cimetière, ainsi qu'un antique calvaire placé au carrefour des Forges. Ce carrefour devint la place de La Barre et la rue où se trouve le presbytère la rue Etienne Dolet.

Non contents d'opérer chez eux, les ardents de la sociale, animés d'une rage satanique, se rendaient par bande dans les communes voisines pour empêcher les processions et toutes les manifestations extérieures du culte. C'était, comme on le voit, le fanatisme le plus sectaire et l'anticléricalisme le plus aigu qui régnaient à Persan en l'an de grâce 1901.

Courbée sous le joug de ces énergumènes, qui s'imposaient par la terreur, la population ne savait trop que dire. La masse faisait cause commune avec la municipalité, les autres craignant des ennuis trouvaient que le mieux était de se taire.

Dans un pareil milieu il n'y avait pour le curé que tracas et ennuis, le ministère y était à peu près nul, ainsi que la vie paroissiale. La situation n'y paraissait pas tenable.

Voilà ce qu'était Persan, lorsque à la fin de juillet 1901, je fus appelé à ce poste qui, tout naturellement, effrayait un peu tout le monde.

Comment je devins curé de Persan.

Le fait n'est pas banal et vaut d'être conté.

J'étais à cette époque dans un des coins les plus ravissants de Seine-et-Oise, au bord de la rivière d'Yerres, sur la lisière de la forêt de Senart, à trente-cinq minutes de Paris. C'était un pays de culture et de grande villégiature.

J'administrais depuis cinq ans, dans le calme le plus complet, deux charmantes paroisses rurales. J'avais restauré mes deux églises, construit une sacristie, créé deux squares et fait, sans aucun frais pour la commune, un tronçon de route.

Il n'y avait qu'à se laisser vivre et si j'avais aimé le repos, il m'eut été impossible de désirer mieux.

Ayant malheureusement beaucoup de loisirs, j'en profitais pour suivre à Paris et en province le mouvement social et religieux. C'est ainsi que je pris part à plusieurs congrès.

J'eus aussi l'occasion de donner à Paris un grand nombre de conférences et même quelques cours dans des milieux très tumultueux. Ceci se passait au su et vu de mon évêque qui était pour moi plein de bonté et qui était au courant de tout ce que je faisais.

Cercle central d'Etudes sociales.

Il y avait également à Paris, une œuvre qui s'est beaucoup développée depuis, mais qui, à cette époque, était encore à ses débuts, du moins parmi les catholiques. C'était une sorte d'école normale, d'un genre très particulier, où ceux qui en avaient le goût venaient s'initier à l'étude des questions sociales : on l'appelait *le Cercle central d'études sociales.*

Il y venait des hommes de situations très diverses. On y voyait fraternisant et travaillant en commun des hommes politiques connus, des journalistes de valeur, des économistes très cotés et un certain nombre d'ouvriers. Chaque année on renouvelait le bureau. Vers 1896 je fus élu président de ce cercle en remplacement d'un avocat à la Cour d'Appel. Mon mandat me fut renouvelé constamment : j'étais réélu chaque année. Mon évêque ne l'ignorait pas.

J'avais également dans ma paroisse une publication qui paraissait l'intéresser beaucoup, car il m'en témoigna un jour sa satisfaction par l'envoi d'une lettre de félicitations, ce qui n'était guère dans ses habitudes. C'était un Bulletin religieux que je rédigeais spécialement pour les besoins de mes paroissiens. Il était adressé à toutes les familles sans exception et tout le monde le lisait avec plaisir, de sorte que l'enseignement que beaucoup ne venaient point chercher à l'église, ils l'avaient dans la famille. Chacun se trouvait ainsi au courant des principales questions religieuses et de tout ce qui concernait la vie paroissiale. Mon évêque aimait beaucoup ce Bulletin et l'avait dit publiquement en plusieurs circonstances.

Je suis appelé à l'Evêché.

Un jour, c'était au commencement de juillet 1901, Monseigneur me fit appeler à sa maison de campagne et me tint à peu près ce langage :

« Je veux vous donner une preuve de la confiance que j'ai en vous. J'ai une paroisse difficile et dont je ne sais que faire. Je ne sais à qui l'offrir. J'ai la conviction que vous pourrez y faire quelque chose. Je vous demande de l'accepter, je vous le demande comme un service personnel.

« Vous avez vos théories sur la question ouvrière, vous avez l'habitude du peuple, eh bien, je vous livre cette paroisse comme champ d'expérience. Faites-y ce que vous voudrez. Je ne vous gênerai pas. Si vous y réussissez, j'en aurai une grande joie. Si au contraire ça ne va pas, je ne vous en porterai pas rigueur. Au contraire je vous récompenserai de votre obéissance et de vos efforts. »

Ce langage était évidemment très flatteur, mais quand je sus de quelle paroisse il s'agissait, je fus quelque peu désappointé. Toutefois, il n'y avait pas à hésiter et si ardue que fut la besogne qui m'était offerte je ne pouvais que me rendre au désir de mon évêque.

Je voulus voir ma nouvelle paroisse que je ne connaissais encore que de réputation. J'en revins navré, consterné, presque découragé. Ce que j'avais vu sur place et les renseignements que j'avais recueillis, surpassaient ce que j'avais pu imaginer.

Ma première pensée fut de refuser, mes amis me poussaient à le faire, mais ces paroles de mon évêque me revenaient sans cesse : « Je vous livre cette paroisse comme champ d'expérience... Faites-y ce que vous voudrez... Si vous n'y réussissez pas, je ne vous en porterai pas rigueur. »

Je pris mon courage à deux mains et confiant dans la Providence je me promis de me rendre à mon poste le plus tôt possible.

Mes débuts.

J'y arrivai le 29 juillet 1901. Je m'installai tant bien que mal dans un presbytère qui tombait en ruines. Il n'y avait pas à compter sur la municipalité pour y faire une réparation quelconque. Elle songeait au contraire à me l'enlever.

Deux jours après arrivait la fête paroissiale. J'officiai dans une église presque déserte. Le local avait triste mine. Les murs étaient horriblement sales, les voûtes crevassées. L'extérieur était si misérable qu'on eût dit un bâtiment désaffecté.

Il n'y avait pas de temps à perdre, tout était à refaire, je me mis immédiatement à la besogne.

Je restaurai le presbytère et fis faire à l'église, avec le concours de quelques amis, les réparations les plus urgentes. Je m'en tins à l'intérieur. Un nettoyage complet lui donna tout de suite un aspect tout autre.

Le point capital c'était pour moi l'état d'esprit de la population. C'était d'une part la haine violente, et de l'autre l'indifférence la plus complète. Il me fallait à tout prix secouer l'apathie et calmer le fanatisme. Mon plan fut vite fait.

Un jour, j'avais entendu un libre-penseur dire d'un prêtre cette parole qui m'avait vivement frappé : « Il est de ces hommes qui font aimer le prêtre et de ces prêtres qui font aimer l'Eglise. »

Je me promis de consacrer tous mes efforts à faire aimer l'homme, afin d'arriver par ce moyen, comme le disait mon libre-penseur, à faire aimer le prêtre et par lui à faire aimer l'Eglise.

A l'heure où nous sommes, le devoir du prêtre est de se tenir en contact permanent avec la population au milieu de laquelle doit s'exercer son ministère.

On l'a dit avec raison : « *Le peuple est à qui lui parle.* » Les socialistes l'ont bien compris et c'est là, en grande partie, la principale cause de leurs succès. Malheureusement beaucoup de prêtres ne le comprennent pas. Soit timidité, soit crainte d'ennuis, soit amour du repos, ils s'enferment dans leurs presbytères et ne se montrent à leurs paroissiens que dans l'exercice de leurs fonctions, ou dans les circonstances où ils ne peuvent faire autrement. La masse du peuple ne les connaît pas ou les connaît mal. Le curé passe pour très fier; quand on a besoin de le voir, on se sent gêné avec lui. On conçoit, que dans ces conditions, les ennemis de l'Eglise, les socialistes, les soi-disant libres-penseurs, ont beau jeu pour lancer les insinuations les plus perfides et accréditer les préjugés les plus défavorables à l'action du prêtre.

Il faut au contraire, je le répète, et aujourd'hui plus

que jamais, vivre au milieu du peuple, nous mêler à sa vie, nous initier à ses besoins, lui prouver notre sympathie en lui rendant tous les services que les circonstances réclament.

Nous avons tout à gagner à ce que le peuple nous connaisse. Quand il voit dans le prêtre un homme bon, humain, affable, très abordable, connaissant bien ses besoins matériels, soucieux d'améliorer le sort de ceux qui travaillent et qui souffrent et de leur donner plus de bien-être, la confiance et l'estime s'établissent tout naturellement et alors il devient facile d'aborder la question religieuse et de rapprocher les travailleurs de l'Eglise.

L'expérience personnelle que j'en ai faite, m'a montré que ce sont là, en matière d'apostolat, les moyens les plus fructueux et les plus sûrs.

Si dans un milieu aussi ingrat que l'était ma paroisse j'ai pu faire quelque bien et rapprocher du prêtre et de l'Eglise des quantités de gens qui en étaient fort éloignés, je le proclame hautement, c'est à ces procédés que je le dois.

Nous avons peur.

J'ai parlé tout à l'heure de la timidité que l'on trouve si fréquemment chez le prêtre. Il y a là en effet un gros écueil et c'est une des principales causes du peu de succès qu'a notre ministère.

Ce qui fait la force de la plupart des anticléricaux, ce qui rend leur propagande féconde et leur action forte, c'est leur audace. Ils ne craignent pas d'aller de l'avant et de s'affirmer dans n'importe quel milieu.

Il en est tout autrement le plus souvent du prêtre. Dans ses rapports avec le peuple, il est gauche et timide, ses adversaires s'en aperçoivent bien vite et en profitent habilement.

Ce que l'on ne sait pas assez, c'est que ce qui fait l'audace de nos adversaires, c'est notre poltronnerie vraie ou apparente. C'est un fait qu'ils n'ont plus la même crânerie quand ils se trouvent en face de gens énergiques et résolus. C'est là encore une expérience que j'ai faite dans ma paroisse. Pour moi, c'est une conviction profonde que nous passons notre temps à avoir peur de gens qui eux-mêmes le plus souvent ont peur de nous.

Je dis ceci parce que ce sont deux choses qui m'ont tout particulièrement servi dans mon ministère à Persan : le contact permanent avec la population et l'audace en face des sectaires. Dès le début et constamment ensuite j'ai vu ces matamores de la Libre-Pensée qui inspiraient au pays une vraie terreur, reculer à mesure que j'avançais :

Je n'ignorais pas en venant dans ma paroisse que j'avais tout à craindre de certains énergumènes, je savais que j'allais y rencontrer des hommes capables, dans leur haine antireligieuse, de se porter contre moi aux pires violences. Il m'arriva même par la suite, à plusieurs reprises, de recevoir des lettres anonymes contenant jusqu'à des menaces de mort.

Je marchai néanmoins comme si je n'avais rien à craindre ; j'affectai même parfois en face de mes adversaires une confiance qui était plus apparente que réelle. J'ai eu certainement, surtout au début, des moments très pénibles et où je n'étais pas sans inquiétude sur l'issue des évènements qui allaient se passer. Il n'est pas moins vrai que j'ai toujours tenu tête à mes adversaires comme si j'avais eu la confiance la plus absolue et que devant leurs menaces je n'ai jamais reculé d'une semelle. Mon audace les a certainement paralysés dans bien des circonstances.

Dès le début, je me suis mis, en face du parti révolutionnaire, dans l'attitude d'un homme qui ne demande pas mieux que d'avoir la paix, mais qui ne recule pas devant la bataille. Pour bien lui prouver qu'il ne m'inspirait aucune crainte, ma première visite fut pour ses chefs les plus en vue. Je fis visite au maire et à son fougueux adjoint. Je leur déclarai très nettement mes intentions de jouir de toutes les libertés auxquelles a droit tout citoyen français. Ce coup d'audace plut même beaucoup à la population et me gagna immédiatement les sympathies d'un grand nombre. Il était évident que le curé n'avait pas peur, ceci produisit une excellente impression.

Dans la suite quand on vit que je gagnais du terrain, tous les moyens furent employés pour essayer de m'intimider et de paralyser mon action. Ce fut en pure perte.

Il y eut dans leur journal *La Lutte sociale*, des articles violents, haineux, perfides ; le Conseil municipal émit contre moi toutes sortes de votes, appelant sur moi l'attention du préfet, du directeur des Cultes et des deux présidents du Conseil, Waldeck-Rousseau et

Combes ; dans les réunions publiques où se trouvaient rassemblés tous les énergumènes du parti, on vota des ordres du jour demandant mon déplacement ; au milieu de la nuit on me faisait insulter par des apaches qui venaient, à la faveur des ténèbres, proférer des menaces devant ma maison ; je fus assailli de lettres anonymes et de visites du garde champêtre ; malgré tout je ne me laissai pas intimider et je tins tête à la bande, qui n'en revenait pas.

Que de fois je me suis fait cette réflexion : « Ah ! si nous voulions. nous curés, comme nous paralyserions tous ces braillards et comme nous aurions vite fait de remettre à leur place tous ces faux amis du peuple ! »

Les Œuvres sociales.

Elles furent pendant tout mon séjour à Persan ma grande préoccupation. Et, comme on le verra tout à l'heure, elles m'ont rendu les plus grands services. Pour quiconque en a fait l'expérience, elles sont réellement un *travail d'approche* qui met en contact le prêtre et le peuple, qui rend au prêtre son influence et dissipe les préjugés. C'est là un fait absolument certain.

Aussi dès mon arrivée dans ma paroisse, ma pensée se porta immédiatement de ce côté. Ma préoccupation fut de rechercher ce qui pouvait être le plus utile au peuple qui m'était confié. J'avais bien là-dessus quelques idées, mais je crus préférable de me laisser guider par les circonstances. Elles me serviront à souhait.

La Société de secours mutuels.

Au moment où j'arrivais, quelques employés au chemin de fer du Nord, mécontents de la vieille société de secours mutuels, tombée aux mains de la municipalité socialiste et administrée par elle, venaient de fonder une société nouvelle qu'ils avaient appelée « l'Union des familles. »

Sollicité d'en devenir membre honoraire, j'acceptai avec plaisir, j'encourageai vivement ses fondateurs, et leur promis un concours des plus actifs. J'y voyais un double avantage : d'une part je venais en aide à de braves gens que les excès du socialisme dégoûtaient, et de l'autre, je prenais contact immédiatement avec une organisation ouvrière. Je me faisais de ses membres des amis qui, à un moment donné, pouvaient m'être fort utiles pour les œuvres diverses que je rêvais et dont la fondation me paraissait indispensables, si je voulais exercer dans ma paroisse une action vraiment sérieuse.

A quelque temps de là, la jeune Société de secours mutuels pour affirmer sa vitalité eut l'idée de réunir ses adhérents dans un banquet familial. J'y fus naturellement invité. J'acceptai avec empressement, c'était pour moi une nouvelle occasion de prendre contact avec ce peuple que je voulais rapprocher du prêtre.

En apprenant que j'allais aller au banquet, les bons Libres-Penseurs de Persan entrèrent dans une violente colère. Les frères et amis se réunirent d'urgence et l'on décida de faire sur le passage du curé un boucan de tous les diables si réellement il avait l'audace d'y assister.

Très inquiet, le propriétaire de l'hôtel, qui était un brave homme, mais qui craignait pour son matériel, vint me trouver et me supplia de ne pas y aller. Je fus inflexible. La question avait pour moi une grande importance. C'eût été un triomphe pour la Sociale. C'était lui laisser supposer que je tenais compte de ses menaces. Il ne le fallait à aucun prix. C'était le baptême du feu, j'étais bien décidé à le recevoir, quoi qu'il pût advenir. J'allai donc au banquet.

C'était un samedi soir. Il était près de 9 heures à cause des mécaniciens qui rentraient très tard au dépôt. Il y avait foule à la porte de l'hôtel pour voir si le curé y viendrait comme on l'avait annoncé. Les paris étaient engagés. Les militants de la Sociale attendaient dans le café pour faire leur manifestation. Il était entendu qu'ils conspueraient le curé et hurleraient sur son passage l'*Internationale*.

Au moment où j'allais entrer, un ouvrier qui me tournait le dos disait à ses voisins : « Ah ! il n'y viendra pas, pour sûr, le sale calotin. Je l'avais entendu : « Et si, mon ami, lui dis-je, il y viendra le calotin, et la preuve c'est que le voilà. »

J'entrai dans le café, toutes les fortes têtes étaient là. On ne pensait pas que je passerais de ce côté. Les pauvres gens furent absolument ahuris en me voyant. Je passai au milieu d'eux en les saluant, les uns répondirent à mon salut, les autres restèrent indifférents, mais, chose curieuse, pas un seul n'ouvrit la bouche et ne proféra une insulte.

Le banquet fut très cordial, je m'efforçai de mettre tout le monde à l'aise, à la fin je prononçai un petit discours sur les avantages et les bienfaits de la mutualité. L'assistance parut contente, je sortis quelques minutes avant minuit, des amis m'accompagnèrent et j'arrivai chez moi sans incident.

Cet évènement, si simple en apparence, produisit un effet considérable dans le pays. Pour les uns, le curé était un bon type puisqu'il acceptait d'aller dîner avec les ouvriers et qu'avec eux il n'était pas fier. Pour tous il fut acquis une fois de plus que le curé n'avait pas peur. Quant à la Sociale, qui avait eu « les pieds nickelés », on ne lui ménagea pas les plaisanteries. Pour tous il était évident que le curé se moquait d'elle.

Le Cercle d'études.

La conséquence de ce banquet fut la création d'un *Cercle d'études sociales*, qui s'appela le Cercle des *Travailleurs indépendants* par opposition au Cercle des socialistes.

Chose bizarre dans ce pays si violemment anti-clérical, la première réunion eut lieu au presbytère. Nous étions peu nombreux, une dizaine environ. Nous constituâmes notre bureau. Un mécanicien au chemin de fer du Nord fut nommé président ; un ex-militant de la Sociale, vice-président ; le secrétaire fut un employé à l'usine du caoutchouc. Quant à moi il fut

décidé que j'en serais comme le directeur. On élabora
un programme, il fut entendu que le Cercle serait
ambulant et que les réunions se tiendraient autant que
possible, à tour de rôle, chez chacun des membres. On
s'engagea également à faire une propagande active
pour faire connaître le Cercle et y amener de nouveaux
membres. Cette fondation eut lieu dans le courant
d'octobre, c'est-à-dire deux mois et demi après mon
arrivée. La création du Cercle accrut encore davantage
la colère de nos adversaires. On trouvait généralement
que le curé s'occupait de choses qui ne le regardaient
pas. Je laissai dire et j'allai mon chemin.

La Société des Habitations ouvrières

En arrivant à Persan j'avais été frappé de l'insuffisance et du mauvais état des logements ouvriers. Les
maisons étaient pour la plupart vieilles, malsaines et
les loyers hors de prix. Je m'étais bien promis d'étudier cette question et de doter ma paroisse d'habitations ouvrières, saines, agréables et à bon marché.

Les ouvriers réclamaient ces maisons à grands cris.
La municipalité socialiste avait paru s'en préoccuper,
une commission avait été nommée à l'époque des élections, mais les élections faites on avait remisé soigneu-
sement l'idée pour jusqu'aux élections suivantes.

Au Cercle d'études la question fut mise à l'ordre du
jour et je fus chargé de traiter le sujet moi-même. Mes
connaissances étant assez vagues et absolument
insuffisantes, je filai à Paris. Je trouvai au Musée

2

social une brochure très bien faite et que l'on me
donna comme ce qu'il y a de mieux fait sur cette
question. On voulut bien me permettre de l'emporter.

Je la confiai à un patron de mes amis qui dirigeait
à Persan une importante fonderie. Il la lut et en fut
vivement intéressé.

Me trouvant absorbé par autre chose, je lui demandai de vouloir bien traiter lui-même le sujet devant
les membres du Cercle et un certain nombre d'autres
personnes que l'on devait inviter pour la circonstance.

« Monsieur le Curé, me répondit mon patron, on
voit bien que vous êtes à Persan depuis peu et que
vous ne connaissez guère votre paroisse. Si jamais un
patron s'avisait de faire ce que vous me demandez,
vous verriez un joli vacarme, il n'y a pas à y songer, le
moment n'est pas venu. »

Je vis les ouvriers du Cercle. Je leur fis remarquer
les avantages qu'il y aurait à faire traiter la question
par une personne l'ayant beaucoup plus étudiée que moi
et je leur signalai mon patron. Ils se regardèrent d'un
air sceptique et me firent remarquer eux aussi que je
ne connaissais guère ma paroisse, que ce n'était point
dans les usages des patrons de la commune de fréquenter les ouvriers et de s'intéresser à leurs affaires,
que ces gens-là étaient trop gros personnages pour se
déranger et pour venir au Cercle.

« Et cependant, leur dis-je, si malgré tout, ce
patron voulait venir, quel accueil lui feriez-vous ? —
Nous en serions enchantés. »

J'étais fixé. Ce ne fut pas long à régler. Le patron
fit la conférence et moi je présidai la réunion, tout se

passa à merveille, sans le plus petit incident. Il y avait une quarantaine d'hommes. L'événement fit du bruit, les journaux parisiens prévenus du fait crurent devoir le signaler comme quelque chose de tout à fait extraordinaire. Comme le disait *la Libre Parole*, ce n'était pas banal du tout, dans ce pays si violemment anticlérical et si révolutionnaire de voir une conférence faite aux ouvriers par un patron et présidée par un curé.

Pour moi qui rêvais d'établir la paix entre le capital et le travail et aussi entre le travail et l'Eglise, rien ne pouvait m'être plus agréable que cette réunion. C'était un grand pas vers ce rapprochement et cette pacification que je voulais à tout prix.

Notre réunion eut immédiatement un résultat très pratique. Il fut décidé, séance tenante, que l'on constituerait de suite à Persan une société d'habitations ouvrières à bon marché et pour pouvoir constituer cette société le plus promptement possible on nomma une commission d'initiative composée du curé, du patron qui avait fait la conférence et des ouvriers qui formaient le bureau du Cercle d'études. A l'unanimité on nomma le curé président de la commission, avec pleins pouvoirs pour mener l'affaire à bien.

Quelques jours après, la société était constituée définitivement. Elle était ouverte à tout le monde, sans distinction d'opinions politiques ou religieuses. Socialistes et modérés, catholiques, protestants, anticléricaux, rouges sang de bœuf et libres-penseurs s'y trouvaient côte à côte et chose curieuse qui n'offensait personne, c'était le curé qui menait tout.

La société était montée par actions de 100 francs.

Les ouvriers montrèrent nettement la confiance qu'ils avaient en moi. Du premier coup, ils souscrivirent pour 18,000 francs. Quelques jours après, leurs souscriptions montaient à 25,000 francs. Les meneurs du parti socialiste en furent atterrés, ils crièrent casse-cou à leurs amis, mais ce fut sans succès, tout le monde marchait avec le curé.

Bientôt quatorze maisons étaient en chantier à la fois, toutes étaient d'un type différent, séparées les unes des autres et entourées d'un jardin d'environ 300 mètres.

Deux membres de l'Institut, MM. Picot et Cheysson, un sénateur, un député et une foule de notabilités assistèrent à l'inauguration de ce premier groupe. Une fête vraiment populaire eut lieu à cette occasion et fut suivie d'un banquet où fraternisèrent toutes les classes de la société et toutes les opinions.

Depuis, deux nouveaux groupes se sont élevés, ce qui porte à vingt-quatre le nombre des maisons actuellement construites. Elles forment un quartier nouveau appelé le *Nouveau Persan*.

La Maison du peuple.

Une autre création très importante et qui me rendit aussi de très grands services, ce fut la Maison du Peuple. Dès mon arrivée à Persan, j'avais été frappé de la nécessité d'avoir une salle où je pourrais réunir de nombreux auditeurs.

Quand on s'occupe d'œuvres et quand on veut agir

sérieusement sur le public, c'est une chose absolument indispensable.

Je voulais des groupements de jeunes gens sous des formes diverses, et aussi des réunions d'hommes. Je rêvais de fêtes populaires, de banquets, conférences, concerts, soirées récréatives, etc.; pour tout cela il me fallait un local.

Mais pour réaliser mon désir, il me fallait au moins une dizaine de mille francs. Ne doutant de rien, je ne désespérai pas de les trouver.

J'allai voir dans les environs un gros propriétaire fort riche et que l'on disait assez généreux. Je lui fis part de mon projet, il me remit 100 francs. Or, j'avais besoin de 10,000; ce fut pour moi un vrai désastre.

J'eus une bonne inspiration : « Monsieur, lui dis-je, que voulez-vous que je fasse de cette somme? Je n'en ai que faire. Il me faut 10,000 francs, vous m'en donnez 100. Je regrette que vous ne compreniez pas mieux vos intérêts. La révolution souffle sur ma paroisse, l'incendie s'étend sur les communes voisines. Je vous demande un seau pour éteindre l'incendie, vous ne me donnez même pas une coquille de noix. Quand sous l'action du socialisme tout flambera dans le pays, vous regretterez peut-être de ne m'avoir pas compris. Ce sera trop tard. »

Je partis quelque peu découragé en voyant s'évanouir une espérance que j'avais tant caressée, mais convaincu néanmoins que malgré tout elle se réaliserait bientôt.

Je n'eus pas beaucoup à attendre. Huit jours après je recevais une lettre qui me causa une grande joie.

On me disait qu'après avoir beaucoup réfléchi à mon projet, on en reconnaissait l'utilité et que l'on se mettait à ma disposition pour une somme jusqu'à concurrence de 10,000 francs.

Les plans furent vite faits, et quelques jours après à la fin de décembre 1901, les arrangements étaient conclus. J'obtenais un superbe terrain en face du presbytère et dès les premiers beaux jours ma salle de réunion sortait de terre.

Comme je voulais y convier tout le monde indistinctement, je l'appelai d'un nom cher aux socialistes et qui lui enlevait tout caractère trop clérical : *la Maison du Peuple*. Elle comprenait une vaste salle bien aérée et munie de trois grandes portes de dégagement. Au fond une scène pour les conférences et les soirées récréatives, de chaque côté de la scène deux chambres pour les artistes, acteurs ou conférenciers.

L'inauguration de la Maison du Peuple qui précéda de quelques mois l'inauguration des habitations ouvrières, fut tout un événement dans le pays. M. Georges Picot, de l'Institut, secrétaire perpétuel de l'Académie des sciences morales et politiques, avait bien voulu accepter de présider la fête. Des artistes de talent prêtèrent leur concours et une foule énorme vint y prendre part.

Depuis, la Maison du Peuple n'a pas cessé de rendre les services les plus précieux. Elle est le siège social de la Société des Habitations ouvrières et de l'Institut populaire. La Société de Secours mutuels y a fait faire des conférences, elle y a donné son banquet annuel.

Plusieurs orateurs de haute valeur sont venus donner

à la Maison du Peuple des conférences publiques et contradictoires De nombreuses séances récréatives ont été pour la population une occasion de distractions saines et très variées.

La société de gymnastique et d'escrime et le patronage des garçons ont trouvé là un local commode et très agréable. La jeunesse y vient volontiers.

Chaque fois qu'un événement important nécessitait une réunion, c'est à la Maison du Peuple qu'elle avait lieu. C'est ainsi qu'on y a vu des distributions de prix, de forts jolis arbres de Noël et des fêtes populaires de toutes sortes.

Ce local a été très certainement pour moi un instrument précieux.

La paix sociale.

La presse joue à notre époque un rôle capital, c'est elle qui dirige l'opinion. Nos adversaires l'ont bien compris et partout, dans tout centre un peu important, ils ont créé des journaux. Quand j'arrivai dans le pays, Beaumont avait le sien et Persan aussi, tous deux violemment anticléricaux ; l'un appartenait au radicalisme le plus pur et l'autre au socialisme le plus révolutionnaire.

Le journal socialiste de Persan portait même un nom très caractéristique, ce nom était un programme : il s'appelait : *la Lutte sociale*. Organe nettement révolutionnaire, il soutenait la pure doctrine socialiste. En matière religieuse, c'était la haine la plus féroce pour tout ce qui de près ou de loin touchait à la religion. Chaque semaine c'étaient les insinuations les plus perfides contre la dévotion catholique, contre l'Eglise et contre les religieux et les prêtres.

Je pensai que, dans un pareil milieu, un journal, rédigé spécialement en vue de la population de Persan et de la région, rendrait les plus grands services. Après y avoir réfléchi je me décidai à en fonder un que je rédigerais moi-même.

Cinq mois à peine après mon arrivée, à la fin de décembre 1901, mon journal faisait son apparition. Il s'appelait *la Paix sociale* et portait au-dessous du titre ces mots : *Organe des Travailleurs indépendants.* Un ouvrier avait bien voulu en accepter la gérance ; un jeune employé au caoutchouc, sans se soucier des ennuis qu'il allait se créer, donna son nom et consentit à se présenter devant le public comme secrétaire de rédaction et administrateur du journal. C'est lui qui était en nom. C'est à lui que toute la correspondance devait être adressée. Je donne ces détails pour montrer comment les dévouements les plus beaux se manifestaient de tous les côtés.

Nul n'ignorait que, bien que ne paraissant pas, c'était le curé qui tenait la plume et dirigeait tout. L'entreprise était quelque peu dangereuse.

C'était un vrai coup d'audace que la création de ce journal, en plein centre révolutionnaire, à la porte de Paris, en quelque sorte à la barbe du ministre et du directeur des cultes, au moment où la poussée anticléricale se manifestait avec une violence inconnue jusque-là.

Parlant de ce principe bien connu que pour avoir la paix il faut faire la guerre, *la Paix sociale* fut un journal de combat, ardent à la lutte, tapant ferme sur les théories socialistes et libres-penseuses, vengeant l'Eglise des inepties et des mensonges que débitait la feuille municipale. Dans un pareil milieu, il était impossible d'éviter les personnalités. Il y avait là des hommes avec lesquels toute conciliation était impossible.

Incapables d'un sentiment généreux ou même simplement juste à l'égard de leurs adversaires, ils ne cessaient de distiller la haine et la calomnie contre les personnes les plus dignes d'estime et contre les mesures les plus utiles à la population. *La Paix sociale* mit à nu ces faux amis du peuple qui vivaient à ses dépens et ces faux libres-penseurs, incapables de penser et d'agir librement. La population s'amusait de cette lutte, et, en voyant les airs penauds et embarrassés des principaux meneurs socialistes, elle pensait à ce temps où, n'étant gênés par personne, et n'ayant rien à craindre, ils insultaient n'importe qui et n'importe quoi dans ce pays où ils régnaient en souverains.

En lançant mon premier numéro, je compris que je jouais gros jeu, j'entrevis la suppression de mon traitement et des ennuis de toutes sortes, mais convaincu que l'œuvre était utile, je n'hésitai pas à la faire quoi qu'il pût advenir.

Fatigué de mon action qui se manifestait sur tous les points à la fois, le Conseil municipal délibéra à mon sujet et appela sur ma personne l'attention de l'administration préfectorale. M. le Préfet invita l'évêque a me déplacer et à m'expédier ailleurs. Monseigneur fort habilement para ce premier coup.

Le Conseil ne se tint pas pour battu. A la suite d'une conférence qui l'avait amené à Persan, Charbonnel lui promit de s'occuper de mon affaire. Dumay, le directeur des cultes, intervint lui-même. Cette fois le danger était plus sérieux, je crus mon dernier jour à Persan arrivé. Il n'en fut rien. Une bonne Providence veillait sur moi. Elle se servit d'un franc-maçon, ami de Dumay, qui, chose bizarre, se trouvait être aussi le mien. Le Conseil municipal triomphant avait annoncé mon départ, il lui fallut déchanter et attendre des temps plus heureux.

Plus tard ce fut Combes, Combes lui-même qui voulut bien s'occuper de moi et prier M. l'Evêque de déplacer le curé journaliste. Je crus encore que je n'échapperais pas. C'était une erreur, la bonne Providence veillait encore. Pendant que mon évêque travaillait de son côté à écarter l'orage et envoyait au ministère un long mémoire pour me défendre, un ami qui, chose curieuse, était aussi l'ami de Combes père et fils, arrangeait l'affaire avec le « petit père » et son Edgar.

Voilà comment deux ans et demi j'opérai sur un volcan qui ne fit point éruption, et, comment tout en rédigeant un journal au ton plutôt violent et insolent pour les amis du bloc, je n'eus ni mon traitement supprimé, ni mon déplacement.

Méditez bien ceci, confrères pacifiques, que la crainte paralyse et qui avez perdu votre traitement pour une simple parole légèrement imprudente : *Audaces fortuna juvat !*

Et cependant, quelques jours après avoir lancé mon journal, recevant mon mandat de payement de la préfecture, j'avais salué avec respect ce mandat qui m'arrivait, convaincu que c'était la dernière fois que je le recevais.

Le Bulletin paroissial.

En même temps que je lançais *la Paix sociale*, je créais un autre organe, d'un genre tout différent et que je considérais comme non moins nécessaire au but que je voulais atteindre. C'est un genre de publication qui, fort heureusement, a pris depuis quelque temps une extension considérable. Je veux parler des Bulletins paroissiaux.

J'en avais un dans mon ancienne paroisse et j'avais pu en constater les excellents effets. Il est bien certain que dans des milieux où l'on fréquente très peu l'église et où par conséquent l'on vit à peu près complètement en dehors de toute idée et de toute pratique religieuse, il n'est pas indifférent de doter le pays d'une publication venant chaque mois rappeler dans chaque famille les devoirs religieux, les vérités fondamentales et tout ce qui s'est fait d'intéressant dans la paroisse pendant le mois écoulé.

C'est un genre d'apostolat facile, à la portée de tous et qui, quand il est bien employé, produit les résultats les plus heureux.

Je fondai donc mon bulletin qui s'appela *l'Echo paroissial de Persan*. C'était une véritable petite revue do seize pages. On y trouvait, très résumé sans doute, tout ce qui concernait la vie paroissiale. Ce bulletin fut accueilli à peu près partout avec plaisir. C'était un souffle chrétien qui traversait la paroisse et qui pénétrait à chaque foyer, ravivant des souvenirs disparus, rappelant des devoirs oubliés et disant à tous que l'homme a non seulement un corps, mais aussi une âme, que tout ne finit pas avec la vie, mais que la mort n'est point la fin de tout, mais le commencement d'une vie nouvelle. C'était la bonne semence, c'était la parole de Dieu qui, en dépit de l'indifférence qui tenait les gens éloignés de l'église, parvenait à chaque famille.

C'est là encore un de ces moyens d'apostolat que l'on ne pourra jamais assez recommander.

Après cinq mois de ministère.

Voilà le chemin qui avait été parcouru en cinq mois.

La glace était rompue. Le rapprochement entre le prêtre et le peuple était chose faite. On se connaissait et on s'estimait.

La Société de Secours mutuels s'était considérablement développée. Le Cercle d'Etudes était sur pied et affirmait d'une façon spéciale sa vitalité. Le capital et le travail avaient eu l'occasion de se rencontrer et de se lier. La Société des Habitations ouvrières à bon marché était créée. La Maison du Peuple sortait de terre. Persan avait un journal rédigé par son curé et *la Paix sociale* commençait à mener une lutte vigoureuse contre le socialisme et contre la libre-pensée. Enfin la paroisse était dotée d'un bulletin religieux qui apportait à domicile au milieu des familles les plus indifférentes l'enseignement religieux que l'on ne venait plus chercher à l'église.

De plus le presbytère était restauré et d'importants travaux étaient commencés à l'église. La maison du curé était ouverte à tous indistinctement et déjà l'on y venait volontiers. Les protestants et les libres-penseurs aussi bien que les catholiques témoignaient au prêtre leur confiance et leur estime et dans les réunions ne manquaient jamais de le choisir pour les présider.

Ceci prouve que même dans les milieux les plus ingrats et les plus difficiles, quand on le veut sérieusement, on peut mener les choses beaucoup plus rondement qu'on ne le suppose.

La colère de la sociale.

Le prétendu « Parti ouvrier » et les soi-disant libres-penseurs n'en revenaient pas. Cette marche en avant si rapide dans ce pays où, quelques mois auparavant, la municipalité renversait les croix, interdisait le port de la soutane et traînait les curés devant les tribunaux, les stupéfiait. Ils ne pouvaient évidemment pas se laisser enlever par un simple curé une commune que partout l'on considérait comme le fief, comme la citatelle du socialisme et de la libre-pensée, c'est-à-dire de l'anticléricalisme. On se mit en devoir de prendre les mesures que comportait la situation.

Il y avait aux portes de Persan un personnage, jeune audacieux, ami du tapage et que l'on entendait généralement dans tous les congrès révolutionnaires. Ce Monsieur encombrait de sa prose violente et haineuse tous les « canards socialistes » de Paris et de la région. Pauvre d'instruction, mais bouffi d'orgueil et doué d'une incommensurable ambition, le personnage était plein de confiance en lui-même et ne doutait de rien. N'ayant rien à perdre et au contraire tout à gagner, le citoyen en question s'était fait du socialisme et de la libre-pensée un moyen d'existence.

Les frères et amis l'appelèrent à Persan, l'installèrent dans une grasse sinécure et lui donnèrent pour mission, de combattre par la parole, par la plume et par les organisations qu'il croirait nécessaires, l'insolent curé qui osait venir les déranger dans un milieu où jusque là pour eux tout allait pour le mieux.

Il se mit immédiatement en devoir d'embrigader les militants de la sociale et de l'anticléricalisme. Il se fit leur chef et leur traça leur ligne de conduite. Il secoua les apathiques et poussa à l'action les endormis. Alors commença entre le parti socialiste et le curé une lutte acharnée et des plus violentes qui dura jusqu'à mon départ.

On fit tout d'abord appel au défroqué Charbonnel, qui fut chargé de démontrer que le peuple n'a pas de pire ennemi que le prêtre.

Puis au carnaval, on organisa contre mes œuvres, contre mes amis et contre moi une manifestation grotesque et tellement ignoble qu'elle provoqua le dégoût de la population. Au 1er mai, il fut question de mesures violentes contre moi et du pillage de ma maison qui fut gardée.

On essaya de mille façons de me prendre en défaut et de m'occasionner des ennuis. Un moment j'eus presque constamment le garde-champêtre à mes trousses, ce qui m'amusait énormément.

Puis on en vint aux menaces. *La Lutte sociale*, l'organe du parti, poussa ses lecteurs à se porter sur moi à des voies de fait. Des énergumènes m'adressèrent des lettres anonymes contenant des menaces de mort. Je répondis dans mon journal, en faisant savoir que je ne sortirais plus qu'un revolver à la main, et que je brûlerais la cervelle du premier individu qui essayerait de m'attaquer. Les bravaches de la sociale se le tinrent pour dit et je n'eus jamais dans la rue ou dans les réunions non seulement des coups mais même une insulte sérieuse.

Par contre, j'eus dans leurs journaux, dans des articles généralement anonymes, les attaques les plus violentes et les insinuations les plus canailles.

Il était d'usage dans toutes leurs réunions, conférences, concerts, soirées récréatives, de me voter des blâmes et de me flétrir. Comme on le pense bien, rien ne m'égayait comme ces histoires-là. Tout ça est évidemment très bénin et après tout on n'en meurt pas.

Comme je l'ai indiqué ailleurs, j'eus à la fois contre moi pendant tout le temps de mon séjour à Persan, le Conseil municipal, la Préfecture, la Direction des Cultes et le Ministère, et pendant deux ans et demi je ne m'en suis pas porté plus mal ni mon traitement non plus.

Gymnastique. — Escrime et Patronages.

Pendant que les socialistes furieux remuaient ciel et terre pour m'intimider, paralyser mon action et amener mon déplacement, je continuais tranquillement ma route en songeant au proverbe arabe dont je voyais chaque jour la réalisation : « Les chiens aboyent, la caravane passe. » Je fortifiais les œuvres existantes et j'en fondais de nouvelles

J'avais atteint les hommes par le Cercle d'études et par les habitations ouvrières, mon désir était d'atteindre les jeunes gens. C'était là un élément peu facile à manier ; on y était peu porté vers le prêtre et de ce côté, je trouvais plus facilement une insulte qu'un témoignage de sympathie.

Une fois que j'eus à ma disposition la Maison du Peuple, je me mis en devoir de faire la conquête de la jeunesse. Le moyen qui me servit et que je recommande tout particulièrement à mes collègues, ce fut la constitution d'une société de gymnastique et d'escrime. Ma société commença avec une douzaine d'adhérents, puis une fois bien constituée elle se développa rapidement et arriva jusqu'à la cinquantaine.

C'était un plaisir de voir manœuvrer sous l'œil du prêtre et tous les jours de fête défiler dans les rues une jeunesse aimable et polie qui auparavant n'avait à la bouche qu'insultes, grossièretés et blasphèmes. La Société s'appelait *le Réveil de Persan,* c'était en effet un vrai réveil que marquait la fondation de cette société.

Elle avait son rôle dans toutes les manifestations. Chaque fois que se faisait une réunion où il y avait à craindre que l'ordre pût être troublé, c'est elle qui était chargée de la police et elle s'en acquittait à merveille.

A côté de la gymnastique fonctionnaient deux patronages, l'un pour les garçons que dirigeait un prêtre de mes amis venu pour me seconder, l'autre pour les filles, dirigé par les Dames Catéchistes et par les Sœurs de Saint-Vincent-de-Paul.

L'Ouvroir des pauvres. — La Bibliothèque.

Pour compléter la nomenclature des œuvres qui fonctionnaient dans ma paroisse et que j'avais cru devoir établir, il me reste à signaler l'*Ouvroir des Pauvres*.

Dans ce milieu ouvrier, il y avait de grandes misères causées les unes par les fluctuations de l'industrie, le chômage, l'insuffisance du salaire, les charges de famille, la maladie, etc., et les autres par le manque d'ordre et d'économie, par l'ivrognerie du père ou l'inconduite de la mère.

Le bureau de bienfaisance, qui était aux mains de nos bons libres-penseurs, n'entendait soulager que la misère de ceux qui n'avaient aucun rapport avec les idées ou les pratiques religieuses. C'était ainsi que

3

dans cet heureux pays on entendait et pratiquait la tolérance.

Désireux de donner une leçon à ces fanatiques et de montrer à ma population où se trouve la véritable tolérance, je fondai l'Ouvroir des pauvres.

Cette œuvre, en groupant dans un travail pour les pauvres des femmes de toutes les classes, rapprocha et amena à se connaître et par suite à s'aimer et à se rendre service mutuellement des personnes qui, auparavant, s'ignoraient et n'avaient aucune relation entre elles.

A l'encontre du bureau de bienfaisance qui réservait ses faveurs pour les amis, l'Ouvroir se préoccupa de soulager toutes les misères sans s'occuper des idées politiques ou religieuses de ceux qui sollicitaient son secours. C'est ainsi que des protestants, des libres-penseurs connus comme tels et des rouges reçurent de l'Ouvroir de nombreux secours.

Cela faisait dire à quantité de gens que si les socialistes étaient des fanatiques, le curé, lui du moins ne l'était pas. Constatation qui avait bien son importance dans un pareil milieu.

Mais si le corps est digne d'intérêt, j'estimais que l'esprit ne l'est pas moins et qu'il lui faut une nourriture saine et agréable. C'est l'idée qui inspira la création d'une Bibliothèque populaire.

Il y avait en outre plusieurs œuvres spéciales mais de moindre importance auxquelles je ne m'arrête pas.

Le mouvement religieux.

En même temps que je créais les œuvres que je viens d'énumérer, je ne perdais pas de vue ce qui concernait plus spécialement mon ministère de prêtre.

Dès le début je me préoccupai de la restauration de mon église et de l'instruction religieuse des enfants. Quant à la population, je ne pouvais espérer l'entamer immédiatement, il fallait le temps de se connaître et c'était les œuvres sociales qui devaient nous en fournir le moyen. Décidé cependant à lutter contre l'ignorance et contre les préjugés qui étaient les deux grands fléaux de ma paroisse, je me mis aussitôt à l'inonder de publications que je jugeais propres à lui être utiles. Cette propagande, faite avec méthode, ne fut pas sans résultat. Néanmoins le travail de la première année fut plutôt un travail d'approche. Ce ne fut qu'ensuite que les résultats furent vraiment sérieux.

Comme je l'ai indiqué plus haut, les œuvres sociales, en me mettant en relation avec les familles et en me gagnant leur sympathie, m'amenèrent au catéchisme une quantité d'enfants qui très probablement n'y seraient pas venus sans cela.

Les parents eux-mêmes commencèrent à briser avec le respect humain. L'assistance aux offices devint beaucoup plus considérable et en peu de temps toutes les chaises de mon église furent louées et les recettes plus que doublées.

Secondé par des dames très dévouées qui voulaient bien me prêter leur concours, en plus des catéchismes de première et de seconde année, je créai une section spéciale pour les enfants de six à dix ans. On répondit si bien à notre appel qu'au lieu d'une trentaine d'enfants qui était auparavant la moyenne ordinaire il y en eut 140 qui suivaient les catéchismes et les offices. Le nombre des premières communions doubla.

Depuis fort longtemps la messe de minuit n'existait plus pour la paroisse. La crainte des troubles l'avait fait supprimer. J'entrepris de la rétablir. Beaucoup trouvèrent que c'était extrêmement imprudent. Le Parti Socialiste annonça qu'il ferait une manifestation. Décidé à ne jamais lui céder en rien, et certain, en cas de trouble, de l'appui de mes amis et des jeunes gens de la gymnastique, j'annonçai que la messe de minuit aurait lie .

L'élément anticlérical eut bien quelques velléités de manifestation, il en vint même un certain nombre à l'église, mais mes précautions étaient prises, ils n'osèrent pas essayer à l'intérieur le moindre bruit.

La cérémonie à laquelle assistaient une quantité d'hommes, fut superbe et se passa, en dépit des alarmes, sans le moindre incident. Ceci marquait un progrès énorme. Un an auparavant c'eût été chose absolument impossible et si on eût essayé, on aurait eu très certainement une bagarre.

Il était visible que la pacification se faisait de plus en plus et que « la calotte, » comme on disait dans le pays, gagnait du terrain.

Le Carême de 1903.

Ce Carême fut, au point de vue du mouvement religieux, un événement des plus significatifs. Je connaissais ma paroisse, la population m'avait donné de nombreuses preuves de sa confiance et de sa sympathie, je résolus de frapper un grand coup.

Il s'agissait d'amener à l'église, pour y écouter les instructions du Carême, des hommes qui, d'ordinaire, n'y mettaient jamais les pieds.

Je demandai à mon doyen de vouloir bien faire avec un de nos collègues du canton, des conférences dialoguées sur les vérités fondamentales de la religion. Je lui fis part de mon intention d'y inviter les ouvriers. A la vérité je ne savais guère ce que cette invitation donnerait et j'avais bien un peu peur d'un échec. Mon doyen accepta ma proposition et ce fut chose décidée.

J'avais les adresses de tous les habitants de ma paroisse, j'envoyai une lettre d'invitation à tous ceux que je savais ne pas être des ennemis systématiques et j'attendis le résultat.

Notre première réunion fut un vrai triomphe. J'avais réservé le côté droit aux hommes et le côté gauche aux femmes. Mon église était bondée d'hommes, il y en avait partout, toute la partie qui leur était assignée était archi-comble, le chœur, les bancs des enfants furent envahis. Il y en avait un grand nombre debout au fond de l'église, entassés les uns sur les autres. C'était un spectacle superbe et absolument nouveau. Bien que non invitées, une trentaine des plus fortes têtes du parti socialiste avaient cru devoir y venir, espérant bien trouver l'occasion d'y faire une manifestation. Ce fut peine perdue. En face de cette masse d'hommes, tous sympathiques, ils comprirent que s'ils tentaient quoi que ce soit, ils se feraient écharper. Ils se tinrent absolument cois.

Les deux conférenciers purent parler tout à leur aise. On les écouta dans le plus grand silence.

Quand ils eurent terminé, je résumai très brièvement l'instruction et j'annonçai que nous allions avoir le salut du Saint-Sacrement. A ce moment les révolutionnaires sortirent. Tout le reste de l'assistance resta. La plupart s'associèrent aux chants qu'ils n'avaient probablement pas entendus depuis longtemps et qui leur revenaient en ce moment.

Les conférences continuèrent les semaines suivantes et furent toutes très suivies, mais chaque fois j'avais soin de renouveler mes invitations faites par lettres personnelles. C'est un moyen que je signale et qui ordinairement réussit fort bien. On ne répondrait pas à un simple appel de la cloche, mais on se dérangera sur une invitation du curé.

Pour un milieu aussi mauvais que Persan, les Pâques furent relativement nombreuses.

L'année suivante, en pareille circonstance, les réunions n'eurent pas moins de succès et les conférences du Carême furent très suivies par les hommes.

C'était incontestablement aux œuvres que j'ai énumérées plus haut que ce succès était dû. C'était elles en effet qui m'avaient mis en rapport avec tous ces

hommes et qui m'avaient gagné leur sympathie C'est
là un point capital sur lequel je ne saurais trop insister.

Une conclusion qui s'impose

Je ne veux pas prolonger davantage ce travail. Je
crois en avoir assez dit pour que ce soit un fait bien
acquis qu'avec de la fermeté, de la bienveillance, du
dévoûment, la connaissance et la mise en pratique des
œuvres qui intéressent le peuple, le prêtre peut
entraîner la foule, la soustraire au joug socialiste et la
rappeler à ses devoirs religieux, même dans les
paroisses les plus anticléricales et les plus révolutionnaires.

C'est évidemment ce qui ressort des faits que je
viens d'exposer.

Le devoir du prêtre, que son évêque envoie dans
une paroisse comme celle que j'ai évangélisée pendant
trois ans, n'est donc pas de se décourager, en se
disant qu'il n'y a rien à faire, ce qui est absurde,
c'est au contraire de s'armer de courage, de confiance
en Dieu et de se dire que, ce que d'autres ont fait dans
de pareils milieux, il n'y a pas de raison pour qu'on
ne le fasse pas soi-même.

C'est là une affaire d'expérience, la voie est tracée,
il n'y a qu'à la suivre nous souvenant que nous
sommes prêtres non pour notre tranquillité personnelle, mais pour sauver les âmes, où et comme Dieu
veut que nous les sauvions.

Les temps ont changé, les gens aussi ; que nous le

voulions ou non, il nous faut transformer nos modes
d'apostolat. Il faut surtout que nous connaissions très
bien les besoins de notre temps, si nous voulons les
soulager.

De tout ce que j'ai fait, que reste-t-il ?

Mais, me dira-t-on peut-être, de toutes ces œuvres
que vous avez établies et de tout ce mouvement que
vous avez créé, que reste-t-il aujourd'hui ?

S'il n'en était rien resté, je me consolerais en pen-
sant avec Mgr Freppel que « Dieu nous ordonne de
combattre et non de vaincre, » et que, celui qui lutte
contre le mal, quand même il ne remporte pas la vic-
toire, a toujours devant Dieu le mérite d'avoir fait son
devoir.

Mais, grâces à Dieu, de tout ce mouvement, de toute
cette action religieuse et sociale, il reste encore pas
mal de choses.

Il en reste tout un quartier nouveau que Persan
doit à son curé et quoi que fassent le socialisme et la
libre-pensée, c'est là un fait que l'on ne pourra pas
changer.

Il en reste vingt-quatre maisons spacieuses et com-
modes, entourées de leur jardin et occupées, quelques-unes du moins, par des familles qui hier n'aimaient pas le prêtre et qui le bénissent aujourd'hui.

Ces vingt-quatre maisons rappellent et rappelleront dans l'avenir à cette population si travaillée
par l'anticléricalisme l'esprit large et tolérant du
prêtre qui les a fait construire, sa sollicitude pour la

classe ouvrière et son désir ardent du bien-être de son peuple. Elles rappelleront à ceux qui pourraient l'oublier que le prêtre est encore le meilleur ami des travailleurs.

Il en reste une salle où toute la population a goûté déjà des joies nombreuses et où elle en goûtera beaucoup encore. Cette salle sera pour tous les curés un précieux instrument d'apostolat, un asile pour la jeunesse. Ce sera peut-être l'église de demain.

Il en reste une génération d'enfants et de jeunes gens qui ont reçu une forte éducation morale et religieuse.

Il en reste une quantité d'hommes et de femmes qui ont entendu, grâce aux instructions du Carême et grâce aussi à la Maison du Peuple, exposer des vérités et des devoirs qu'ils avaient pour la plupart oubliés depuis longtemps.

Il en reste un nombre considérable d'enfants qui ont dû la grâce du baptême ou de la première Communion aux relations que les œuvres énumérées plus haut ont créées entre leurs familles et le prêtre.

Il en reste des jeunes gens qui, récemment encore, étaient profondément irréligieux et haineux pour le prêtre. Et depuis, et maintenant, d'eux-mêmes, sans y être poussés par personne, bravant le respect humain, ils viennent très crânement, au su et vu de tout le monde, remplir leur devoir pascal, sans nul souci des quolibets qui les attendent dans les usines et dans la rue.

Il en reste une église restaurée et dont l'intérieur offre aujourd'hui un gracieux coup d'œil.

Il en reste un ouvroir qui est la providence des familles aux prises avec la misère.

Il en reste la Société des habitations ouvrières qui n'oublie pas son fondateur et qui continue avec le même dévoûment l'œuvre commencée.

Il en reste pour tout le monde le souvenir des rapports les plus cordiaux entre gens qui ne se connaissaient pas et que les œuvres ont appris à se connaître, à s'estimer, et à travailler en commun au bien de tous.

Il en reste pour le parti révolutionnaire, la preuve que sa puissance ne tient pas à grand'chose, là-même où elle paraît la plus solidement établie, et la honte d'avoir été tenu en échec et complètement paralysé par un curé, dans un pays où ce parti régnait en maître.

Il en reste pour les anticléricaux et les prétendus libres-penseurs l'humiliation d'avoir vu un très grand nombre de leurs amis les plus fidèles se séparer d'eux pour marcher avec le curé.

Il reste enfin, et c'est là un point important, il reste pour le clergé la preuve certaine, qu'on peut, en très peu de temps, rapprocher du prêtre, la population la plus révolutionnaire, et dans la paroisse la plus hostile, créer un mouvement religieux des plus sérieux.

Comment j'ai quitté Persan.

Au mois de septembre 1904, au cours d'un voyage que je faisais à Rome, de hautes personnalités, très au courant de ce que j'avais déjà fait, me demandèrent de me consacrer sur un théâtre plus vaste à l'organi-

sation des œuvres sociales et particulièrement au
développement de l'œuvre si importante de la Presse
catholique. Le champ qui s'ouvrait devant moi, ce
n'était plus une paroisse, c'était la France entière.

Ce témoignage de confiance ne pouvait m'être évidemment que très agréable. Je ne pouvais le refuser.

L'annonce de mon départ causa au parti révolutionnaire et à toute la libre-pensée une joie sans pareille,
de même qu'elle fut pour tous ceux qui m'avaient
entouré de leurs sympathies une véritable consterna-
tion.

Il y eut, à cette occasion, une manifestation qui vaut
d'être contée, parce qu'elle montre que si j'avais aimé
cette population et si je m'étais dévoué pour elle, elle
savait le reconnaître.

Quand on fut certain que mon départ, que les
adversaires avaient si souvent annoncé, était cette fois
chose absolument sûre, un groupe d'ouvriers d'usines,
prit l'initiative d'organiser une réunion à la Maison du
Peuple pour permettre aux travailleurs de me témoigner leur reconnaissance. Ils nommèrent à cet effet
une commission d'organisation. Ils arrêtèrent un programme et convinrent de demander à tous les adhérents une cotisation de 0 fr. 50.

La fête eut lieu un samedi soir, le dernier que je
passai à Persan. La salle était brillamment décorée.
Une foule nombreuse avait répondu à l'appel du
Comité ouvrier. La société de gymnastique en tenue
était chargée du service d'ordre. Des tables avaient
été dressées, ce n'était partout que fleurs, rafraîchis-
sements et gâteaux.

Quand tout fut prêt, le Comité de la fête vint me cher-cher chez moi et me conduisit à la Maison du Peuple où la foule attendait.

Lorsque je parus, les acclamations éclatèrent et ce fut au bruit des clairons et des tambours que je fis mon entrée dans la salle. La gymnastique formait la haie. Le spectacle était vraiment imposant, je fus réellement émotionné.

La femme d'un ingénieur tenait une superbe plante, c'était un bel araucaria. Une grande pancarte, artiste-ment décorée, entourait le bas de la plante et une main habile y avait tracé ces mots : « A M. l'abbé Bor-dron, ses amis, les ouvriers reconnaissants. »

Alors l'un d'eux déroula une feuille de papier et m'exprima des sentiments dont je fus profondément touché.

« Au moment, me dit-il, où vous allez quitter cette paroisse où vous avez tant fait pour la classe ouvrière, il n'est pas inutile de rappeler que, lorsque vous êtes venu à Persan, les ouvriers ne fréquentaient guère le presbytère. Le prêtre était pour la plupart un inconnu, et pour un certain nombre un ennemi que l'on insul-tait dans les rues.

« Ce doit être pour vous une joie et un orgueil bien légitime de constater qu'aujourd'hui tout ceci est changé.

« Je ne crois pas qu'il y ait en ce moment à Persan une maison qui soit aussi fréquentée par les ouvriers que la maison du curé, ni un prêtre qui soit aussi respecté et aimé que vous l'êtes parmi nous.

« Bien rares sont ceux qui n'ont pas éprouvé vos

bienfaits. C'est votre honneur de vous être consacré tout entier au bien du peuple et de n'avoir jamais fait acception de personnes. Riches et pauvres, patrons et ouvriers, socialistes et libres-penseurs, protestants et catholiques ont toujours trouvé chez vous le même bienveillant accueil.

« Vous laissez parmi nous un monument impérissable qui témoignera, lorsque vous ne serez plus là, de votre sollicitude et de votre ardent amour pour la classe ouvrière.

« Nous vous offrons cette plante. Elle est pour nous un symbole. Nous l'avons choisie forte et vivace pour qu'elle dure longtemps et que, se développant dans votre appartement, elle vous rappelle ces œuvres fécondes que vous avez fondées ici et que nous soutiendrons en souvenir de vous et pour vous témoigner notre reconnaissance. »

Ce langage si délicat, exprimé par un ouvrier au nom de ses camarades, montre mieux que tout ce que j'ai pu dire, le chemin immense qui avait été parcouru en trois ans dans cette paroisse si anticléricale et si révolutionnaire.

CONCLUSION

Il est faux que tout soit perdu et qu'il n'y ait rien à faire. Le sort de la France est à l'heure actuelle entre nos mains, à nous prêtres. Dieu nous a donné tous les moyens de la sauver. Il faut secouer notre apathie et nous lancer, prudemment sans doute, mais résolument dans les œuvres.

Les œuvres, même purement matérielles, ont une merveilleuse puissance pour ranimer la foi endormie dans les âmes par les rapprochements qui en sont la conséquence.

Le peuple nous hait, il est tout au moins indifférent à notre égard, parce qu'il ne nous connaît pas. Il faut qu'il nous connaisse.

C'est à nous de créer des œuvres qui nous mettent en contact permanent avec lui.

L'expérience est faite : partout où le prêtre a essayé de ce moyen d'apostolat, il en a obtenu les résultats les plus heureux pour son ministère. Les lignes qui précèdent ne font que le confirmer une fois de plus.

Puissent ces lignes faire comprendre aux prêtres qui se découragent au fond de leurs presbytères, en voyant leur église déserte, leur maison à l'index, leur soutane insultée dans la rue, qu'il ne tient qu'à eux qu'il en soit autrement.

Qu'ils fassent ce que font tous les jours quantité de leurs confrères, qu'ils aillent au peuple par le syndicat agricole, la caisse rurale, la mutualité, la gymnastique, etc., etc., et ils verront bientôt des rapports agréables et utiles s'établir avec leurs paroissiens même les plus hostiles, ils verront les préjugés disparaître peu à peu, la confiance renaître, le ministère devenir plus facile. Ils verront les plus indifférents après s'être rapprochés du prêtre, se rapprocher de l'Eglise et devenir bien souvent non seulement des amis, mais des chrétiens sincères et parfois même de véritables apôtres.

Abbé CETTY [1]

Le Prêtre dans une paroisse ouvrière

SAINT-JOSEPH DE MULHOUSE

Mulhouse et son industrie.

La grande cité industrielle de l'Alsace, Mulhouse, était connue avantageusement du monde entier. Sans rivale pour quelques-uns de ses produits, elle avait obtenu à la grande exposition de Paris un des dix grands prix et pour le travail de ses ouvriers et pour les institutions économiques fondées par ses patrons. Des voix autorisées avaient célébré avec enthousiasme ses gloires et ses triomphes. On aimait à se persuader que la question sociale y avait trouvé une heureuse solution. Plus tôt qu'on ne le pensait, les événements sont venus infliger un cruel démenti à cet optimisme trop facile et trop aveugle. Le socialisme est entré à Mulhouse, la tête haute et superbe, pour démontrer par les faits que les institutions économiques les meilleures, séparées de la foi chrétienne, ne sauraient, à elles seules, assurer la paix sociale. Depuis, les lois sur les assurances et sur la protection

---

(1) Nul ne s'étonnera de trouver au milieu des prêtres français M. le chanoine Cetty, français de naissance, séparé par la guerre de sa première patrie.

du travail ont jeté sur ce fait une plus vive lumière, le socialisme n'a cessé en Allemagne de poursuivre sa marche triomphante pour grouper trois millions de combattants autour de son drapeau.

La paroisse Saint-Joseph.

Une reconstitution sociale s'imposait. Aux moyens employés, il fallait en ajouter d'autres. Dans cet essai, la paroisse Saint-Joseph mérite une attention particulière et pour les moyens mis en pratique et pour les résultats obtenus. Fondée en 1885, avec 12,000 âmes, elle en compte aujourd'hui plus de 20,000. Les registres de la paroisse accusent les chiffres suivants : 700 à 800 baptêmes par an ; 300 à 400 enterrements ; 200 à 230 mariages ; plus de 400 premiers communiants ; plus de 2,000 enfants pour l'instruction religieuse ; près de 9,000 communions pascales ; plus de 70,000 communions durant l'année. Les jours de dimanche et de grande fête, l'église s'ouvre dès 4 heures du matin pour se fermer à 7 heures du soir. C'est un ministère de fatigues et de labeurs qui ne connaît ni trêve, ni repos. Elle se compose exclusivement d'ouvriers et son église s'élève au milieu des cités ouvrières prônées autrefois comme l'une des sept merveilles du monde.

Organisation.

Dans toute paroisse, dans une paroisse ouvrière particulièrement, le ministère des âmes doit s'orienter selon les besoins de la population. A une situation nouvelle, il faut une organisation nouvelle ; à des maux nouveaux, il faut des remèdes nouveaux. C'est dans la nature des choses, dans l'esprit de l'Evangile, dans la tradition de l'Eglise. Le méconnaître, c'est fermer les yeux à la lumière et ne rien comprendre à l'action catholique dans le passé, aux aspirations de l'heure présente.

L'industrie a changé la face du monde. Mais si elle a créé d'incomparables merveilles, elle a détruit de bien respectables institutions. Un de ses grands crimes, c'est d'avoir porté une main sacrilège sur le sanctuaire de la famille. Le foyer domestique n'existe plus en quelque sorte pour l'ouvrier; c'est un'je ne sais quoi qu'il est malaisé de définir. Or sans famille, pas d'esprit religieux, pas de foi chrétienne. Aussi la restauration de la famille ouvrière, la reconstitution du foyer du travailleur, s'impose tout d'abord au prêtre soucieux des âmes confiées à sa sollicitude.

Cercles et Congrégations.

Dans cette œuvre de restauration, les congrégations et les cercles, c'est-à-dire l'association religieuse, arrivent en première ligne pour grouper et reconduire à Dieu les membres épars de la famille ouvrière.

C'est dans cet esprit qu'a été organisée la paroisse Saint-Joseph. L'association forme la base, le point de départ de toutes ses œuvres. C'est la confrérie d'autrefois avec ses bannières, ses autels, ses fêtes à l'église, mais aussi avec ses institutions économiques de pieuse et touchante fraternité.

Ces congrégations embrassent la famille tout entière, le fils, la fille, le père, la mère. Marie, la Mère de Dieu, est, sous des noms divers, la patronne bien-aimée de tous. Autour de sa bannière se groupent près de 500 jeunes gens bien décidés à conserver avec l'innocence du cœur la pureté de la foi. Les jeunes filles, les Enfants de Marie, forment un chœur de 1,100 vierges chrétiennes, chantant avec amour les louanges et les gloires de la Vierge Immaculée. Les mères de famille, au nombre de 900, apprennent, aux pieds de la Vierge douloureuse, les austères devoirs de la maternité chrétienne. Les hommes composent le bataillon sacré, la sainte phalange. 1,200 se sont placés sous la protection de Notre-Dame de l'Usine pour porter à la fabrique et à l'usine les vertus de l'atelier de Nazareth.

Œuvres paroissiales.

Toutes ces associations sont appelées à donner à la vie paroissiale son essor et son plein épanouissement.

Voici comment les choses se passent pour le cercle des jeunes gens. Nous choisissons de préférence l'Œuvre de la jeunesse, parce que cette œuvre est entre toutes la plus difficile et la plus nécessaire.

La vie paroissiale commence dès le jour de la réception. On entre d'abord dans le sanctuaire ; on en sort pour aller dans la maison du cercle. Nous attachons à ce point la plus haute importance, persuadés par une longue expérience que, sans le côté surnaturel, sans la grâce, sans la foi vive et agissante, toute œuvre de jeunesse est condamnée à la mort et à la stérilité. Nous conduisons nos jeunes gens aux pieds des autels pour leur faire jurer le serment de fidélité ; nous leur donnons chaque année quatre rendez-vous à la table sainte. Ce sont comme quatre points de repère échelonnés le long de l'année, quatre jours de saintes joies et de fortes espérances.

Réception à l'église.

Nous donnons à la réception un éclat extraordinaire. Fidèles aux traditions et à l'esprit de l'Eglise qui déploie la plus grande pompe le jour où elle consacre ses religieux et ses prêtres, nous désirons que cette heure laisse dans le cœur de nos jeunes gens un impérissable souvenir.

Une retraite préparatoire réunit durant quatre jours les nouveaux membres dans la grande salle du cercle. Les anciens y accourent, heureux de saluer les jeunes recrues et de se retremper eux-mêmes dans la foi. Le curé prêche la retraite. Il connaît son petit monde. Sa parole ne reste pas confinée dans les généralités et ne se perd pas dans des hauteurs trop idéales. Elle est l'écho fidèle des sentiments de tous : tour à tour sévère, affectueuse, prévenante, paternelle, nourrie de faits et d'observations, exposant la vie du

jeune homme avec les dangers et les sollicitations de
chaque jour. Le père parle à ses fils. C'est la famille
réunie dans une douce intimité avec la sollicitude
pleine de condescendance chez le père, avec la confiance, l'affection, le dévouement chez les enfants.

Les résultats le consolent bien de ses peines et de
ses fatigues. Le jour de la communion générale est
toujours un jour de triomphe pour le Dieu qui réjouit
la jeunesse, un jour d'allégresse pour la paroisse. Près
de 500 jeunes gens réunis autour de la table eucharistique, rayonnant de piété et de bonheur! C'est un
spectacle cher à Dieu, agréable aux anges du ciel,
réconfortant pour nous, les témoins de cette scène si
touchante. Rien n'en trouble la douce sérénité : la chorale du cercle fait entendre ses plus beaux cantiques,
et quand l'heure divine est arrivée, tous se rendent à
la table sainte, comme au jour de la première communion, banc par banc, dans le plus grand ordre, dans
le plus profond recueillement. Et nous, voyant cette
jeunesse serrer ses rangs, sans la moindre tentation
de les rompre avant l'heure, nous portons notre
regard plein de reconnaissance vers le tabernacle avec
la douce persuasion que le Christ est content de nous.

C'était l'aurore d'un beau jour empourpré des
plus suaves couleurs. Le soir n'est pas moins beau.
A cinq heures, la phalange se retrouve à l'église pour
jurer fidélité au drapeau. La bannière, comme le
matin, a la place d'honneur. Toute la paroisse est
présente pour suivre du regard ce nouveau bataillon, cette nouvelle centurie, s'avançant sous les puissantes harmonies de la musique du cercle. Rien ne

manque à la solennité, ni la parole ardente et enflammée des chefs, ni les chants guerriers, ni la musique retentissante, ni les invocations ferventes, ni les saintes et confiantes prières. Il s'agit de proclamer cent nouvelles recrues soldats du Christ, chevaliers de Marie.

Inutile d'ajouter que cette fête de réception à l'église est une fête vraiment populaire, vraiment paroissiale. Toute la famille y accourt : le père fier d'y voir son fils, la sœur heureuse d'y retrouver son frère, tous pour rafraîchir de pieux souvenirs et renouveler eux-mêmes, à cette occasion, la protestation de leur dévouement. Dieu passe au milieu de cette foule, répandant des torrents de grâces et de bénédictions.

Ces douces émotions se reproduisent quatre fois par an, aux jours des communions générales. L'une ou l'autre fois, nous invitons les pères à s'associer au bonheur de leurs fils et à s'asseoir ensemble à la table eucharistique. Nous rapprochons ainsi le père et le fils, et en leur apprenant l'observation du troisième précepte du décalogue, nous leur facilitons l'observation du quatrième, pour transformer la famille en un sanctuaire, selon la belle expression de saint Augustin.

Offices des jeunes gens à l'église.

L'initiation a eu lieu, la réception est faite, le jeune homme est membre du cercle, de la confrérie. A lui maintenant de tenir ses promesses, à nous de lui en donner l'occasion, de l'associer à la vie paroissiale et de lui conserver intègre « ce bien précieux qu'on ne tient qu'une fois de la bonté des cieux. »

L'œuvre est difficile, qui voudrait le méconnaître ? Tout conspire contre nous ; et les passions de la jeunesse, et les sollicitations d'un monde corrompu et corrupteur, et la licence des mœurs publiques, et l'usine et la fabrique, transformées trop souvent en foyers d'impiété et de corruption, la famille même oublieuse des traditions de foi chrétienne ; oui, tout conspire contre nous, jusqu'à cette atmosphère que nous respirons nous-mêmes, saturée de faiblesses, de légéretés, de convoitises coupables. A cette marée montante, nous opposons le cercle comme la seule digue capable d'en conjurer les ravages.

Chaque dimanche, nos jeunes gens ont un office propre à huit heures et demie, la messe du cercle. Toute l'église leur appartient, toutes les places leur sont réservées gratuitement. Cette organisation nous semble absolument nécessaire. Comment dans une paroisse de 20,000 âmes exercer un contrôle, comment constater la présence des jeunes gens dans des offices fréquentés par des centaines et des milliers de personnes, comment faire de l'assistance aux offices un devoir sacré, quand toutes les places sont prises ? Au contraire, avec une messe spéciale, le contrôle devient facile. Chaque membre du cercle a sa place assignée par le directeur de l'œuvre : un coup d'œil suffit pour constater les absences ; les parents sont prévenus, et s'ils veulent remplir leur devoir et marcher avec nous, leurs fils ne s'écarteront pas du chemin de la vertu et de la piété filiale.

Nous groupons ainsi 500 à 600 jeunes gens. C'est
un des offices les plus goûtés. Il dure de 35 à 40
minutes seulement, et cependant il ne laisse rien à
désirer. Pendant la messe, la chorale du cercle se tient
à l'orgue pour faire entendre ses plus beaux cantiques.
Aux jours de grande fête, un chœur de 60 à 80 enfants,
les futurs aspirants du cercle, se réunit à la section
du chant pour exécuter les chefs-d'œuvre de nos
grands maîtres. Rien de plus gracieux, de plus vivant,
que ces voix fraîches, claires et retentissantes comme
une cloche d'argent.

Si l'orgue relève ainsi l'office par ses harmonies, la
chaire ne reste pas muette. Chaque dimanche, une
allocution de 15 à 20 minutes est adressée aux jeunes
gens, allocution toute de circonstance, allocution
appropriée, adaptée à ces chers jeunes gens, l'espoir et
l'avenir de la paroisse. Tout est court et cependant
rien ne manque, ni le chant sacré, ni l'exhortation
familière, ni la prière publique, ni l'édification
mutuelle. Nous avons horreur de ces offices démesurément longs qui, dans certaines parties de la France,
ont fait déserter les églises.

Autour de nos jeunes gens se groupent des centaines,
des milliers de personnes. C'est un splendide encadre-
ment pour un joli tableau. Notre jeunesse exerce une
véritable puissance d'attraction. C'est un aimant qui
attire, et ainsi le cercle n'est pas seulement une œuvre
paroissiale s'épanouissant à l'église, il devient encore
un des moyens les plus efficaces pour ramener à la
pratique religieuse des centaines d'indifférents. Devant
cette jeunesse pieuse et croyante, bien des cœurs

endurcis se sont sentis touchés et sont revenus à Dieu.

Office de l'après-midi.

C'est un fait trop évident pour être nié ou dissimulé, la fréquentation des offices du dimanche dans l'après-midi, a considérablement baissé dans toutes les paroisses. Si les femmes continuent encore à suivre les anciennes traditions, les hommes, les jeunes gens surtout, et nous parlons des meilleurs, se contentent d'une messe. Comment faire pour remonter le courant, quelle mesure prendre pour repeupler les églises et ramener à Dieu des adorateurs durant les longues heures de l'après-dîner? Comment surtout y conduire les jeunes gens? Nous nous le sommes demandé bien longtemps. La question était difficile et délicate. Dans une ville industrielle, après une semaine de fatigues et de labeurs, après six jours d'internement à la fabrique, le jeune homme veut jouir de sa liberté et profiter de son dimanche. Il consentira avec peine à sacrifier une heure à l'accomplissement d'un devoir qui, en définitive, n'est pas strict et rigoureux. Et cependant nous ne pouvions nous montrer ni trop indulgents, ni trop faibles, pour cette jeunesse qui a tant besoin de prière et d'enseignements. Prêtres avant tout, pasteurs de cette portion privilégiée du troupeau du Christ, nous devions tenter un essai pour tranquilliser notre conscience. Cet essai, nous l'avons tenté, et Dieu a béni nos efforts.

Nous avons fondé un office spécial pour nos jeunes

gens et nous l'avons placé à une heure, nous inspirant
des mêmes idées.qui nous avaient guidés pour l'office
du matin. Office court, de 30 minutes, office intéressant et attrayant, office exclusif pour nos jeunes
gens, avec la chorale du cercle, avec une instruction
faite par le directeur. Autrefois le catéchisme
de persévérance se faisait à cette heure, alternant
avec le catéchisme des jeunes filles. Les autres
dimanches, les jeunes gens étaient censés aller aux
vêpres : le fait est qu'ils n'y allaient pas, ou très peu.
Avec la combinaison nouvelle, ils viennent tous les
dimanches et en plus grand nombre. Ce n'est pas la
même affluence que le matin, mais c'est toujours un
bataillon de plus de 300, fidèles à la voix de leur chef,
heureux d'entendre sa parole et de chanter le cantique
de l'action de grâces. L'office terminé, le jeune homme
est libre de son temps. Il peut venir au local du cercle
et passer quelques heures de récréation dans la société
de ses amis. Il peut aller ailleurs et chercher avec sa
famille ou ses camarades d'honnêtes délassements. Il
a rempli ses devoirs de chrétien ; rien ne l'empêche
plus de jouir du repos hebdomadaire.

Mariage des jeunes gens.

Le cercle se retrouve encore à l'église aux jours de
réjouissances de ses membres. C'est toujours le même
principe, le cercle pour la paroisse. C'est toujours la
même application, à l'église, devant les autels. Rien
de plus touchant à cet égard que le mariage des jeunes

gens du cercle. C'est vraiment une grande fête de famille célébrée dans l'intimité du sanctuaire, avec toute la pompe possible. Les membres du cercle jouissent de certains privilèges qui ne sont pas accordés à d'autres. Ils ont droit au tapis des grandes solennités et à la banquette des brillants mariages. Ils ont droit à l'orgue et au chant de la chorale, et ce qu'ils n'oseraient demander au nom du droit, ils l'obtiennent spontanément en vertu de cette loi de nature que le père peut avoir des préférences pour les enfants qui répondent le mieux à son affection. C'est presque toujours le curé qui bénit le mariage et qui prononce l'allocution de circonstance. On devine ce qu'elle peut être. Devant ce fils bien-aimé, devant cette fille élevée et grandie sous ses yeux, devant cette couronne d'amis entourant leur frère d'estime et d'affection, devant ces familles heureuses et fières des honneurs rendus à leurs enfants, la bouche n'a qu'à s'ouvrir pour laisser tomber les paroles qui expriment les sentiments de tous.

A côté du curé se tient le directeur du cercle, prêt à monter à l'autel pour y offrir le saint sacrifice. Lui aussi lève vers le ciel des mains suppliantes pour en faire descendre les bénédictions promises au mariage chrétien. Tout est à la joie et au bonheur. Si le cercle des jeunes gens regrette de perdre l'un de ses membres les plus dévoués, le cercle des hommes se réjouit de saluer en lui une nouvelle recrue. Le cercle des jeunes gens est la pépinière du cercle des hommes, comme la confrérie des jeunes filles est la pépinière de la congrégation des femmes. Les cercles et les confréries se complètent ainsi mutuellement pour donner à la vie paroissiale un fécond épanouissement et lui assurer une vivifiante pérennité.

Associations aux jours de fête.

Inutile d'ajouter que le cercle des jeunes gens s'associe à toutes les manifestations paroissiales. Aux jours des Rogations, aux processions de la Fête-Dieu, la bannière du cercle a sa place marquée dans le cortège, comme la musique, appelée toujours à rehausser la solennité par la belle harmonie de ses nombreux instruments. A vrai dire, ces marches triomphales à l'église ne se composent que de nos cercles et de nos confréries; ces associations en forment la garde d'honneur, et elles sont assez nombreuses pour qu'on puisse se passer d'autres manifestants. Personne ne l'ignore, le fait est trop évident par lui-même, la paroisse avec ses solennités religieuses, la paroisse avec sa vie surnaturelle, la paroisse vivante et agissante se confond intimement avec nos cercles et nos confréries : c'est la mère heureuse pouvant répéter en toute vérité : « Voici mes bijoux, je n'en ai pas d'autres. »

D'ordinaire, les femmes, le sexe que l'Eglise elle-même appelle le sexe pieux, peuplent le sanctuaire et emplissent les registres des confréries. A Saint-Joseph de Mulhouse, les hommes marchent en tête du mouvement. C'est une exception dont ils sont fiers à juste titre. A deux reprises, pour les communions générales, les deux ciboires de la paroisse ont été

insuffisants. Comme l'apôtre, il fallait s'écrier : « Seigneur, où trouverons-nous assez de pain pour nourrir
cette foule? » L'appel a été aussitôt entendu. Les
ouvriers spontanément ont offert leur obole pour
acheter un splendide ciboire contenant à lui seul
1,200 hosties. Il y eut en ce jour des larmes de joie
recueillies par les anges du ciel et des générosités
qui ne seront connues qu'à l'heure des grandes révélations.

Le surcroît promis par le Christ.

Toutes ces associations reposent sur une base religieuse : « Cherchez d'abord le royaume de Dieu et sa
justice, et le reste vous sera donné par surcroît. » Tout
par le Christ et pour le Christ. Mais comme le Christ,
nous prenons l'homme tout entier, tel que Dieu l'a
fait. Nous voulons l'âme belle, ornée de toutes les
grâces de la vie surnaturelle, la véritable image de
Dieu, mais en même temps, nous voulons le corps
enrichi de toutes les énergies, de toutes les puis-
sances, de toutes les beautés que la main miséricor-
dieuse de Dieu y a déposées. C'est le royaume de Dieu
et sa justice, le royaume de Dieu ne voulant pas des
âmes écrasées par la misère et étouffées dans un
corps saturé de faiblesses et de privations L'expérience en a été faite : les œuvres matérielles ne suffisent pas, les œuvres spirituelles ne suffisent pas :
il faut avoir les deux, à l'exemple du Sauveur qui
guérissait le corps pour arriver plus facilement à l'âme.

Ouvroirs pour les jeunes filles.

On connaît assez la situation faite à l'ouvrière de fabrique. C'est l'absence totale de toute éducation pour la conduite d'un ménage. Bien souvent, à la veille de son mariage, elle ignore les premiers éléments nécessaires pour assurer le bien-être d'un foyer domestique. Elle ne sait ni cuire, ni coudre, ni repasser, ni raccommoder. Il fallait donc songer tout d'abord à la préparer à bien remplir ses devoirs d'épouse et de mère. La congrégation des jeunes filles a fondé dans ce but un ouvroir de couture. Deux fois par semaine, de sept à neuf heures du soir, les ouvrières, désireuses de s'instruire, peuvent se rendre dans une grande salle, magnifiquement éclairée, pour y apprendre les travaux manuels. Des ouvrières, admirables de dévouement et de générosité, sont là pour les guider et les diriger, pour s'occuper de la coupe des vêtements, pour enseigner le point et les travaux à l'aiguille. Le tout gratuitement pour les maîtresses et les élèves, d'après le principe : tout par l'ouvrier pour l'ouvrier. C'est un honneur de présider aux cours, c'est un bonheur d'y assister. Ces réunions respirent en effet je ne sais quel air de famille. On y chante, on y prie, on y fait la causette, on y rit de bon cœur. Bien souvent, le curé vient encourager ses enfants et raconter « de belles histoires » ou faire de petits cadeaux pour entretenir l'esprit de zèle et de dévouement.

Sollicitude pour les malades et les défunts.

La confrérie des jeunes filles veille avec un soin
tout maternel sur ses malades et ses défunts. Elle.
.toure les unes et les autres de sa sollicitude. Elle a
créé une section spéciale, « le patronage, » pour visiter
ses malades à domicile et leur apporter « le vin de la
charité ». Le patronage se compose de 200 ouvrières
choisies parmi les meilleures de la congrégation. C'est
un corps d'élite prêt à tous les sacrifices et à tous les
dévouements. On se réunit chaque mois pour plaider
la cause des pauvres et des malades. La réunion
s'ouvre par une instruction, un entretien fait par le
curé, et se termine par une quête au profit de l'œuvre.
Toutes ces ouvrières, désireuses du bien, sont avides
d'entendre une parole qui les instruise et les récon-
forte. Aussi bien, le curé parle comme s'il avait devant
lui des religieuses déjà avancées dans la vie spirituelle. Il sent qu'il est compris, que sa parole produit
de merveilleux fruits de sanctification. Ces fruits sont
reportés chez les malades avec le vin acheté par
l'argent recueilli par la quête. Près de 300 bouteilles
de bon vin rouge sont ainsi distribuées chaque année.
L'ouvrière, tombée sur le champ de bataille du travail,
voit à ses côtés sa compagne pour la consoler, la fortifier, la réjouir. Ici encore, l'obole du pauvre sait
créer des merveilles.

Cette malade vient-elle à être appelée dans un
monde meilleur, son souvenir sera pieusement con-

servé dans la famille ouvrière. La congrégation lui
prépare d'abord de belles funérailles : tous les
membres y sont invités, et c'est parfois avec un cortège de quelques centaines de jeunes filles que les
dépouilles de la chère défunte sont portées au cimetière. Le lendemain on se réunit à l'église et l'on assiste
à un office célébré pour le repos de son âme. Son nom
reste inscrit dans le registre des morts, ou, comme le
dit si bien l'Eglise, dans le livre de vie. Elle est entrée
dans la communion des saints ; elle ne se verra jamais
dans la nécessité de répéter ces désespérantes paroles :
« Vous du moins, mes amis, ayez pitié de moi, car la
main de Dieu m'a frappée. » Tous les mois, elle a sa
large part aux prières et aux mérites de son ancienne
famille, la congrégation.

C'est ainsi que les ouvrières de Saint-Joseph comprennent et remplissent leurs devoirs. C'est une sainte
rivalité, une pieuse émulation pour le bien, un véritable apostolat au milieu de la fabrique et de l'usine.
La confrérie forme une grande famille ouvrière à
laquelle on est fier d'appartenir.

Maison du Patronage.

Cependant ces institutions ne suffisent pas. Dans une
grande ville industrielle, les ouvrières sans famille
courent les plus grands dangers. Les maisons de pension où elles vont se réfugier deviennent presque toujours pour elles des maisons de perdition. Ces maisons
sont un mal nécessaire, et malgré tous les efforts de

l'initiative privée, malgré une certaine surveillance exercée par la police, elles resteront, pour de longues années encore, un foyer de corruption et de démoralisation. A Saint-Joseph de Mulhouse, ces ouvrières trouvent une maison de famille, appelée « maison du patronage » pour bien en caractériser l'esprit. C'est une des plus belles fondations de la paroisse.

Un immense terrain fut acheté, il y a quinze ans, au prix de 30,000 francs et offert à la congrégation des Sœurs de Niederbronn afin d'y construire un asile pour les ouvrières sans famille. La maison s'élève, non loin de l'église, au milieu d'un splendide jardin, où les ouvriers sont libres de se promener au grand air. Elle se compose de trois étages et d'un sous-sol. De grandes salles, des chambres moyennes, de petits appartements permettent de satisfaire tous les goûts et tous les désirs. Ici, ce sont des dortoirs communs de 8, 10, 16 lits; là des chambres pour deux ou trois personnes. Des sœurs, des amies, peuvent ainsi se réunir dans la même chambre, habiter ensemble, comme sous le toit paternel. La vie de famille, l'esprit de famille, quelque chose du foyer domestique s'y retrouve. Ce n'est pas le couvent, ce n'est pas le foyer domestique, ce n'est pas la maison de pension, mais un peu tout cela, puisqu'on y rencontre la main ferme du père, le cœur affectueux de la mère, l'esprit de famille, le charme de la vie de communauté, les joies de l'amitié chrétienne. C'est l'idéal, autant que l'idéal est susceptible d'être réalisé en ce monde.

Parcourez en effet les différents étages de la maison

et vous sentirez le contentement pénétrer votre âme.
Les corridors, les salles, les chambres, la chapelle,
tout respire la propreté, le bien-être, le bonheur. Le
long des corridors se dressent les armoires des
ouvrières. Chacune a son armoire, avec son linge, son
petit trousseau : c'est son futur petit ménage. Couture,
lessive, repassage, tous les travaux de femme constituent autant de charges personnelles. On s'efforce de
donner aux enfants du patronage une éducation complète. Elles apprennent à cuire dans la cuisine de la
maison, et durant les longues veillées d'hiver, une
belle salle les réunit pour leur enseigner à coudre,
à tricoter, à repasser. La maison se transforme ainsi,
à certaines heures de la journée, en école ménagère,
dans laquelle on ne veut rien oublier, rien négliger de
ce qui peut, plus tard, contribuer au bonheur du foyer
domestique.

Les ouvrières de la maison possèdent toutes un
livret d'épargne, qui reçoit chaque mois de nouveaux dépôts. C'est l'ascension lente vers la constitution du foyer domestique, l'apprentissage de
l'épargne, de l'économie. Si un enfant aspire au
mariage, on lui prépare son trousseau et son mobilier
avec la plus maternelle sollicitude, heureux de pouvoir
jeter les fondements d'une nouvelle famille ouvrière.

Deux mariages se sont célébrés ainsi en l'espace
d'une année. Jamais la paroisse n'avait vu pareille
manifestation. Il y avait de quoi exciter l'envie et la
jalousie. Un cortège de jeunes filles habillées de
blanc autour de leur compagne, tout le patronage à
l'église pour prier, la fille du directeur de fabrique

de la fiancée comme demoiselle d'honneur, le chef de l'atelier du fiancé pour conduire la fiancée à l'autel, le curé revêtu de son plus beau surplis pour bénir le mariage et adresser, aux fiancés et à leurs amis, le discours de circonstance, le curé encore à la table pour présider le repas de noces, non pour renouveler le miracle des noces de Cana, il n'en était pas besoin, mais pour donner un bel exemple, pour honorer publiquement l'innocence et la vertu et réjouir les jeunes mariés. C'était vraiment l'idéal de ces unions chrétiennes, si belles et si touchantes pour le peuple, lorsqu'elles sont bien comprises.

Aussi bien, dès la première année, toutes les places étaient prises. Plus de 100 ouvrières y avaient retrouvé le foyer perdu ; plus de 60 jeunes filles au-dessous de 20 ans y saluaient une mère aimante et dévouée. Les pensionnaires paient 1 franc ou 1 fr. 25 par jour, suivant qu'elles habitent dans un dortoir commun ou dans une chambre particulière. Moyennant ce prix, elles s'assoient trois fois par jour à une table pourvue d'une nourriture saine et abondante, parfois recherchée. La Sœur connaît les plats dont les jeunes filles sont friandes. Aux grandes fêtes de l'année, à certains jours consacrés par la tradition populaire, ce sont d'agréables surprises dans l'art culinaire.

Le patronage est devenu de la sorte une famille dans la belle acception du mot. L'œuvre est vraiment chère à Dieu et aux hommes. C'est une véritable oasis de bonheur et de santé.

Maison du Cercle.

Les différentes confréries de Saint-Joseph tiennent leurs réunions à l'église. L'autel et le Dieu des tabernacles les attirent pour y trouver la joie, le calme, le bonheur, le repos. Mais là, après avoir cherché le royaume de Dieu et sa justice, elles apprennent aussi à chercher le bien-être temporel, le *reste* qui sera donné par surcroît, d'après les promesses du Sauveur. Vis-à-vis de l'église, s'élève la maison du cercle, un splendide local, un vrai palais qui, à lui seul, fait comprendre l'importance des œuvres qui s'y épanouissent sous le rayon vivifiant de la charité chrétienne. Le local est au cercle ce que l'église est à la paroisse, le foyer domestique à la famille. Sans local, sans maison, le cercle est condamné à végéter misérablement, sans joie dans le cœur, sans espoir dans l'âme.

Le local du cercle de Saint-Joseph a été inauguré au mois de novembre 1896. Le jour de la dédicace a été inscrit en lettres d'or comme un jour d'impérissable souvenir. Presque chaque semaine arrivent des visiteurs pour admirer cette salle, la plus belle de Mulhouse, capable de contenir, avec ses dépendances, 2,000 personnes, cette scène de théâtre si bien organisée pour les fêtes de famille du cercle, cette heureuse distribution de la maison, ces salles si nombreuses, si remplies de lumière, ces belles dimensions, ce grand air, cette cour spacieuse avec ses rangées d'arbres répandant l'ombre et la fraîcheur, ces caves si bien montées, et quand l'admiration a fait place à une curiosité bien légitime, quand ces visiteurs s'informent où l'on a pris les 180,000 francs néces-saires pour la construction de ce superbe édifice, on leur répond en souriant : Eh bien ! le voici : les industriels de la ville nous ont donné près de 20,000 francs ; les ouvriers, le peuple, quelques mil-liers de francs de plus; pour le reste, devinez, et si vous ne devinez pas, attendez le jour des révélations pour le lire dans le livre des comptes du bon Dieu.

La maison est là; elle est payée; elle est bien belle avec ses nombreuses colonnes, ses tours élevées, ses fenêtres trigéminées, son toit en plate-forme, espèce de jardin suspendu, sa grande statue de saint Joseph. Elle est belle surtout quand les jeunes gens, les hommes la remplissent. Ce sont autant de pierres vivantes taillées par la main de Dieu que l'on cherche à façonner, à polir pour cette autre maison si bien décrite par le disciple bien-aimé du Christ.

C'est dans ce local que se réunit le cercle des jeunes gens pour y déployer toute l'activité de ses jeunes années. Pour étendre cette activité et la rendre plus pratique, le cercle a été partagé en différentes sections. Il en compte six comprenant chacune trente ou qua-rante membres. Ce sectionnement est absolument nécessaire pour le bon fonctionnement de l'œuvre. Il permet au directeur du cercle de grouper son monde, d'exercer une action en quelque sorte individuelle, d'entrer en contact avec ses jeunes amis, car chacune de ces sections constitue une famille particulière avec ses traditions, son organisation, sa vie propre. De cette manière les centaines de jeunes gens du cercle sont répartis dans des groupes distincts, et pour y entrer, chacun n'a qu'à consulter son goût, ses aspirations, ses aptitudes, ses capacités. On a trouvé le moyen de satisfaire tout le monde.

La section de chant est toujours la première par ordre de date ; deux choses sont seulement requises : de la bonne volonté et une voix harmonieuse. La bonne volonté ne fait jamais défaut et la voix sort toujours sonore et puissante d'une poitrine de 16 à 20 ans. Une section de chant ne coûte rien et rend les plus grands services. Elle est de toutes les fêtes, à l'église, au local, devant l'autel, sur la scène, dans les représentations théâtrales, dans les concerts, dans les excursions. Elle porte son bien avec elle et le donne sans l'épuiser. La section de chant de Saint-Joseph a déjà obtenu les plus éclatants succès. Avec le concours d'une soixantaine de garçons de 10 à 13 ans, elle a donné des concerts avec des chœurs tirés des chefs-d'œuvre des plus grands maîtres. Ces concerts sont un vrai régal pour les amateurs de belle musique.

La musique instrumentale donne du relief et du brillant à un cercle. Elle donne surtout beaucoup de soucis au directeur de l'œuvre. Le choix du directeur de la musique est d'une importance souveraine. On l'a compris à Saint-Joseph, et si, dans les quatorze dernières années, il n'y a pas eu de difficultés, le mérite en revient au chef de musique auquel on a confié les 50 musiciens de la section. Cette section a son histoire. L'année dernière, elle remportait le

premier prix et la première place dans un concours de
musique organisé par les cercles de toute l'Alsace.
Son chef obtenait en même temps une médaille d'honneur. Elle a naturellement sa place marquée à toutes
les fêtes du cercle pour jeter partout les flots de ses
puissantes harmonies. Ces harmonies charment surtout
dans les concerts donnés chaque année aux familles
ouvrières dans la grande salle du local.

L'orchestre prête presque toujours son concours
pour ces jours de fête. Un orchestre dans une œuvre
de jeunesse est une heureuse innovation. Le cercle de
Saint-Joseph en a fait l'expérience. Trente jeunes
artistes rivalisent, comme à l'envi, pour reproduire
les plus belles œuvres musicales dans des soirées très
goûtées et très appréciées. Il y a plaisir à voir ces
doigts agiles courir sur les cordes vibrantes pour en
tirer des sons empreints des plus beaux sentiments.
Les jeunes ouvriers de fabrique, les petits employés
de bureau entrent ainsi dans un monde nouveau pour
y pressentir les lois du beau et du vrai. Aussi bien
ces soirées musicales présentent de véritables jouis-
sances quand le chant, la musique, l'orchestre
s'unissent devant des centaines d'auditeurs venus pour
les applaudir.

Les soirées théâtrales sont toujours les plus fréquentées. Tout y concourt : l'heureux choix des pièces
représentées, la richesse et la variété des décors de la
scène, la beauté et le bon goût des costumes, le joyeux
entrain des jeunes artistes. Toutes les dispositions sont
prises pour conserver à la comédie, ou à la tragédie,
toute sa physionomie, le caractère de l'époque où elle

se déroule, le cachet de la société qu'elle critique, les
mœurs et les coutumes des gens qui y jouent leur rôle.
On a, durant deux heures, l'illusion de vivre dans un
autre milieu, dans un autre temps, près d'autres
hommes. On s'instruit, on s'amuse tout ensemble. Les
familles viennent avec bonheur assister aux succès de
leurs enfants et constater avec joie que le cercle est
pour eux une grande école de vertu et de discipline.

Cette discipline est parfaitement comprise par la
section des gymnastes, d'après l'adage bien connu des
anciens : *mens sana in corpore sano*. Elle se compose
de quarante jeunes gens aux muscles solides, aux
membres agiles. C'est la garde du cercle, la race des
forts et des vaillants. Dans les concours, ils rivalisent
de force et d'agilité avec les frères d'armes des autres
cercles d'Alsace et reviennent couronnés de lauriers
de ces luttes fraternelles, si bien faites pour entretenir
le feu sacré et le respect des traditions. Cette section
est populaire comme les autres. Elle possède une
grande salle de gymnastique, travaille en public avec
un costume particulier, organise des fêtes de gymnastique très fréquentées et s'efforce d'arriver à une
perfection de plus en plus grande.

Le bon ordre qui préside à toutes les réunions du
cercle est dû à une modeste section, appelée la section
des *travailleurs*. Ce sont les abeilles de l'œuvre. Ils
travaillent sans éclat, ne se produisent jamais, vivent
sans prétention, sans bruit, sans gloire, heureux de se
rendre utiles. Ils soignent le côté matériel du cercle,
préparent les grandes assemblées, rangent les chaises
et les bancs, veillent au débit de la bière et du vin.

Leur rôle est de travailler pendant que les autres se récréent et se reposent, de rester sur place pendant que les autres se retirent, de rentrer dans l'ombre quand l'ordre est rétabli, quand chaque objet se trouve de nouveau à sa place, quand la maison du cercle a repris sa physionomie habituelle. Honneur à ces modestes travailleurs, à ces humbles pionniers de l'œuvre !

Cercle des hommes.

Mais la gloire et l'ornement de Saint-Joseph, c'est bien le cercle d'hommes, tant par le nombre que par l'importance de ses institutions économiques. Encore quelques efforts et ce sera l'idéal réalisé.

Le dimanche du Rosaire de l'année 1890, 80 ouvriers catholiques remettaient au curé de Saint-Joseph une pétition le priant de fonder dans la paroisse un cercle d'hommes. Ils voulaient se grouper pour combattre aux avant-postes le bon combat, sous la protection de Notre Dame de l'Usine. 500 vaillants assistèrent à la première veillée d'armes, avec le serment de porter bien haut l'honneur du drapeau.

Dès l'année suivante, un local est acheté près de l'église. A l'inauguration, le 7 juin 1891, 750 hommes forment un bataillon d'élite, prêts à livrer toutes les batailles. En cette même année, s'ouvrent les conférences faites d'abord par les amis de l'œuvre ; bientôt les ouvriers, formés à cette école, montent eux-mêmes à la tribune rivalisant de verve et d'éloquence avec les meilleurs orateurs.

Pendant l'année 1892, se forment successivement un bureau de placement, un secrétariat du peuple, une caisse de secours. C'est l'année des audacieuses initiatives, l'année des grands succès.

Le journal du cercle et les livres.

Le *Volksblatt*, « le journal du peuple », veut sa place au soleil. Supprimé par la dictature, il reparaît sous le nom de *Landeszeitung*, « journal du pays ». Il compte aujourd'hui 14,000 abonnés. C'est le journal du cercle. Les membres du cercle ne sont pas tenus d'avoir un journal. Ils conservent leur liberté à cet égard. Mais s'ils veulent avoir leur feuille de tous les jours, ils sont obligés par les statuts de prendre notre journal. C'est du reste un devoir dont l'accomplissement ne coûte pas cher : pour 60 centimes par mois, le journal leur est apporté chaque jour à domicile pour l'heure de midi.

Sur la table de l'ouvrier figure, presque dans toutes les familles, le livre de piété, illustré, magnifiquement relié. Chaque année, quelques centaines de ces volumes sont placés dans les meilleures conditions. Les familles qui le désirent paient chaque mois une petite somme, et bientôt elles sont en possession de ces ouvrages qui feront désormais partie de l'ornement du foyer domestique. Le nombre de ces volumes placés dans la paroisse de Saint-Joseph est vraiment fabuleux. C'est la légende des saints, la vie de Notre-Seigneur, la vie de la Sainte Vierge, le *Goffiné*, ou l'explication des évangiles des dimanches et d'autres chefs-d'œuvre également populaires.

A côté du livre pieux, il y a aussi le livre profane. La bibliothèque de la paroisse met à la disposition des amateurs des milliers de volumes choisis parmi les meilleurs. Toutes les bonnes collections s'y trouvent. On en profite largement durant les veillées d'hiver, c'est par centaines que les livres entrent dans les familles. Des ouvrières sont chargées de la bibliothèque. Elles s'acquittent de leurs délicates fonctions avec un tact parfait, discernant fort bien le genre de lecture qui con...ent à chacun.

Associations professionnelles, œuvres nouvelles.

L'année 1893 voit la fondation des associations professionnelles, pour les ouvriers de l'industrie textile, pour les ouvriers du bâtiment, pour les ouvriers de constructions mécaniques. La création des institutions pour l'achat du vin, du pain, de la houille, suit de près.

Le local devient trop petit, les salles trop étroites. Les 1,000 membres sont atteints, et pour célébrer dignement ce glorieux évènement, le cercle se voit contraint d'aller ailleurs. Mais déjà, en 1895, l'ancienne maison du cercle, le berceau de l'œuvre, disparaît, pour faire place à un nouveau local, vaste et grandiose, chef-d'œuvre d'installation et d'organisation, le plus bel ornement du quartier.

Dieu continue ses bénédictions, le cercle continue ...

créations. En 1896, il fonde la caisse d'épargne et de prêt. Le Pactole y roule ses flots d'or ! 2,500,000 francs en huit années ! Cependant le cercle livre plusieurs batailles électorales et enregistre de splendides triomphes.

Avec les joies pascales de 1901, avec le jour de la résurrection, une caisse de décès pour les membres du cercle et leurs femmes groupe des centaines d'ouvriers dans un même sentiment de pieuse fraternité. C'est pour le moment, l'œuvre la plus attachante, la plus aimée, la plus populaire.

Et le mouvement grandit de jour en jour, et le cercle s'épanouit de plus en plus, s'ouvrant tour à tour au *Volksverein* d'Allemagne, aux associations professionnelles de l'Alsace, aux cours d'apologétique, aux retraites sociales, au colportage catholique, en un mot à toutes les œuvres marquées du cachet catholique et social.

En 1903, le cercle sort pour la première fois et de l'église et du local, pour passer, en un interminable cortège, par les rues qu'il a construites, devant les maisons qu'il a achetées. C'est une marche triomphale 1,200 ouvriers rangés autour de la nouvelle bannière, saluée par des milliers de personnes. C'est la démocratie chrétienne dans la belle acception du mot. Les 1,200 d'hier sont aujourd'hui à 1,300 ; — ils seront bientôt 1,500, s'il plaît à Dieu.

Institutions économiques.

Les institutions économiques sont de plus en plus prospères. Rien de plus simple que leur fonctionnement, et en même temps ion de plus pratique. Fondées par les ouvriers, elles sont conduites par les ouvriers. Tout pour l'ouvrier, tout par l'ouvrier ! C'est le levier qui met tout en branle.

L'association pour le pain vend chaque année près de 150,000 miches de pain, ou 375,000 kilos de pain. Les boulangers donnent au cercle 10 centimes par miche. C'est donc 15,000 francs donnés comme étrennes, le jour de l'an, aux ouvriers consommateurs. Plus on mange, plus on gagne ! C'est l'idéal de l'économie politique.

L'association pour le vin assure aux membres du cercle le vin qui réjouit le cœur de l'homme, le vin tel que Dieu le prépare sur nos coteaux. C'est le vin de la famille, servi sur la table de la famille, goûté par tous les membres de la famille. Il y a aussi le vin des malades, le vin extra pour les membres souffrants. Il s'en consomme chaque année pour une somme de 25 à 30,000 francs. Les caves du cercle méritent d'être visitées. Il y règne un ordre admirable, une propreté qui ne laisse rien à désirer, une organisation modèle.

L'association pour la houille conduit le combustible à domicile moyennant une bonification de 40 à 50 centimes par quintal en faveur des acheteurs. Il se réalise ainsi par an plus de 4,000 francs de bénéfice au profit des preneurs. C'est donc le pain qui nourrit, le vin qui réjouit, la houille qui réchauffe.

Caisses de maladie et de décès.

La caisse de secours apporte son contingent en cas de maladie. Chaque membre de la caisse touche 1 fr. 25 par jour durant quatre mois. En cas de décès la famille touche 30 francs. Depuis sa fondation, elle a distribué 21,300 francs entre 077 membres. C'est assurer et la tranquilité du présent et l'espérance de l'avenir. Avec l'obole de la fraternité, on apporte encore au malade la parole réconfortante, la parole affectueuse de l'ami et du frère.

La caisse de décès soigne l'enterrement de ses membres. Elle veut leur procurer des funérailles de pieuse fraternité, tant pour le cortège à l'extér eur que pour les cérémonies et les prières à l'église. 100 francs sont consacrés à cet effet ; la famille n'a à s'occuper de rien, tout est ordonné, organisé par l'association. Et cependant il n'est versé à chaque décès que 10 centimes par membre. C'est que ces membres sont au nombre de 1,000, formant ensemble une belle famille ouvrière, réalisant sur la terre la communion des saints. L'ouvrier de Mulhouse a le culte des morts. Il aime à prier sur les tombes pour les frères qui l'ont précédé dans la céleste patrie, et, à certains jours de l'année, il traduit son amour pour les défunts par de touchantes manifestations.

Caisse ouvrière de Saint-Joseph.

La caisse ouvrière est le chef-d'œuvre des institutions économiques de Saint-Joseph. C'est une merveille dans l'ordre social que nous sommes heureux de présenter à l'imitation de nos confrères. Les pages suivantes exciteront sans doute de généreuses initiatives.

Au mois d'octobre 1806, une invitation appelait les membres du cercle à une réunion au local habituel. On devait y proposer la création d'une caisse ouvrière, discuter et adopter les statuts de l'œuvre nouvelle et essayer dès le premier jour de l'organiser définitivement. Le plan était simple. C'est toujours la condition du succès.

Les caisses Raiffeisen d'Allemagne avaient depuis près d'un demi-siècle, relevé le bien-être des campagnes et sauvé d'une ruine certaine des milliers de familles. L'expérience avait parlé, l'œuvre avait subi l'épreuve, les succès étaient éclatants. Nous voulions entrer dans la même voie, transformer les Caisses rurales en Caisses ouvrières, essayer en ville ce que l'on avait tenté à la campagne, et par là rendre plus facile l'acquisition de maisons ouvrières, défendre le foyer du pauvre contre l'usurier et l'accapareur, encourager l'épargne et la rendre accessible à tout le monde.

Des centaines d'ouvriers répondirent à l'appel, heureux d'applaudir à cette noble initiative, heureux aussi de donner à leur curé un nouveau témoignage de confiance et d'amitié. Le succès était facile, on parlait à des convertis, à des convaincus, qui mille fois, dans leur détresse, avaient vainement cherché, autour d'eux, la main bienfaisante pour les sauver d'un triste naufrage. L'œuvre nouvelle était appelée à devenir l'œuvre de tous. Les uns viendraient confier à la Caisse leurs épargnes et leurs économies et inscrire dans le livret de famille les témoignages d'une aisance toujours grandissante. Les autres iraient demander à la Caisse l'argent nécessaire pour l'acquisition du foyer domestique, fiers des épargnes de la veille, sûrs des ressources du lendemain. La grande famille ouvrière mettrait en commun, son travail, ses labeurs, ses épargnes, ses joies, ses espérances, en vertu de la grande loi de la fraternité chrétienne, de la loi formulée par le Christ : « Aimez-vous les uns les autres comme je vous ai aimés. »

Dès le premier jour, la Caisse était constituée, 96 ouvriers s'étaient fait inscrire comme membres actifs de la société. La cotisation des membres actifs avait été fixée à 10 marcs et le capital social à 100.000 marcs. Nous nous disions dans notre simplicité, que 100.000 marcs formaient un joli denier pour une paroisse exclusivement composée d'ouvriers, et les 100.000 marcs sont devenus *deux millions !*

Organisation de la Caisse ouvrière.

Nous avons maintenu les grandes lignes des Caisses rurales en les adaptant à notre situation particulière. A la campagne, la Caisse s'occupe avant tout de l'achat des champs et du bétail, des machines agricoles ; elle procure les marchandises à meilleur marché et s'efforce de faire donner à la motte de terre un rendement plus considérable. Elle crée des syndicats agricoles et étend son action à tout ce qui intéresse la culture. A la ville, le but nécessairement diffère. C'est la maison ouvrière, le logement confortable, le mobilier assorti, le foyer domestique, qui deviennent le champ d'action de la Caisse : toujours et partout, les intérêts de l'ouvrier, les besoins de l'ouvrier, l'avenir de l'ouvrier. Mais ici comme là, le comité de direction et le comité de surveillance s'imposent. Nous les avons maintenus en restant fidèles à notre devise : *tout pour l'ouvrier par l'ouvrier.*

Les Comités.

Les deux comités se composent exclusivement d'ouvriers. L'expérience des huit dernières années nous a démontré une fois de plus la fécondité du principe : nous ajoutons avec bonheur que cette confirmation est devenue presque trop éclatante.

Le conseil de surveillance a bien placé le curé à sa tête ; mais il a dû céder à une douce violence, forcé par les ouvriers, désireux de proclamer ainsi, qu'au milieu d'eux, il était l'ouvrier par excellence. Dans ces conditions, l'œuvre conserve toute son originalité.

Le ressort.

La Caisse ouvrière de Saint-Joseph, comme l'indique son nom, est une œuvre paroissiale : nous ne prêtons de l'argent qu'aux membres du Cercle, nous ne recevons de l'argent que des membres de la paroisse. La prudence nous dictait cette manière d'agir. Une trop grande extension de notre Caisse rendait le fonction-

nement difficile et le contrôle presque impossible.
Dans la paroisse, au contraire, les ouvriers se connaissent, ils savent à qui la Caisse peut donner sa
confiance.

De plus, nous ne voulions pas faucher sur le pré
d'autrui, ni avoir l'air, le moins du monde, d'être pré-
tentieux. La modestie sied toujours aux petites gens,
et, d'ordinaire, l'indigent ne prête pas aux riches. Or,
parmi les quatre paroisses de Mulhouse, la paroisse
Saint-Joseph est incontestablement la moins fortunée.
Nous nous le disions du moins alors, car depuis que
nous sommes devenus millionnaires, nous n'osons
presque plus le croire, encore moins le dire ou
l'écrire.

L'œuvre ouvre sa Caisse trois fois par semaine dans
son propre local, construit l'année dernière avec une
certaine apparence de luxe : il comporte une belle
salle d'attente pour les personnes qui viennent à la
Caisse, et un magnifique bureau pour le Comité chargé
de traiter les affaires.

Opérations.

Le dimanche, de 9 h. 1/2 à midi, la Caisse reçoit les
dépôts à inscrire dans les livrets d'épargne. Ces dépôts
varient : ils oscillent entre 10 et 500 francs et au-delà ;
parfois plus, parfois moins, depuis l'obole de l'humble
ouvrière jusqu'à l'écu d'or de l'habile travailleur.
Chacun en rentrant reçoit son numéro d'inscription et
prend sa place après le dernier venu. Ils sont soixante,

cent à attendre l'appel qui les fait passer au bureau. On y entre l'un après l'autre pour éviter tout encombrement et toute indiscrétion. On lit sur tous les visages le bonheur et le contentement. On est classé le jour où l'on a fait son entrée dans la banque.

L'argent porte 3 fr. 25 % d'intérêt. Une dénonciation de trois mois est requise pour retirer son capital; mais tout le monde sait que cette mesure n'est qu'une mesure de prévoyance en vue de certaines éventualités qui, un jour, pourraient la rendre nécessaire. Si la Caisse est embarrassée parfois, c'est de la trop grande confiance qu'on lui témoigne ; elle est toujours prête à rembourser parce qu'elle a toujours trop d'argent à placer.

Quelle joie et quelle consolation de tourner les pages de notre grand livre. Voici un simple ouvrier de fabrique qui, au soir de sa vie, après avoir élevé une nombreuse famille, figure pour 19 dépôts variant de 12 à 170 francs ; voici un autre dans la force de l'âge, avec sept enfants, qui a fait 12 dépôts de 12 à 120 francs. Ici, c'est un père de famille entouré d'enfants travaillant avec lui, figurant pour 10 dépôts avec une moyenne de 75 francs ; là, c'est un contremaître avec 20 dépôts réguliers de 25 francs. Sur ces pages viennent aussi nos pieuses et honnêtes ouvrières de fabrique si nombreuses dans la paroisse, 10 dépôts de 12 et 20 francs ; 8 dépôts de 25 francs ; 9 dépôts entre 6 et 15 francs, et ainsi de suite. C'est donc bien l'épargne dans la famille, l'épargne régulière, l'acheminement lent mais sûr vers l'aisance et le bien-être, vers le bien familial si nécessaire de nos jours.

Les débiteurs de la Caisse.

Le lundi, de 8 à 10 heures du soir, la Caisse est ouverte pour les débiteurs. On s'est engagé à payer chaque
mois une somme proportionnée à l'emprunt. Nous
sommes sévères à cet endroit, il faut être exact à payer
ses mensualités. L'ouvrier ne doit pas compter sur
notre indulgence. Nous maintenons, dans son propre
intérêt, une bienveillance sévère pour le forcer à
arriver à la possession de sa maison, de son petit coin
de terre. Qui voudrait nous en blâmer? N'est-ce pas
l'amour dans toute sa vérité, avec ses faiblesses
en moins? Payer ses dettes, c'est s'enrichir. Depuis la
fondation de la Caisse, nous nous sommes vus très
rarement dans la triste nécessité de rappeler à l'ordre
l'un ou l'autre débiteur oublieux de ses devoirs.

Les demandes d'argent se font les vendredis de
8 à 10 heures du soir, devant le comité de direction.
Toute demande d'argent doit être justifiée. Nous ne
prêtons qu'à bon escient. S'il s'agit de l'acquisition
d'une maison, le Comité se rend sur place pour juger
par lui-même de la valeur de l'immeuble. Trop souvent,
l'ouvrier, dans le vif désir d'avoir le plus tôt possible
son foyer à lui, se laisse fasciner par un mirage trom-
peur. Il voit tout en beau; il ne trouve rien trop cher,
et lui, d'ordinaire si économe, se laisse aller à de folles
prodigalités. Heureusement, le Conseil voit pour lui et
ne consent jamais à lui avancer le capital pour une
maison hors de prix. Le mirage se dissipe et l'ouvrier

vient remercier le Comité de ne lui avoir pas permis de
se ruiner dans un moment d'aveuglement.

Nous prêtons à 4 pour cent. Jusqu'à concurrence
de 500 francs, nous prêtons sur caution. La caution
doit toujours être signée et reconnue par le mari et la
femme. Nous cherchons en tout et partout l'unité et
l'union de la famille. Les dettes et les obligations du
mari doivent être les dettes et les obligations de la
femme.

Au-delà de 500 francs, nous prêtons sur hypothèque
dans des conditions particulièrement favorables.

Avant d'être agréé, le solliciteur doit faire la preuve
qu'il possède au moins le tiers ou le quart de la somme
qu'il demande. S'il désire 8,000 francs, il doit posséder
au moins 2,000 francs. La raison en est évidente.
D'abord, on ne peut prêter à qui n'a rien ; ensuite, il
faut se couvrir en vue d'une dépréciation toujours
possible, et dans notre œuvre, la caisse d'épargne est
la nourricière de la caisse de prêt.

Les prêts consentis par le Comité de direction sont
soumis au Conseil de surveillance qui décide en dernier
ressort. Chaque semaine, le président du Conseil de
surveillance vérifie et contrôle le livre des opérations
de la caisse ; il se réserve le droit de sanctionner ou
d'annuler les décisions du Conseil de direction. On ne
saurait se montrer trop difficile en affaires. Plus le
succès grandit dans une œuvre, plus aussi grandit la
responsabilité. Les questions d'argent, plus que toutes
les autres, demandent à être traitées avec la plus rigou-
reuse exactitude et la plus stricte justice. C'est grâce à
cette sévérité que la Caisse de Saint-Joseph n'a jamais

ou un centime de perte, malgré le chiffre prodigieux et l'extrême variété de ses opérations. C'est peut-être un fait unique : nous le signalons à la bienveillante attention de nos amis.

Toutes nos affaires se traitent en famille, entre frères, sous le sceau du plus grand secret. Toute indiscrétion est punie d'une amende de 50 francs. Nous sommes heureux de dire qu'après huit années d'exercice, ce secret n'a jamais été trahi, la peine jamais appliquée. L'ouvrier sait allier le plus entier dévouement à la plus entière discrétion. La Caisse ouvrière doit inspirer le respect et la confiance. C'est une des conditions de sa prospérité et de sa durée.

Résultats.

La Caisse de Saint-Joseph, au jour de sa fondation, en 1896, inscrivait dans ses livres 96 membres pour l'œuvre naissante. Ils avaient pressenti l'immense portée sociale de la nouvelle entreprise, et, sans hésiter, ils avaient accepté la responsabilité illimitée que leur imposaient les statuts. Cette solidarité, basée sur le respect mutuel, était faite de confiance, de désintéressement, de charité chrétienne. C'était le patrimoine de la grande famille ouvrière mis à la disposition de tous et d'un chacun, le retour à l'âge d'or. Les idées généreuses ont le don de soulever les masses ; aussi le chiffre des membres allait grandissant d'année en année, montant de 96 à 250, 360, 420 et 580. Faire partie de la Caisse de Saint-Joseph constitue un titre de noblesse qu'on sait apprécier à sa juste valeur.

La hausse des fonds d'épargne.

Le fonds social suivait la même marche ascendante.
C'était dans la nature des choses. Notre premier fonds
social avait été porté à 125,000 francs. C'était beaucoup oser pour de simples ouvriers de fabrique. C'était,
sans doute, une longue carrière à fournir. Qui le croirait ? quatre mois s'étaient à peine écoulés que les
125,000 francs étaient atteints et il fallut convoquer
une assemblée générale pour porter le fonds social à
325,000 francs. Même surprise ! les 325,000 francs
étaient versés en moins de quelques mois et il fallut
monter à 625,000 francs. Mais toujours la même conso-
lante constatation ! Le Pactole roulait ses flots d'or au
milieu des charbons de la cité ouvrière de Mulhouse !
L'engagement avait été pris : devenir millionnaire.
Bientôt cette présomption est devenue une réalité, ce
n'est pas le million qui a été atteint, ce sont *deux millions* qui se prélassent dans les somptueux comparti-
ments de notre caisse.

N'est-ce pas un miracle dans l'ordre moral et social
que cette somme presque incroyable, sortie en si peu
de temps de nos familles ouvrières ! N'est-ce pas le
plus bel éloge en faveur de ces travailleurs qui, au
milieu de difficultés et de tentations de tous genres,
savent mettre de côté une si splendide réserve pour
l'avenir ! Il y a évidemment ici un problème intéressant au plus haut point l'économiste chrétien. Nous
laissons tout commentaire de côté pour laisser parler

les chiffres ; les chiffres ont parfois une irrésistible éloquence.

L'année 1902 accusait un chiffre de recettes de 1,577,199 marcs ; l'année 1903, le chiffre montait à 2,059,473 marcs, soit pour l'année 1903 une augmentation de 482,273 marcs, plus de 600,000 francs.

Cette somme de 2,059,473 marcs se répartit de la manière suivante : apport des membres : 5,511 marcs ; livrets d'épargne : 1,533,923 marcs ; remboursements sur les prêts : 147,642 marcs ; comptes-courants : 316,593 marcs ; intérêts et provisions : 55,802 marcs. Les dépenses, par contre, s'élevaient à 2,059,078 marcs répartis comme suit : remboursements des apports : 205 marcs ; remboursements sur les livrets d'épargne : 251,263 marcs ; prêts : 1,311,667 marcs ; comptes-courants : 442,025 marcs ; intérêts : 49,621 marcs ; frais d'administration : 2,584 marcs ; décompte sur les meubles et immeubles : 1,701 marcs. Reste en caisse le 31 décembre 1903 : 394 marcs.

La simple lecture de ces chiffres frappe de surprise et d'admiration. On se demande avec raison comment de pareils résultats sont possibles. En sept années 1,533,923 marcs inscrits dans nos livrets d'épargne par des familles ouvrières ! 147,642 marcs remboursés sur les prêts consentis par la Caisse ! Donc 1,681,565 marcs d'économies et d'épargnes, plus de 2,000,000 de francs ! Dans la première année, les dépôts, effectués le dimanche, oscillaient entre 2,000 et 5,000 francs. Deux fois, ils se sont élevés à 16,000 et 22,000 francs. C'était à rendre jalouses les banques les plus florissantes de la ville. Près de 500 dépôts avaient été faits de 4 à 125 francs ; 175 de 125 à 625 ; 60 de 625 à 1,250 ; 30 de 1,250 à 2,250 ; 7 de 2,250 à 3,750 ; 11 de plus de 5,000 francs. Quelle somme d'efforts, de sacrifices, de vertus, renfermés dans ces chiffres devenus d'année en année plus beaux et plus consolants ! Comment ne pas éprouver une profonde émotion en les lisant ; comment ne pas sentir au cœur un commencement de joie et d'espérance ? N'est-ce pas la première étape vers la restauration de la famille ouvrière si ardemment désirée par tous ?

Emploi des fonds.

Presque tout l'argent confié à la Caisse en sort pour permettre à nos ouvriers de devenir propriétaires de leur foyer domestique. Le 31 décembre 1903 la somme des prêts s'élevait à 1,164,025,22 marcs. Cette somme se répartissait entre 326 familles. Sur ces 326 débiteurs, 110 étaient inscrits pour 29,300,77 marcs sur simples billets avec caution ; 215 débiteurs figuraient pour 1,134,471,45 marcs sur première hypothèque. Les 326 prêts consentis par l'œuvre se partagent ainsi : 23 au-dessous de 100 marcs ; 50 de 100 à 300 marcs ; 28 de 300 à 500 ; 20 de 500 à 1,000 ; 34 de 1,000 à 2,000 ; 104 de 2,000 à 5,000 ; 67 à plus de 5,000 marcs. Chacun comprendra la valeur de ces chiffres et saura deviner les ambitions de nos chers travailleurs devenus ainsi les obligés de la Caisse de Saint-Joseph.

Le bilan de 1903 répand une lumière encore plus

bienfaisante sur notre œuvre si éminemment sociale.
Le voici :

Actif.

Reliquat de l'année.	394.93 m.
Prêts.	1.164.025.22
Action à la Caisse centrale . . .	1.000
Compte courant à Strasbourg. .	79.069.38
Immeubles.	75.190 06
Meubles.	522.09
Intérêts et provisions	41 550.37
	1.301.758.10 m.

Passif.

Apport des membres	53.06 m.
Livrets d'épargne	1.282.659.24
Comptes courants	30.354.67
Profits, fonds de réserve. . . .	32.207.84
	1.350.528.75 m.

Balance.

Actif	1.301.758 10 m.
Passif	1.350.528.75
Profits	11.220.35
Profits précédents. . .	32.207.84
Somme des profits. . .	43.457.19 m.

La Caisse ouvrière au point de vue familial

Il ne faut rien ajouter à ces chiffres. Il est des
sentiments qui perdent de leur beauté dès qu'ils
paraissent au grand jour.

La famille ouvrière n'existe plus dans la plupart des
centres industriels. Elle n'existe plus parce que

d'ordinaire elle n'a pas de maison pour s'y épanouir, de foyer domestique pour s'y réchauffer. L'ouvrier est condamné à vivre en loyer et trop souvent les logements où il abrite sa misère ne servent qu'à montrer son dénuement sous des couleurs plus sombres.

La Caisse ouvrière de Saint Joseph a, dès les premiers jours, dirigé son orientation de ce côté : aux uns, elle veut assurer la paisible possession d'une maison, aux autres, la jouissance d'un paisible intérieur, à tous, le bienfait d'un logement convenable. Elle a réalisé la question des habitations ouvrières sans émission d'actions, sans constitution de société, sans promesse de dividendes.

Dès la première année, elle a fait construire une rue de 16 maisons au prix de 200,000 francs. Ces maisons ont immédiatement trouvé des acquéreurs et il fallut songer à bâtir une nouvelle rue avec des maisons plus nombreuses et plus belles encore au prix de 360,000 francs. Les maisons à peine construites étaient déjà demandées. C'est à recommencer cette année dans de plus grandes proportions. Nous avons acheté, il y a trois mois, près de l'église Saint-Fridolin qui se termine en ce moment, un terrain pour une valeur de près de 100,000 francs. Les plans sont terminés : c'est presque trop beau. Mais à côté de la nouvelle église si belle et si gracieuse, nous voulons une rue également belle, également gracieuse. Saint-Joseph veut traiter sa fille en enfant gâtée.

Toutes nos maisons sont construites par des membres de nos cercles. Nous affirmons ainsi l'esprit de fraternité qui nous unit et nous travaillons, dans la mesure de nos forces, au relèvement et à la prospérité des classes moyennes, des petites gens.

Aménagement des maisons ouvrières.

Ces 38 maisons neuves sont à 3 et 4 étages, admirablement disposées pour permettre aux familles de vivre séparément. Elles sont, dans leur genre, de vrais chefs-d'œuvre de conception et d'exécution : cave, grenier, cuisine, jardin, séchoir, rien n'y manque. Chaque étage se compose de trois chambres spacieuses et d'une cuisine formant un logement pour une nombreuse famille. Chaque cuisine a son évier et sa conduite d'eau pouvant servir à la préparation des aliments et à la lessive.

Ces maisons sont cédées au prix de 12,500 et 18,000 francs rapportant 850 et 1,200 francs de loyer. Les acquéreurs paient à la Caisse 4 0/0 et retirent 6 0/0 de leur maison. C'est une bonification tout à leur avantage. La Caisse reste propriétaire des maisons : l'acte de vente n'est passé devant le notaire que le jour où la maison est entièrement libérée. Nous évitons ainsi des frais inutiles. L'ouvrier, qui se voit dans l'impossibilité de tenir ses engagements, reçoit de la Société la somme de ses versements et sa maison passe sans frais à un autre. En cas de décès avec enfants mineurs, ce n'est pas la vente forcée, le partage forcé si antifamilial, c'est le partage à l'amiable des économies réalisées.

En dehors de ces maisons élevées par ses soins,

notre Caisse avait acheté, au 31 décembre 1904, plus de 300 maisons ouvrières à des prix divers et avec des facilités de paiement permettant aux plus modestes travailleurs de s'adresser à nous. Donc, en moins de huit années, plus de 338 ouvriers sont devenus propriétaires. Au point de vue familial, c'est un résultat d'une immense portée sociale. Ce n'est pas le seul.

Ces 338 maisons bâties ou achetées représentent près de 800 logements. Les 338 familles de tout à l'heure montent à 800, trouvant dans nos maisons un foyer agréable, des chambres salubres, une habitation irréprochable à tous les points de vue. Or, le logement propre et confortable, c'est la joie et le bonheur au foyer domestique. La femme y déploie sa bienfaisante activité, le père, après le travail de la journée, y trouve son délassement, et les enfants y grandissent avec des habitudes d'ordre et de propreté. C'est presque toujours l'acheminement vers la possession du foyer domestique : le beau mobilier fait désirer le beau logement ; le beau logement fait désirer la belle maison, et ainsi, par une ascension toute naturelle, la famille ouvrière est reconstituée sur les bases reconnues nécessaires par les autorités sociales.

Roulement des fonds.

Les dépenses de la Caisse jettent sur cette question une réconfortante lumière. Il y figure en moyenne plus de 250,000 francs prélevés sur les dépôts confiés à notre caisse d'épargne, et plus de 350,000 francs avancés par la Caisse aux membres de l'œuvre. Ici comme là, l'argent a été employé à l'achat d'immeubles : c'est le capital transformé, le petit domaine constitué, les économies placées en lieu sûr.

Que représentent ces 600,000 francs ? Ce serait une histoire à écrire, l'histoire de plus d'une famille ouvrière, histoire touchante, faite de vertu et de travail, nous montrant les membres de la famille également soucieux d'augmenter le modeste patrimoine, heureux de le voir grandir sous le regard affectueux de parents bien-aimés. Je ne connais pas, au point de vue familial, de sanction plus éclatante pour notre œuvre. Aujourd'hui, plus que jamais, l'esprit d'épargne constitue l'une des qualités maîtresses de la famille, et si cet esprit d'économie est partout nécessaire, il l'est cependant plus encore dans la famille ouvrière, condamnée sans cela à la pauvreté qui aigrit, à la misère qui dégrade.

Avec les 1,000 livrets d'épargne de la Caisse, plus de 1,000 personnes de tout âge, de toute condition, viennent nous confier leurs économies. C'est le père, le chef de famille, simple ouvrier, obscur travailleur, versant dans la Caisse l'excédent de recettes de tout un mois et de toute sa famille ; c'est la fille autorisée par ses parents à posséder son livret d'épargne, afin de préparer sa dot pour le jour où, profitant des bons exemples reçus, elle voudra fonder elle-même une famille ; c'est le fils, jeune homme de 18 à 20 ans, désireux de ramasser un petit pécule pour l'âge mûr, afin de pouvoir payer, en espèces sonnantes, l'établi et le rabot, destinés à lui assurer le pain de chaque jour. Une noble rivalité, exempte d'envie et de jalousie, s'élève entre eux : c'est à qui avancera le plus vite, déposera davantage, pour construire plus tard la maison des saintes espérances, le sanctuaire du foyer domestique.

Il est important de signaler ce côté pratique de notre Caisse au point de vue familial. Quiconque connaît la famille ouvrière saura en apprécier l'importance. Une des causes les plus destructives de la famille ouvrière, c'est l'imprévoyance, le manque de préparation au mariage. Trop souvent, le jeune homme et la jeune fille se présentent à l'autel avec la plus coupable insouciance, oubliant qu'un foyer sur lequel ne s'épanouit pas, dès les premiers jours, une lueur de bien-être, sera condamné pour toujours à la sombre désespérance. Chez nous, au contraire, les économies s'amassent le long de plusieurs années, en vue d'un mariage honnête et chrétien, la dot se prépare lentement, et, avec la dot, le bonheur. Si, par suite de circonstances impossibles à prévoir, la dot ne devait pas suffire, la Caisse est heureuse de la parfaire ; la veille garantit le lendemain. Les habitudes de prévoyance des fiancés d'aujourd'hui deviendront les vertus du foyer domestique des époux de demain.

Ces lignes retracent fidèlement des choses vues et vécues. Il suffira d'ajouter que l'apport qui sort de notre Caisse le jour du mariage s'élève à 500, 800, 1,000 francs ; que le jeune ménage se montre reconnaissant à l'œuvre, pour montrer que ces mots : « la Caisse ouvrière au point de vue familial » ne visent pas à l'effet et ne sont nullement un décevant mirage.

La Caisse ouvrière au point de vue social.

Les considérations suivantes sur la Caisse ouvrière de Saint-Joseph au point de vue social en fourniraient une nouvelle démonstration, s'il en était besoin. Le cercle grandit, la circonférence s'étend ; ce n'est plus seulement sur la famille, mais sur la société que la Caisse ouvrière exerce sa bienfaisante influence.

Il y a tout d'abord le groupement social. Le terme semble vague, la chose est plus précise. Ce sont plus de 1,900 personnes venant en toute assurance à notre Caisse pour lui confier leurs économies, 1,900 personnes en contact journalier avec nous, apprenant à nous estimer et à s'estimer entre elles, apportant leur contingent de bonne volonté à une œuvre reconnue l'œuvre de tous, associées à sa prospérité, heureuses de ses succès et publiant autour d'elles les bienfaits dont elles sont l'objet de sa part.

Ce sont ensuite 580 chefs de famille, reconnus, moyennant la somme de 12 fr. 50, comme actionnaires ayant le droit de disposer des fonds de l'œuvre pour acheter un petit domaine, pour construire une modeste maison, pour assurer l'avenir de leurs enfants. 580 pères de famille, appelés deux fois, chaque année, en assemblée générale pour délibérer sur les intérêts de l'œuvre, pour assister au fonctionnement de la caisse, pour formuler leurs vœux et exprimer publiquement leur reconnaissance aux hommes dont l'admirable dévouement suscite de véritables prodiges.

Il y a là un groupement social qu'il suffit d'indiquer pour en saisir toute l'importance. C'est un groupe compact, uni par les mêmes intérêts, partageant les mêmes espérances et les mêmes ambitions, servant la même cause avec un égal dévouement. C'est aussi une école sociale dans laquelle maîtres et disciples, confondus dans la même pensée, réalisent d'une manière pratique et concrète les enseignements de l'économie politique. Cette école rayonne autour d'elle, elle sort de son enceinte, parfois trop étroite, pour former d'autres groupements qui gravitent autour d'elle comme les planètes autour de l'astre central.

Si nous attirons à nous ces différents facteurs, nous en repoussons d'autres avec la même énergie. Notre œuvre a horreur du juif, de l'usurier, de l'entremetteur. Ici pas d'entente possible; pas de compromission, pas de trêve, pas de paix sociale. Nous sommes sans pitié pour ces hommes qui ne vivent que des sueurs et du sang du pauvre.

Exclusion des usuriers.

Il est expressément défendu par nos statuts de conclure une affaire avec le juif : vente, achat de maisons, échange d'immeubles, emprunts d'argent ; la défense n'admet aucune exception. Les bénéfices usuraires qui allaient grossir sa bourse et enrichir sa caisse, nous les voulons honnêtes pour les remettre tout entiers entre les mains des petits et des humbles qui nous honorent de leur confiance et de leur amitié. Nous le constatons avec bonheur, nous sommes restés maîtres du champ de bataille. Certains usuriers, longtemps maîtres incontestés de la situation, ont avoué publiquement ne pouvoir supporter la concurrence avec ce curé soutenu par la vaillante phalange de ses travailleurs. Ils ont renoncé à la construction de maisons dans nos quartiers, ne pouvant les bâtir ni si belles, ni si confortables, ni si bon marché. Au point de vue social, c'est un exemple à proposer à l'imitation de tous.

Education économique.

La formation, l'éducation sociale, manque trop souvent dans nos cercles ouvriers. On n'habitue pas assez les travailleurs à conduire eux-mêmes leurs affaires. Ils restent trop en dehors, négligeant ce que Dieu a déposé de bon sens et d'esprit pratique dans leur âme. La Caisse ouvrière de Saint-Joseph ne tombe pas sous ce blâme. Le Comité de direction, le Comité de surveillance, sont composés exclusivement d'ouvriers. Toutes les affaires sont portées à leur tribunal ; toutes les questions sont soumises à leur appréciation. C'est une leçon de choses permanente, offrant un attrait qu'on ne trouve pas dans les livres, instruisant par les faits de l'expérience et les données de l'observation. Il se forme ainsi un groupe d'hommes pratiques, rompus à la conduite des affaires, au courant des difficultés

7

financières, capables de porter ailleurs le même esprit
d'initiative, le même sens pratique, la même science
économique.

C'est peut-être là un idéal, nous l'accordons, mais
l'idéal est réalisé à Saint-Joseph de Mulhouse. Car
pourquoi ne pas avoir pour ces populations ouvrières
l'estime qu'elles méritent, et s'imaginer qu'elles ne
sont pas susceptibles de culture intellectuelle et sociale !
Aussi à l'occasion du nouveau code civil allemand,
le curé a groupé autour de lui ses travailleurs pour
leur exposer, dans une série de conférences populaires,
les modifications introduites par la nouvelle législation. Les membres des deux Comités doivent connaître
les changements survenus dans les prêts hypothécaires,
dans les prêts avec caution, dans le bail des logements,
dans les droits de propriétaires de maisons. Toutes
ces questions ont été étudiées, et les élèves de cette
petite université populaire ont montré un empressement, une assiduité, une bienveillance qu'on ne rencontre pas d'habitude parmi les fils de l'*Alma Mater*.
Est-il spectacle plus réconfortant ? La Caisse ouvrière
de Saint-Joseph pouvait-elle faire une œuvre plus éminemment sociale ?

On sera heureux d'apprendre qu'une des rues construites par notre œuvre a reçu le nom de notre Caisse
ouvrière. C'est la reconnaissance officielle de notre
activité sociale, la sanction publique de nos efforts. Le
nom de la rue portera ainsi aux générations futures le
souvenir de ces modestes travailleurs qui ont si bien
compris l'importance sociale d'une caisse ouvrière.
Tous reconnaîtront qu'ils ont bien mérité de la patrie.

Ils ont été les premiers dans le pays à prendre une initiative couronnée du plus beau succès.

La Caisse ouvrière au point de vue religieux.

Saint Thomas, avec son admirable précision, résume d'un mot la science de l'économie sociale : il faut une certaine somme de bien-être pour pratiquer la vertu. Léon XIII a commenté non moins admirablement cette parole dans une de ses immortelles Encycliques. Nous l'avons toujours pensé, pour que l'ouvrier puisse dire avec foi : « Notre Père qui êtes aux cieux, donnez-nous aujourd'hui notre pain de chaque jour », il faut qu'il puisse avec le salaire qu'il a gagné, mettre ce pain sur la table de la famille pour nourrir ceux que la Providence lui a confiés.

Nous venons de le raconter, la Caisse ouvrière de Saint-Joseph procure à ses membres cette somme de bien-être nécessaire, et avec cette modeste aisance elle rend possible la pratique de la vertu. C'est l'Evangile du Christ, la bonne nouvelle pour les humbles et les petits, c'est l'Evangile en pratique, dans les faits économiques.

Nous cherchons le royaume de Dieu et sa justice, et le reste, c'est-à-dire la prospérité matérielle, le bonheur temporel, nous est donné par surcroît. A l'exemple du Christ, nous commençons d'abord à agir, l'enseignement vient après. Quand nos ouvriers peuvent apaiser leur faim, alors seulement nous excitons en eux cette *faim inconsciente* du Christ qui se trouve dans toute âme régénérée par les eaux du baptême.

Aussi bien les membres de la Caisse ouvrière comptent parmi les meilleurs de la paroisse. Les hommes sont des chrétiens pratiquants, dans la grande acception du mot; les dimanches ils sont à l'église donnant le bon exemple, debout, sans témoigner la moindre impatience; aux jours de fête, ils viennent en grand nombre s'asseoir à la Table Sainte manger le pain du Ciel que leur donne le Christ, le Père des pauvres, l'Ami de l'ouvrier; ils revendiquent une large part dans les œuvres de la paroisse, heureux de donner de leur modeste superflu, sûrs de recevoir le centuple promis à l'obole de la veuve.

Inutile d'ajouter qu'ils aiment leurs prêtres d'un amour filial et les entourent d'estime et de vénération. Ils vont à eux avec confiance, et par eux ils vont à Dieu dont ces prêtres sont l'image visible sur la terre. Voyez-les dans l'une de ces fêtes du cercle, qui réunissent au local des milliers de personnes, et vous surprendrez sur leur visage le sourire aimable, affectueux, l'expression fidèle des sentiments de leur âme. Le curé passe; toutes les têtes se découvrent, toutes les mains vont à lui. C'est le père au milieu de sa famille, distribuant la poignée de mains qui honore, la parole qui réjouit. Il y a entre lui et eux des liens qui n'ont rien de naturel. Ils savent qu'ils sont entrés dans le royaume de Dieu; ils en admirent la justice et jouissent du surcroît dans une mesure qu'ils ne trouvent nulle part aussi généreuse, aussi abondante.

Il y a plus encore : que de fois la Caisse ouvrière a été la cause déterminante de conversions et de retours à Dieu. Le travailleur qui n'avait pu se résoudre à faire partie du Cercle d'hommes, y est entré par la porte de la Caisse ouvrière, et d'ordinaire, en y entrant, il a retrouvé le chemin de l'église. Bon nombre qui, pendant des années, avaient vécu dans l'indifférence religieuse, sont revenus à leur Dieu et à leur foi, vaincus par l'irrésistible attrait de confraternité chrétienne qui s'épanouit si belle et si féconde au sein de notre Caisse ouvrière. La parole pénètre bien dans l'âme pour y porter la conviction, mais plus que la parole, l'exemple entraîne, convertit, triomphe des dernières résistances.

D'après l'exposé qui précède, il n'est pas difficile de comprendre quels sont les principes qui président aux œuvres ouvrières de Saint-Joseph. Il y en a trois principaux.

Principes d'action.

On s'est rappelé, en premier lieu, la parole du Christ : Cherchez d'abord le royaume de Dieu et sa justice et le reste vous sera donné par surcroît. On a suivi en second lieu les directions pontificales : *Allez au peuple*. Nous sommes allés au peuple, et le peuple est venu à nous. Enfin on a introduit dans toutes nos œuvres, *l'apostolat de l'ouvrier par l'ouvrier*. C'est, en trois mots, l'esprit, l'âme des œuvres de Saint-Joseph. C'est aussi la raison de leurs succès.

Nous proclamons d'abord *le règne social du Christ*. Tout par Lui, tout en Lui, tout pour Lui. Mais en

même temps nous démontrons par les faits la vérité
de ces autres paroles : *le reste*, c'est-à-dire la *prospérité matérielle*, le *bonheur temporel*, vous sera donné
par surcroît. Nos œuvres, nos institutions spirituelles,
morales, intellectuelles, matérielles, aboutissent à cette
conclusion formulée par Montesquieu : « Chose éton-
nante! la religion qui semble ne posséder que les
promesses pour la vie éternelle, assure déjà notre
bonheur en ce monde. »

Nous allons au peuple. Nous sortons résolument de
la sacristie et de l'église, et quand nous voyons le
peuple couché par terre, couvert de blessures, affamé,
mourant, nous ne passons pas à côté de lui, comme le
prêtre juif, mais, comme le Samaritain, nous nous
penchons sur lui pour verser de l'huile et du vin sur
les plaies saignantes, pour le prendre sur nos épaules
et le porter, l'espérance dans le cœur, dans la grande
hôtellerie du bon Dieu.

Nous croyons fermement qu'avec l'intelligence des
besoins de son époque, le clergé redeviendra nécessairement une force intellectuelle et sociale avec
laquelle l'opinion publique devra compter : *regale
sacerdotium*. La déclaration gallicane de 1682 : *Le
prêtre ne s'occupe à l'église et hors de l'église que de
choses religieuses*, aura vécu, pour le plus grand bien
de l'Eglise et du peuple chrétien. L union entre le
clergé et le peuple, cimentée à nouveau, fera refleurir
quelque chose de l'âge d'or. On la verra rayonnante et
féconde dans les luttes électorales, forte et invincible
dans la presse catholique, pleine de sève et de vie dans
les assises du peuple chrétien.

L'union du peuple et du prêtre. l'apostolat de l'ouvrier par l'ouvrier. Voilà notre idéal. Toutes les œuvres de Saint-Joseph sont alimentées, conduites, dirigées par l'ouvrier. C'est le frère au service de son frère, l'ouvrier au service de l'ouvrier, la grande famille des travailleurs gérant elle-même ses intérêts, mettant en commun toutes ses ressources, toutes ses richesses, tous ses générosités, tous ses dévouements. C'est peut-être là le côté le plus consolant de nos institutions économiques. L'ouvrier se sent honoré par cette marque de confiance, il se sent quelque chose, quelqu'un dans cette organisation sociale ; il apprend à voir de près les difficultés et à se montrer moins difficile dans ses revendications, moins sévère dans ses critiques, plus juste et plus indulgent vis-à-vis des personnes. Nous lui apprenons à se dévouer pour son frère moins fortuné que lui, et nous lui donnons ainsi l'occasion d'amasser des mérites pour ce royaume des cieux qui appartiendra aux pauvres selon l'esprit de Jésus-Christ.

✠✠✠✠✠✠✠✠✠✠✠✠✠✠✠✠✠✠✠✠✠✠✠✠✠

Abbé L. GRUSON

JARDINS OUVRIERS

Il faut par des mesures *promptes* et *efficaces*,
venir en aide aux hommes des classes inférieures

LÉON XIII (Enc. *Rerum novarum*)

L'Œuvre des Jardins ouvriers de Fourmies date de l'année 1900. Elle débuta par 61 jardins qui furent portés l'année suivante à 180. Enfin, l'an dernier, un vigoureux effort nous permit de distribuer un total de 423 jardins, formant 18 groupes et occupant une superficie de 12 hectares, actuellement 455 jardins (nov. 1904.)

Je voudrais, dans ce court rapport, exposer l'idée génératrice de l'Œuvre, raconter sa simple histoire, et dire un mot des œuvres secondaires que nous y avons annexées.

PREMIÈRE PARTIE

IDÉE GÉNÉRATRICE

Un milieu de hauts salaires.

L'idée de cette Œuvre me vint, il y a une quinzaine d'années, lorsque j'étais curé de D..., près Maubeuge.

Cette paroisse appartient à l'important bassin métallurgique de Maubeuge-Hautmont. Là, à cette époque, les journées de cinq et six francs étaient ordinaires, et les ouvriers qui gagnaient huit, dix francs et plus, n'étaient point rares.

Cependant je ne tardai point à remarquer que, quel que fût le salaire, *l'ouvrier qui touchait la terre vivait à l'aise; tandis que celui qui n'avait pour vivre que son salaire en argent, vivait avec peine et n'arrivait point à l'épargne.*

Ceci, évidemment, n'était qu'une règle générale, comportant, par conséquent, ses exceptions.

Je devais faire cette même constatation à Bruay, près Valenciennes, cinq ans plus tard.

D'où venait ce fait ?

Alcoolisme,
première cause de l'insuffisance de salaire.

J'entends d'ici la réponse de beaucoup de gens :

« — Ce n'est pas étonnant : Dans ces milieux-là,
« l'ouvrier dépense à boire une grande partie de son
« salaire ; il ne songe pas à épargner, il ne se refuse
« rien et vit au jour le jour en disant de son salaire :
« — Mon corps le gagne, mon corps le dépense.

« Dans ces conditions, quel que soit son gain, l'ou-
« vrier ne vivra jamais à l'aise. »

Je suis loin de contester la justesse de ce reproche, et je suis persuadé que ceux qui parlent ainsi rendraient un immense service à l'ouvrier s'ils arrivaient à le détourner de l'alcoolisme. Mais, comme il n'y a rien de plus entraînant que l'exemple, il faudrait d'abord que ces Messieurs eussent le courage de faire eux-mêmes le sacrifice de leurs apéritifs avant le dîner et de leur café après le souper de chaque jour.

Donc, reconnaissons-le, dans ces milieux de hauts salaires, l'alcoolisme est une première cause du fait.

Deuxième cause, le coût de la vie.

Mais il en est une autre dont on ne parle pas assez, et sur laquelle, cependant, il est essentiel d'attirer l'attention.

N'avez-vous jamais entendu dire par une femme d'ouvrier : « *Quand il faut tout acheter dans un ménage, on ne saurait croire combien il faut d'argent pour vivre.* »

Salaire en argent.

En effet, *avec son unique salaire en argent, l'ouvrier dépend de tous les fournisseurs pour les choses nécessaires à son entretien et à sa vie ;* et comme il est exposé à ne pas assez compter, là où il gagne beaucoup, et que le marchand est tenté de vouloir gagner beaucoup avec ceux qui ont de l'argent, il s'en suit ce fait que l'on constate dans tous les milieux de hauts salaires : *Dans ces milieux, le coût de la vie monte démesurément.* Il semble que tout y soit orga-

nisé pour que le salaire en argent de l'ouvrier soit
absorbé au jour le jour. On escompte de mille manières
son imprévoyance, on exploite son manque d'économie
et en même temps on multiplie autour des denrées de
consommation les frais inutiles que l'ouvrier doit
payer. De sorte que, quoi qu'il gagne, l'ouvrier qui ne
sait se défendre contre cette organisation, voit que le
coût de la vie et de son entretien tend toujours à
égaler le montant de son salaire quotidien.

Que la maladie s'installe quelque jour au foyer de
cet ouvrier, que le chômage survienne, que l'industrie
périclite et que les salaires baissent; immédiatement
ce sera la misère sans remède.

Loi d'airain.

Le socialiste Lassalle constatant ce fait en a déduit
une loi qu'il formule ainsi : « La moyenne du salaire,
« dans les conditions d'aujourd'hui, est, par une inexo-
« rable nécessité, limitée à l'entretien nécessaire en
« usage dans le peuple. »

Est-ce une loi ? Est-ce vraiment une inexorable
nécessité ? N'est-ce point plutôt le résultat d'une
erreur qu'il faut corriger chez l'ouvrier, un mal auquel
il faut apporter un prompt remède ?

Si l'on veut réfléchir, on verra que ce mal vient
de ce que l'ouvrier s'est fait une fausse notion du
salaire, qui l'a entraîné vers une organisation défectueuse de sa vie.

Fausse notion du salaire.

LE SALAIRE

Qu'est-ce que le salaire ?

Le salaire, dit-on, *c'est la rémunération en argent que l'ouvrier obtient pour son travail.*

Si c'est là la vraie notion du salaire, sa définition complète, il est évident qu'il vaut mieux gagner quatre francs que trois francs par journée et que l'ouvrier a raison de courir vers les hauts salaires.

Mais il faut prendre les choses de plus haut et dire : *L'homme doit vivre de son travail,* c'est ce travail qui doit lui procurer les choses nécessaires à sa vie, et si son genre de travail ne les lui fournit pas *immédiatement,* mais ne lui procure que de l'argent, il faut qu'il convertisse cet argent en denrées de consommation. *Dès lors le salaire en argent n'est point un salaire absolu.*

Vraie notion du salaire.

Le vrai salaire est un rapport entre l'argent gagné et le coût de la vie.

En effet, l'ouvrier qui gagne cinq francs par jour, mais qui a besoin de six francs pour vivre, gagne effectivement les 5/6 de ce qu'il lui faut. Au contraire, celui qui ne gagne que trois francs, mais qui n'a besoin que de cette somme pour son entretien, gagne 3/3, c'est-à-dire plus que le premier.

Voilà ce que n'a point compris l'ouvrier. Il s'est laissé hypnotiser par *l'argent*, et il a couru vers ce qu'on appelle les hauts salaires, sans tenir compte des nouvelles conditions de vie dans lesquelles il se trouverait. De là l'exode déplorable de tant d'ouvriers de la campagne vers la ville.

On voulait gagner plus d'argent ; on abandonnait la petite maison pleine d'air et de soleil qui coûtait dix francs par mois, le coin de terre qui donnait tous les légumes et parfois le blé nécessaire au ménage, l'humble basse-cour, la petite étable avec ses animaux domestiques, et l'on s'en allait s'étioler dans une ruelle de grande ville au prix de quinze ou vingt francs par mois. Là, on gagnait quatre, cinq francs et plus, il est vrai ; mais au bout de quelques mois, on s'apercevait que, malgré le salaire, on n'était point plus riche à la ville qu'à la campagne.

Une histoire vraie.

L'histoire de ces ouvriers, la voici prise sur le vif.
Un jour, je faisais la rencontre d'un ouvrier d'Hautmont.

— Eh bien, comment ça va-t-il ?

— Pas mal, Monsieur le Curé.

— Et le travail ?

— Le travail ?... comme ci comme ça. Enfin, on ne chôme pas. Heureusement ! car je ne sais vraiment pas ce que je deviendrais, si je venais à manquer quelques journées.

— Combien gagnez-vous donc ?

— 4 fr. 50 par jour... Ça ne paraît pas mal, et cependant je vous assure qu'on s'en tire difficilement avec cela dans un ménage où il faut tout acheter. Cela fait une fameuse différence avec chez nous.

— D'où venez-vous donc ?

— Je suis du Locquignol. Mais on y gagnait si peu ! Trente sous par jour ! Que voulez-vous faire avec cela ? Il a bien fallu nous décider à venir dans ce pays-ci pour gagner plus.

(Le Locquignol est un petit village épanoui dans une clairière au beau milieu de la forêt de Mormal.)

— Au Locquignol, lui dis-je, vous aviez une maison ?

— Non ; mais les loyers ne sont pas chers chez nous.

— Et de la terre ?

— Oh ! ça, de la terre, tout le monde en a. On récolte ses légumes, son blé ; tout le monde a des lapins, des poules, un cochon ou deux, souvent même une chèvre ou une vache. Ça ne coûte rien à nourrir ; nous avons la forêt de Mormal.

— Vous trouviez donc dans la forêt de quoi nourrir vos bestiaux ?

— Oui, oui ; et puis nous pouvions y aller chercher du bois. Nous n'achetions jamais de chauffage.

— Ainsi, vous avez quitté le Locquignol, parce que vous n'y gagniez que trente sous par jour ; mais, où vous aviez en outre votre pain, vos légumes, une bonne partie de votre viande, des œufs, du lait, du beurre et votre chauffage ; et vous êtes parti pour gagner 4 fr. 50 à Hautmont, où il faut tout acheter, jusqu'à un poireau pour faire la soupe ! Voulez-vous me dire ce qu'il vous reste de vos 4 fr. 50, quand vous avez payé ici tout ce que vous n'achetiez pas là-bas ?

— Ah ! Pas grand'chose !

— Et si la maladie vous frappe, si le chômage survient, ce sera chez vous l'absolu dénuement. A la campagne, du moins, si vous tombiez malade durant quelques jours, votre terre, vos animaux et la forêt continuaient à produire pour vous.

— C'est vrai tout de même, cela. J'ai peut-être fait une sottise. Je verrai plus tard si je ne retournerai point au Locquignol.

— Mon ami, je le crois, c'est ce que vous auriez de mieux à faire.

Cette histoire vécue n'est-elle point celle de milliers d'ouvriers qui, leurrés par l'argent, ont abandonné la campagne pour la ville ? N'est-elle point la claire démonstration de cette vérité : — Pour bien apprécier le salaire il faut le considérer comme un rapport entre l'argent que l'on gagne et le coût de la vie ?

Beaucoup, malheureusement, ne veulent voir que le numérateur de ce rapport, c'est-à-dire l'argent et oublient le dénominateur.

Un ménage qui vit.

Voici la contre-partie de ce premier exemple.

A Bruay, près Valenciennes, je voyais assez souvent, à notre petit cercle catholique, un ouvrier nommé Gilson.

Volontiers il me disait ses petites affaires. Il avait
sept enfants dont l'aîné, une fille, venait de faire sa
première communion. Il avait été victime d'un accident à l'usine où il travaillait, et depuis lors, incapable
d'exercer son ancien métier de puddleur, je crois, il
était occupé dans les bureaux de l'usine. Il était toujours de nuit, et sa journée était de 3 fr. 50 par jour.
3 fr. 50 par jour ! Ce n'est pas même la journée d'un
jeune homme de dix-huit ans, dans ce pays-là.

Mon Gilson ne se plaignait pas trop cependant, et sa
vie était pour moi un petit mystère.

— Comment pouvez-vous vous tirer d'affaires avec
un si maigre salaire lui dis-je un jour.

— Monsieur le Curé, ce n'est pas facile, et il faut
que ma femme compte de près.

— Avez-vous un jardin ?

— Certes oui. Qu'est-ce que je ferais sans jardin ?
J'en ai même un assez grand et j'ai demandé à n'être
occupé que la nuit à l'usine pour pouvoir le mieux
cultiver.

— Je voudrais voir cela de près ; j'irai vous voir chez
vous.

Et le lendemain j'entrai dans sa maisonnette. Gilson
était à son jardin, un superbe jardin de cinq à six ares
rempli de légumes.

— Ce n'est pas tout, me dit-il, j'en loue un autre
plus loin, parce que je récolte aussi toutes mes
pommes de terre ; et il en faut dans un ménage comme
le nôtre.

Puis il me montra son clapier et me fit admirer ses
lapins. Enfin, entr'ouvrant une petite porte, il me

8

montra fièrement un cochon qui vint se faire caresser par toute la famille.

— Et vous savez, me dit Gilson, ici on ne vend rien, on mange tout !

A ces mots il me sembla que le cochon tressaillait d'allégresse, à la pensée sans doute qu'il ne quitterait point la famille de ces braves gens.

Dans la maison, Madame Gilson faisait bouillir le potage : une chaudière pleine de légumes !

— Voyez-vous, Monsieur le Curé, me dit-elle, ici nous ne mangeons pas tout ce que nous voulons. Quand il n'y a pas de beurre on s'en passe ; de la viande, tout à l'heure notre cochon nous en donnera ; mais du pain et des légumes, grâce à Dieu, mes enfants en mangent tant qu'ils veulent, et je vous assure qu'ils se portent bien.

— Madame Gilson, quand on se trouve devant une soupe comme la vôtre, je conçois qu'on mange de bon appétit.

Et du pain, une famille comme la vôtre doit en consommer beaucoup ?

— Que voulez-vous ? Des enfants ça a toujours faim. Aussi je ne vais pas loin avec une balle de farine.

— Vous faites donc votre pain vous-même ?

— Oh oui ! Si nous devions manger du pain de boulanger, cela nous coûterait trop cher. Cette année, j'ai été indisposée pendant l'hiver ; j'ai dû cesser pendant deux mois de cuire mon pain, et nous avons mangé du pain de boulanger. Savez-vous ce qu'il nous en a coûté de plus ? Vous le croirez si vous le voulez, mais j'ai bien fait mon calcul ; il m'en a coûté en plus à peu près 25 francs par mois.

Nous refîmes le calcul séance tenante, et Madame Gilson ne s'était nullement trompée.

Je m'empressai de dire à ces braves ouvriers combien j'estimais leur façon de comprendre la vie. N'avaient-ils point la véritable économie domestique ?

Poussant plus loin mes investigations, je demandai à Madame Gilson si parfois elle faisait des journées dans le voisinage pour gagner un peu plus d'argent.

— Non, non, me dit cette intelligente ménagère. Sept enfants, mon mari et moi, cela fait neuf : neuf personnes à entretenir ! Lessiver, repasser, raccommoder pour tout ce monde-là, faire la cuisine, entretenir la maison et cuire le pain chaque semaine, c'est tout ce que je puis faire. Si je me mettais à aller en journées, il me faudrait payer lessiveuse et couturière : je perdrais plus que je ne gagnerais.

— Eh bien, mon cher Gilson, maintenant je comprends comment vous pouvez vous en tirer avec trois francs par jour. Ah ! que vous avez bien compris la vie ! Prenez patience ; aujourd'hui vous avez du mal pour vivre, mais dans quelques années, quand vos enfants auront grandi et pourront vous aider, ce sera pour vous l'aisance.

— Je le sais bien, me dit-il ; il y a longtemps que j'ai calculé cela.

Je hasardai une dernière question.

— Votre maison, combien la louez-vous ?

A cette question, Madame Gilson parut se troubler. Ce fut son mari qui répondit comme à regret :

— Cette maison est à nous, Monsieur le Curé.

— Mais, mon cher ami, c'est la perfection, cela !

— Voici comment la chose s'est faite, interrompit Madame Gilson. Nous n'avons jamais gagné assez d'argent pour acheter une maison, vous le pensez bien. Mais, il y a quelques années, mon mari a eu son accident à l'usine. Les frais de médecin et de pharmacien furent payés par l'usine, et au lieu d'une petite pension, on offrit à mon mari une somme de 2,500 francs.

Nous avons accepté la somme. Seulement nous nous sommes dit : Si nous gardons cet argent, il ne durera pas longtemps (nous étions pauvres, nous avions besoin de tant de choses !), après quelques mois il n'en restera rien.

Cette petite maison était justement à vendre pour ce prix-là. Nous l'avons achetée en nous disant : Nous continuerons à nous gêner comme auparavant; mais au moins nous ne mangerons pas nos 2,500 francs, et nous n'aurons plus de loyer à payer.

— Madame, lui dis-je, vous avez fait là une chose admirable. Quoi qu'il arrive, gardez votre maison. Surtout, ne vous laissez point tenter, ne la vendez jamais ! Votre maison ! c'est la sauvegarde de votre dignité et de votre indépendance; c'est le dernier rempart contre l'extrême misère.

J'avais les larmes aux yeux en serrant la main de mon brave ouvrier, et je quittai cette maison, pauvre il est vrai, mais si belle en son histoire, en me disant : Voilà la vraie organisation de la vie chez l'ouvrier industriel.

CONCLUSIONS

Les conclusions à tirer de ces faits et d'autres de même genre, que nous pourrions multiplier, semblent bien s'imposer.

Il faut, pour faire sortir l'ouvrier de la gêne où il se débat, défendre et protéger le *salaire*, le *salaire à payer par l'employeur*. On protégera ce *salaire à acquérir* par des réformes sociales, par de bonnes lois sur l'organisation du travail industriel, par la limitation de la libre concurrence, etc.

Seulement, pour beaucoup de gens, il semble que ce soit là toute la solution de la question sociale. Aussi, l'on emploie tous les moyens, syndicats, grèves, conférences publiques, émeutes même pour forcer l'employeur à augmenter le salaire de l'ouvrier, jusqu'à mettre en péril parfois l'industrie dont doit vivre cet ouvrier.

Eh bien, cela ne suffit pas, et ce n'est pas là tout le remède à la misère présente.

Il faut encore, et tout autant, défendre, protéger le *salaire acquis*, c'est-à-dire aider l'ouvrier à faire un usage fructueux de l'*argent gagné*.

Or l'ouvrier ne peut protéger efficacement son salaire acquis que par des réformes dans sa vie domestique. Son salaire, quel qu'il soit, sera absorbé par tout le monde, aussi longtemps qu'il dépendra de tout le monde pour les choses nécessaires à son entretien.

Moins il dépendra des autres sur ce point, et plus facilement il vivra.

LOI ÉCONOMIQUE — *Le remède est donc que cet ouvrier industriel, à côté et en dehors de son travail d'usine, produise chez soi le plus qu'il peut des choses nécessaires à la vie.*

C'est cette loi économique que l'ouvrier a trop oubliée et qu'il faut lui rappeler aujourd'hui. Or comment amener cet ouvrier à se rendre plus indépendant vis-à-vis des autres? Comment l'aider à produire lui-même une partie des choses nécessaires à sa vie?

Ce ne sera pas, évidemment, en lui demandant un second travail industriel, un travail de métier, mais en mettant à sa disposition et à son usage la terre, *la terre* dont, en fin de compte, tout le monde doit vivre.

Le jardin. — Sans doute, il ne peut pas être fermier en même temps qu'ouvrier d'usine. Mais il est à souhaiter qu'il ait autant de terrain qu'il pourra en cultiver; et comme ce terrain sera nécessairement restreint, il faudra qu'il l'emploie à la culture qui rapporte le plus, c'est-à-dire à la culture potagère. Il faut donc à cet ouvrier *le coin de terre* qui lui fournisse au moins tous ses légumes, et l'aide à élever et nourrir quelques animaux domestiques qu'il puisse consommer en famille. Nous arrivons ainsi au *jardin* qui rend à l'ouvrier quelques-uns des avantages de la campagne, sans l'obliger à quitter l'instrument de travail qu'il a trouvé à la ville.

École ménagère. — Mais si nous nous reportons à la loi économique ci-dessus, nous verrons que le jardin n'est point le remède complet. C'est plutôt un commencement, une base, le point de départ d'une série de réformes domestiques qui doivent toutes viser au même but.

Aussi une seconde œuvre tout aussi importante que le *jardin ouvrier*, et qui en est le corollaire nécessaire, c'est l'*école ménagère*.

Un ménage, pour être bien ordonné au point de vue économique, ne peut se passer de la bonne ménagère, et trop souvent nos femmes d'ouvriers, formées à l'unique travail de l'usine, ignorent tous les travaux du ménage.

L'école ménagère seule permet aux jeunes filles d'usine d'être plus tard des femmes de ménage et d'obéir elles-mêmes à notre loi économique.

Le *jardin ouvrier* atteindra plus directement l'homme et le jeune homme, l'*école ménagère* formera la femme et la jeune fille. C'est ainsi que toute la famille ouvrière modifiera, à son grand avantage, l'organisation de sa vie, en produisant chez elle le plus qu'elle pourra des choses nécessaires à son entretien.

Dans une famille formée à cette double école, mettez un salaire très ordinaire, ce sera la vie ; mettez-y un salaire plus fort, ce sera l'aisance et l'épargne, et toujours on trouvera chez elle la dignité, l'indépendance, l'union et la joie des cœurs.

DEUXIÈME PARTIE

A FOURMIES

Plusieurs fois, à Douzies et à Bruay, j'avais fait part à des ouvriers de mes observations et conseillé fortement l'acquisition ou la location d'un jardin à ceux qui n'en avaient pas. Mais je fus peu compris.

Il faut bien le reconnaître : il ne suffit pas qu'une œuvre soit excellente en elle-même, il faut encore pour son succès qu'elle soit quelque peu favorisée par les circonstances de lieu et de temps et qu'elle s'impose par l'évidence de son utilité immédiate.

Ces circonstances se présentaient à Fourmies.

Opportunité.

Fourmies qui ne comptait pas plus de 1.500 habitants au début du XIXᵉ siècle a pris subitement un développement rapide il y a une cinquantaine d'années. Ce développement était dû à l'industrie lainière : filature et tissage. Il y a quinze ans, Fourmies comptait 16,000 habitants. Le terrain dans la région ne manquait point pour bâtir, les maisons de Fourmies ne sont donc point serrées comme dans certaines villes, leur agglomération s'étend à l'aise le long de trois kilomètres, à droite et à gauche d'un petit cours d'eau, l'Helpe mineure, et il suffit de s'écarter quelque peu du fond de la vallée pour retrouver la campagne.

En 1898, Fourmies était loin de sa première prospérité industrielle. Depuis plus de quinze ans l'industrie lainière souffre partout d'une crise due à la surproduction et qui, par conséquent, ne se résoudra point de sitôt. Tous les centres lainiers du Nord de la France sont atteints par cette crise, et Fourmies avec ses environs plus peut-être que les autres.

Dans ces huit dernières années seulement, huit usines ont été fermées et n'ont pas été remplacées. Sur plus de 1,300 métiers à tisser qui battaient, il y a deux ans, il en reste à peine 600 en moyenne activité; les autres ont disparu. Aussi beaucoup d'ouvriers ont été obligés de quitter Fourmies. La population se réduit donc chaque année; elle n'était plus que de 14,000 en 1900, peut-être n'atteint-elle plus 12,000 aujourd'hui.

Cette décadence industrielle, on ne s'en étonnera point, a profondément atteint les salaires. L'ouvrier qui autrefois gagnait assez largement sa vie en est arrivé aux maigres journées à peine suffisantes pour le nourrir lui et sa famille, surtout si cette famille est jeune et nombreuse. Aujourd'hui donc la misère est grande et le nombre des pauvres va s'augmentant toujours, en même temps que les ressources se font chaque jour plus rares pour les secourir.

Donc, d'un côté des terrains à proximité de l'ouvrier, de l'autre des ouvriers nécessiteux, c'étaient des circonstances qui rendaient à la fois très opportune et très facile l'Œuvre des Jardins ouvriers à Fourmies.

Cependant dès que je m'ouvris de ce projet à quelques excellents catholiques de mes amis, ils ne parurent pas dès l'abord très ardents à entrer dans cette voie de l'assistance par le travail. Leurs objections se firent jour immédiatement : « Pensez-vous que les ouvriers « s'intéresseront à un jardin ? — Ceux qui veulent un « jardin en ont déjà loué un. — Et puis, où trouve-« rons-nous de la terre ? »

Ces objections ne m'étonnèrent point ; elles sont partout les mêmes quand il s'agit de jardins ouvriers, elles ne m'arrêtèrent point non plus. Quand on a bien réfléchi et qu'on est convaincu de la nécessité d'une œuvre, qu'on en a étudié l'essence et tous les contours, il faut passer par-dessus les objections qu'elle suscite et la commencer coûte que coûte, car les objections disparaissent à mesure que l'œuvre développe ses résultats.

Je commençai donc seul.

Premier groupe de jardins.

En mars 1000, je trouve, admirablement situé, un terrain de 75 ares. Il était à louer ; je conclus le marché, et le jour même je le fais partager en vingt-huit parcelles. Puis appelant un ouvrier que je connaissais, je lui dis :

« — Il y a sans doute dans votre quartier des ouvriers « qui désireraient avoir un petit jardin *gratuitement* ?

« — Certes oui !

« — Eh bien, choisissez-en vingt-huit, de préférence

« des chefs de nombreuses familles, et amenez-les moi
« demain. »

Le lendemain, un dimanche, à neuf heures du matin,
vingt-huit ouvriers arrivèrent au presbytère un peu
étonnés de se trouver chez le curé, qu'ils ne connaissaient guère.

Ces hommes étaient-ils pratiquants ou non ? étaient-
ils socialistes ou non ? Je ne leur posai point ces
questions ; mais je leur dis simplement : « Mes amis,
« je sais que vous vivez difficilement ; il est de mon
« devoir de vous aider autant que je le puis, et j'ai
« pensé qu'un jardin vous serait grandement utile. En
« voulez-vous un *gratuitement ?* Ce jardin est à votre
« disposition. »

Les visages me parurent joyeux, mais un peu surpris. Evidemment on attendait pour savoir à quelles
dures conditions on aurait ce jardin gratuit. Faudrait-il
aller à la messe ? ou bien, comme l'on était à la veille
des élections municipales, faudrait-il voter pour une
liste à la dévotion du curé ?

Je me hâtai de rassurer mon monde.

« — Mes amis, je vous donne ce jardin à une seule
« condition : c'est que vous le cultiviez le mieux qu'il
« vous sera possible dans l'intérêt de vos familles.
« Mon désir, c'est que vous ayez des légumes autant
« qu'il en faut dans un ménage ouvrier, et que vous
« ne soyez pas obligés de vous priver sur ce point.

« — Faudra-t-il aller à la messe, sous peine de perdre
« votre jardin ?

« — Assister à la messe le dimanche est un dev...
« grave pour tous les catholiques. Je suis curé ; j'ai

« l'obligation de vous rappeler ce devoir chaque fois
« que l'occasion s'en présentera. Si vous vous rendez
« à mes conseils, vous aurez raison; si vous ne les
« suivez point, vous aurez tort. Mais je ne vous priverai
« point pour cela de votre jardin; car que vous rem-
« plissiez ou non vos devoirs religieux, vous aurez
« toujours le même besoin de légumes.

« On dira peut-être, ou plutôt, on dira certainement
« que ces jardins sont des *jardins électoraux*. Soyez-
« en sûrs, ceux qui parleront de la sorte méconnaîtront
« mes intentions. En politique comme en religion, je
« respecte votre liberté; aussi, je vous en prie, ne me
« parlez point des élections prochaines, et je ne vous
« en parlerai point non plus. »

Ces déclarations furent chaleureusement accueillies,
et la glace était rompue entre nous.

J'en profitai pour donner à ces ouvriers le conseil de
s'organiser en petite société et de choisir parmi eux un
président, un secrétaire et un trésorier. Pourquoi?
D'abord pour élaborer entre eux un petit règlement de
police pour leurs jardins, puis pour gérer une petite
caisse qu'ils alimenteraient, s'ils le voulaient, par des
cotisations mensuelles de 0 fr. 50. Cette caisse, dans
l'avenir, leur permettrait de faire l'achat en commun
de certaines denrées de première nécessité, denrées
qu'ils paient bien cher en les achetant en détail, et
qu'ils pourraient avoir à meilleur compte en les achetant en gros.

Le conseil fut accepté, et l'on se quitta bons amis.

Tel fut le simple début de notre premier groupe de
jardins.

Deuxième groupe.

Quelques jours plus tard, j'eus l'occasion de louer un second terrain d'un hectare, dans un autre quartier. Je m'y pris de la même façon, et, en une seule soirée, ce nouveau terrain était partagé entre trente-trois familles.

Mais ces nouveaux titulaires de jardins ne me parurent point désireux de former une caisse d'achats.

Je les laissai libres, persuadé que plus tard ils en comprendraient la grande utilité.

Effet produit.

L'œuvre était née, et ce que l'on pouvait prévoir arriva : on en parla beaucoup. En général, on trouva l'idée excellente ; mais l'excellence d'une œuvre ne se présente point à tous sous le même point de vue. Quelques-uns y voyaient un bon moyen d'empêcher l'ouvrier d'aller au cabaret. Il y a tant de gens qui s'imaginent que toute la question sociale est là ! Et quelle heureuse façon de faire apprécier l'œuvre par les ouvriers ! Il vaudrait autant leur dire tout net : « Vous êtes tous des ivrognes ; nous ne voulons plus « que vous alliez au cabaret. Pour cela, je vous donne « un jardin à cultiver. »

J'en connais beaucoup qui préféreraient se passer de jardin, et ne point passer pour ivrognes. Déplorable façon de penser et de parler, qui blesse très injustement la vérité et très justement l'ouvrier dans sa dignité !

La plupart y virent une charité bien comprise, un secours multiplié par le travail, un grand service rendu à la famille ouvrière, un supplément de salaire, etc.

Tout cela était très juste et très vrai.

Quant aux bénéficiaires des jardins ils se mirent avec ardeur à l'ouvrage. La saison pressait, en peu de temps le gazon fut bêché et la terre ensemencée. Le temps du bon Dieu fit le reste pendant les semaines qui suivirent, et, aux mois de juillet et d'août, c'était plaisir de voir et d'entendre les jardiniers :

« — Il faut voir mon jardin. C'est moi qui ai les plus « belles pommes de terre. — Un tel a eu des hari- « cots !... jamais ! — Et les carottes ! Il faut voir nos « carottes. — Les petits légumes n'ont guère réussi ; « mais l'année prochaine ce sera mieux. »

Les ménagères surtout étaient heureuses et fières de pouvoir revenir du jardin avec leur panier rempli. C'était de la joie dans toutes les familles, et l'on se félicitait de n'avoir plus à courir au marché, ou à héler la charrette du colporteur pour acheter à beaux deniers des légumes qui ne valent jamais ceux que l'on récolte soi-même.

Les ouvriers sentaient ainsi, plus qu'ils ne savaient le dire, les avantages du jardin pour leur famille.

Deuxième effort.

Ceux qui avaient un jardin étaient donc satisfaits. Mais, ce qui était mieux, les ouvriers qui n'en avaient pas reçu étaient un peu mécontents et se demandaient pourquoi on les avait oubliés.

Depuis plusieurs années, il y avait à Fourmies un syndicat mixte de l'industrie textile. Les syndiqués jugeaient avec raison que j'aurais dû penser à eux, et ils s'étonnaient que l'on eut distribué les jardins aux premiers venus.

Je n'attendais que l'expression de ces réclamations pour faire avancer l'idée et développer l'œuvre.

Certes non, ces ouvriers n'avaient pas été oubliés ; mais, étant syndiqués, c'était à leur union profession-nelle de faire effort pour leur procurer des jardins. Une réunion du syndicat eut lieu au mois de septembre, et l'on y décida que la caisse syndicale participerait aux frais de location des terrains et que l'on assurerait un jardin à tout syndiqué qui en ferait la demande.

Dès lors, je n'étais plus seul. Plusieurs excellents catholiques, qui depuis longtemps s'occupaient du syndicat, me donnèrent le précieux concours de leur temps et de leur dévouement, et après avoir cherché ensemble les terrains nécessaires, nous pûmes faire monter nos jardins au nombre de 186, pendant l'hiver 1900-1901.

Ce second progrès était encourageant.

Etablissement définitif de l'Œuvre.

L'heure parut venue d'établir l'Œuvre des Jardins définitivement et dans toute son ampleur. Le but à atteindre était de *constituer l'œuvre de telle façon, que*

*tout ouvrier de Fourmies pût se dire que, le jour où il
désirerait un jardin, il pourrait en obtenir un gratuitement.*

Pourquoi cela ?

1° Avant tout, il faut amener l'ouvrier à une nouvelle organisation de sa vie ménagère, et lui procurer,
par le jardin d'abord, les moyens de retrouver auprès
de son usine une partie des avantages qu'il a perdus
en quittant la campagne.

Donc, l'œuvre s'adresse à tous les ouvriers.

2° Les années passent, accentuant sans cesse la crise
industrielle et la misère. Dans ces conditions, la culture
d'un jardin est devenue pour l'ouvrier une nécessité.

Il est de notre devoir à tous d'aller au secours de
cette misère. Or, comment secourir efficacement tant
d'ouvriers, au moment où la crise industrielle tarit peu
à peu les sources de la charité, cependant si fécondes
à Fourmies ?

Il n'y a qu'un moyen : c'est de multiplier par le travail l'argent de la charité. Le jardin nous fournit ce
moyen, car en dépensant 4,000 francs par an en location de terrains, nous mettons les ouvriers à même de
se procurer plus de 40,000 francs de légumes.

Charité économique qui permet de secourir plus de
misères, le jardin est en même temps un secours plus
moral et plus éducatif que la simple aumône, dont
beaucoup de travailleurs rougissent et dont quelques-
uns abusent. Qu'elle soit le secours des personnes
âgées ou infirmes, soit ; mais il serait tristement
anormal qu'un grand nombre d'ouvriers d'un pays
fussent réduits à l'aumône pour vivre.

3º Nous sommes en 1902. Au début de 1904, nous aurons l'application de la *loi de dix heures*. L'ouvrier pourra dès lors disposer de quelques heures chaque jour, et trouver dans la culture d'un jardin un supplément très appréciable de salaire.

4º Les patrons ont certainement le devoir et la volonté d'aider leurs ouvriers à vivre. Ils ne peuvent en ce moment songer à une augmentation des salaires qui les ruinerait, eux et leur personnel. Dès lors, ne faut-il point trouver, en dehors de l'usine, et mettre à la disposition de l'ouvrier un second instrument de travail qui complète le salaire ? Cet autre instrument de travail ne peut être que la terre.

Il est donc juste que chaque usine inscrive chaque année, au chapitre de ses frais généraux, une certaine somme qui soit confiée à la Société des Jardins ouvriers pour la location de terrains à distribuer.

Cette œuvre prouvera aux ouvriers que l'on comprend leur situation précaire. Elle les fixera au pays et les détournera d'aller ailleurs s'exposer peut-être à une misère plus grande. En même temps elle opérera d'elle-même une sélection entre les travailleurs. Les hommes d'ordre et de courage resteront, les autres, peu à peu, devront sans doute s'installer ailleurs.

Si plus tard l'industrie revoit à Fourmies des jours de prospérité, les salaires pourront alors se relever. Mais, d'ici là, l'ouvrier aura fait l'expérience de sa nouvelle manière de vivre ; il appréciera, il aimera et gardera son jardin, et son augmentation de salaire pourra devenir de l'épargne.

Ce projet et ces idées furent présentés pendant l'été

de 1902 à la plupart des industriels de Fourmies, et je le dis avec bonheur, tous y adhérèrent de grand cœur.

Le coin de terre Fourmisien.

En trois étapes, notre but était donc presque atteint. L'œuvre devenait large et compliquée ; il fallait de toute nécessité auprès d'elle des hommes intelligents et dévoués pour la diriger. Ces hommes se trouvèrent facilement et la *Société du Coin de terre Fourmisien* fut définitivement constituée.

L'œuvre avait ainsi ses administrateurs et ses ressources. Il n'y avait plus qu'à la proposer à la population ouvrière de Fourmies, ce qui fut fait dans une réunion au mois de septembre 1902.

Durant l'hiver on se mit à la recherche de terrains dans les divers quartiers de la ville ; car il est absolument nécessaire que l'ouvrier ne soit pas éloigné de son jardin, sous peine de rendre inutile entre ses mains ce nouvel instrument de travail.

Jusque-là nous n'avions que quatre hectares et demi pour nos 186 jardins.

Plus de sept hectares nouveaux furent loués par baux de dix ou douze ans.

Les 18 lots formant cette superficie totale de près de 12 hectares furent partagés en 423 jardins d'une contenance moyenne de 3 ares.

L'année suivante, un nouveau terrain nous était concédé et nous permettait d'atteindre le chiffre de 450 jardins, secourant 450 familles dont la population totale dépassait 2,300 personnes.

Les ouvriers, en effet, s'empressèrent de nous adresser leurs demandes, et nous n'eûmes qu'un chagrin : celui de devoir remettre à plus tard une vingtaine de demandes qui nous furent faites en trop.

Mais désormais les ouvriers savent que nos efforts ne s'arrêteront point là, et que notre désir est d'étendre l'Œuvre à mesure que nous pourrons trouver et de nouveaux terrains et de suffisantes ressources.

TROISIÈME PARTIE

AUTOUR DES JARDINS

Créer une œuvre de jardins ouvriers est plus facile peut-être que de lui faire produire les résultats matériels et moraux qu'on est en droit d'en attendre. Et cependant, ce sont ces résultats qu'il faut obtenir, sous peine de n'avoir rien fait. Pour cela, MM. les Administrateurs de notre Société voulurent donner aux bénéficiaires des jardins un *règlement*, un *enseignement horticole* et des *encouragements.*

Réglement.

Qu'il faille un règlement dans une œuvre de jardins, surtout si cette œuvre est importante, c'est l'évidence même. Mais il est bon d'en réduire les exigences au strict nécessaire, pour ne point gêner outre mesure la liberté de l'ouvrier.

Voici le nôtre, dont quelques articles sont empruntés à d'autres règlements de jardins ouvriers : Il est formé à Fourmies une Association dite : *Le Coin de terre Fourmisien*, ayant pour objet de mettre, à *titre gracieux*, des jardins à la disposition des ouvriers, dans le seul but de les aider à élever leur famille. Ces jardins sont concédés aux conditions suivantes :

ARTICLE PREMIER. — Il est interdit : de sous-louer, de céder ou d'échanger, même temporairement, les lots concédés, sans autorisation formelle du Conseil d'Administration ; de changer les piquets de bornage, de cultiver dans les allées qui devront toujours conserver 0m,80 entre les jardins et 2m,50 dans les allées principales ; de cultiver plus d'un tiers du jardin en pommes de terre, de manière à ce que ce légume ne revienne à la même place que tous les trois ans ; de laisser entrer dans les jardins des personnes étrangères au groupe et d'y laisser circuler les enfants non accompagnés de leurs parents.

ART. 2. — Les jardins sont donnés gratuitement. Mais il est exigé que tous ceux qui en bénéficient forment entre eux des groupes de 20 à 25 membres, ayant chacun une caisse pour achats en commun, qui est administrée par les chefs de groupes. Cette caisse est alimentée par des cotisations de 0 fr. 60 (c'est là un minimum qu'il est loisible aux membres de dépasser). Ces cotisations restent la propriété des déposants, qui ne pourront les retirer que s'ils abandonnent leur jardin, ou s'il leur est retiré pour une des raisons prévues au présent règlement. Chaque groupe fera son règlement de caisse en tenant compte des trois points suivants :

1° La cotisation mensuelle est obligatoire.

2° L'argent déboursé par la caisse pour les achats doit être rendu dans un délai limité à fixer dans chaque groupe, sans que ce délai soit supérieur à quatre mois.

3° Les frais d'administration sont au compte de la caisse. Chaque année, les versements diminués des frais d'administration donnent la part de chaque membre.

Cette caisse devant servir à faire des achats en commun ne donne pas d'intérêts.

Le Conseil d'Administration du *Coin de terre Fourmisien*, n'ayant aucune ingérence dans le fonctionnement des caisses ci-dessus désignées, ne saurait, en aucun cas, être rendu responsable de leur mauvaise administration. Les membres composant chaque groupe devront donc exercer eux-mêmes la surveillance nécessaire.

ARTICLE 3. — *Causes de retrait des jardins*. — L'irrégularité de vie, l'inconduite notoire, ou toute autre faute capable de porter atteinte à l'honneur de la Société, sont des causes d'exclusion. Le mauvais entretien du jardin est également une cause d'exclusion.

ARTICLE 4. — En cas de dissentiment entre deux ou plusieurs sociétaires d'un groupe, de nature à troubler la bonne intelligence entre les titulaires, le Conseil d'Administration prononcera les exclusions qu'il

jugera utiles, après avoir entendu les plaignants séparément et contradictoirement.

ARTICLE 5. — La Société se réserve le droit de
reprendre les jardins, si elle se voyait forcée de
remettre les terrains aux propriétaires.

ARTICLE 6. — Tous les retraits précités ne pourront
être opérés que dans la période du 15 octobre au
15 novembre et ne donneront lieu à aucune indemnité.

Si la Société se voyait obligée de reprendre un
jardin entre le 15 novembre et le 1er mars suivant, il
serait alloué au bénéficiaire une indemnité de trois
francs, s'il peut prouver qu'il a mis en fumure suffisante le tiers de son jardin pendant cette période.

Enseignement horticole.

Si le règlement est nécessaire pour la bonne marche
de nombreux jardins ouvriers, *l'enseignement horticole*
est indispensable si l'on veut que l'ouvrier tire de son
jardin un parti avantageux.

La culture maraîchère est une véritable science, qui
a fait d'admirables progrès partout depuis quelques
années, et l'on peut affirmer que le rapport d'un
jardin est proportionnel, non seulement au travail,
mais surtout à la science de celui qui le cultive.

Or, quand on distribue de nombreux jardins à des
ouvriers de l'industrie, combien de ces ouvriers qui
subitement se trouvent mis en présence d'un instrument de travail qu'ils ne connaissent point? Va-t-on les

laisser à leur propre initiative ? Ils hésiteront, travailleront au hasard, et seront promptement découragés par la pauvreté des résultats.

Au contraire, si l'on peut leur donner peu à peu les notions indispensables à tout cultivateur d'un jardin, on les verra se mettre joyeusement à l'œuvre, et bientôt le jardinage deviendra pour eux une véritable passion, passion saine et morale qui développera chez eux le goût et l'intelligence, travail fructueux qui les attachera pour toujours à la bonne terre nourricière.

En certains endroits, je le sais, on s'est contenté de donner de la terre aux ouvriers, sans les guider dans son emploi. Qu'est-il arrivé ? La plupart de ces jardins ont été exclusivement plantés en pommes de terre. Que voulez-vous ? L'ouvrier qui n'a point de jardin ne connaît guère que la pomme de terre en fait de légumes ; c'est là un second pain dont il ne se passe pas plus facilement que du pain de froment. Un jardin, pour lui, c'est avant tout la provision de pommes de terre pour l'hiver ; il ne connaît guère que cela, il ne pense qu'à cela, il ne cultive que cela. Et les autres légumes si variés que la Providence a mis à sa disposition, *il s'en passe au détriment de son bien-être et de sa santé.*

Ajoutons que la pomme de terre qui n'est pas une culture de jardin, si l'on excepte la pomme de terre hâtive, réduit le rapport du jardin à son minimum. Trois ares de terre peuvent procurer de 600 à 700 kilos de ce légume. A raison de 8 francs les 100 kilos, c'est une production annuelle de 50 à 60 francs,

Or, dans une brochure fort intéressante sur les *Jardins ouvriers*, publiée par la Société d'horticulture de Valenciennes, trois collaborateurs de cette Société donnent les plans de culture et les rapports approximatifs d'un jardin de 250 mètres carrés. Ils arrivent à des produits bruts de 200, 191 et 154 francs.

Nous savons même que cette Société, dans ses visites de jardin, a rencontré des terrains qui, aux mains de simples ouvriers verriers, produisaient annuellement plus de 1 franc le mètre carré.

D'aussi beaux résultats ne s'obtiennent évidemment que par le travail et la *science du jardinage*. Aussi, voulant que nos ouvriers fussent à même de tirer le meilleur parti possible de leurs jardins, nous avons, surtout l'hiver de 1900-1901, inauguré pour eux *l'enseignement horticole*. M. Albert Willamme, notre zélé secrétaire, très expert en la matière, nous donna cinq conférences, ou plutôt cinq leçons très judicieuses et très pratiques. Ces leçons furent même imprimées et distribuées aux ouvriers qui désiraient pouvoir se les remettre sous les yeux, après les avoir entendues. Nos jardiniers eurent ainsi, dès le premier hiver, un petit cours pratique de jardinage.

L'année suivante les conférences furent continuées par M. Willamme auquel s'adjoignit un des meilleurs jardiniers de Fourmies.

Nos conférenciers en horticulture ne se sont point fait l'illusion de penser que tous leurs auditeurs se conformeraient fidèlement à leur enseignement. En culture, la routine a été si longtemps une reine toute-puissante ! Mais sur des centaines d'ouvriers, il y en a

toujours et beaucoup, qui ont le vif désir de savoir et
de bien faire. Ceux-là s'empressent d'appliquer les
règles qui leur ont été tracées et deviennent bientôt les
modèles et les conseillers de leurs camarades. Que
deux ou trois de ces derniers fassent parti d'un groupe
de 20 ou 25 jardiniers ; leurs jardins mieux soignés et
plus fertiles seront sans cesse sous les yeux des camarades comme des terrains d'excellente expérience ; et
bientôt tout le groupe sera en merveilleux progrès.

Encouragements.

C'est ce qu'ont pu constater avec bonheur nos
Administrateurs dans leurs *visites annuelles*. Car ce
qui assure, en troisième lieu, le succès des *jardins
ouvriers*, ce sont les *visites annuelles* et les *récompenses distribuées* à la suite de ces visites.

Deux fois, en 1903 et 1904, nous avons eu le grand
plaisir de pouvoir distribuer des prix nombreux à ceux
de nos ouvriers qui avaient obtenu le plus grand
nombre de points pour leur jardin. Ces prix, nous les
devons à la générosité spéciale de quatre ou cinq
personnes, qui voudront bien, nous l'espérons, nous
continuer leur concours si précieux et si *nécessaire*.
Toutes nos souscriptions, en effet, sont absorbées par
le loyer des terrains ; et cependant on ne peut guère
se dispenser de sanctionner par des récompenses les
efforts des ouvriers, sous peine de voir faiblir peu à
peu leur courage, et en même temps diminuer le
produit de leurs jardins.

Ces récompenses ne sont point obtenues par des expositions de légumes. Les expositions horticoles sont certainement fort intéressantes et utiles à de multiples points de vue ; mais si elles font étalage de superbes produits, elles ne montrent point les jardins d'où ils sont censés venir. Combien d'exposants qui obtiennent un prix pour quelques légumes soignés en vue de l'exposition, et qui n'ont qu'un jardin mal tenu ! Combien d'autres qui triomphent avec les poireaux, les carottes ou les choux de leurs voisins !

Les jardins de nos ouvriers sont visités deux fois l'année : en mai-juin et au mois d'août, et chaque jardin est inspecté jusque dans les moindres détails d'après le tableau suivant :

Assolement.	Propreté.	Qualité des légumes	Nombre de variétés	Légumes moins ordinaires.	Succession dans les semis d'un même légume.	Y a-t-il des fleurs ou des fruits?	Y a-t-il compost et fumier?	Proportion en pommes de terre.	TOTAL DES POINTS

Ces divers articles comportent un certain nombre maximum de points ; et c'est d'après le total obtenu par chaque jardin que les prix sont attribués.

Il serait trop long d'entrer dans l'explication de chacun de ces articles et d'en montrer l'importance ; au moins est-il facile, d'après cela, de reconnaître que les visiteurs des jardins ouvriers se rendent un compte très exact de la valeur de chaque jardin, puisque rien n'échappe à leurs remarques.

Il est peut-être utile de dire un mot de l'article *Pomme de terre*.

La Commission des visites donne *un point* à celui qui n'ensemence en pomme de terre que le *tiers* de son terrain.

On donne 0 ou l'on retranche des points à celui qui en cultive plus, selon la proportion.

On ajoute des points à celui qui se contente d'une moindre parcelle de terrain pour ce légume.

Cette façon d'agir est justifiée par ce que nous avons dit ci-dessus à propos du produit d'un jardin.

Cette année, nos visiteurs ont constaté avec plaisir dans les jardins un grand progrès sur l'année dernière, et nous espérons que nos ouvriers deviendront peu à peu de bons horticulteurs.

Si les récompenses annuelles sont, pour nos ouvriers, un excellent stimulant, leur distribution solennelle, qui se fait à la fête de saint Louis, roi de France, est pour le nombreux public qui y assiste l'occasion de mieux connaître le but, les résultats et l'avenir de notre Œuvre. Puissent ces séances solennelles, et en particulier celle du mois d'août dernier où nous avons eu l'honneur et le grand plaisir d'entendre la parole si éloquente et si entraînante de M. l'abbé Lemire, déterminer toutes les personnes généreuses de Fourmies à unir leurs efforts aux nôtres pour venir de plus en plus à l'aide de l'ouvrier par l'Œuvre des Jardins.

Caisses d'achats en commun.

L'article 11 de notre Règlement explique suffisamment les conditions et le fonctionnement de ces Caisses.

Les règlements particuliers à chaque groupe prescrivent des réunions mensuelles dans lesquelles les ouvriers règlent leur compte de cotisations.

A chaque réunion trimestrielle, qui est strictement obligatoire et à laquelle assistent quelques administrateurs de notre Société, le secrétaire-trésorier expose le bilan de sa caisse. Puis l'on examine et l'on discute les propositions d'achats, et fraternellement l'on s'entretient pendant une heure.

Ces caisses sont de véritables petites coopératives de consommation, dont les actions, au lieu d'être versées immédiatement, sont constituées peu à peu par les cotisations mensuelles de l'ouvrier. Jusqu'ici les sociétaires n'ont guère en caisse que 15 ou 16 francs chacun ; mais dans un an ou deux, chaque groupe aura un capital qui lui permettra des opérations fréquentes et fructueuses. Depuis nos débuts, les ouvriers se sont contentés d'acheter en commun du charbon et des pommes de terre d'hiver, et sur chaque marché ils ont réalisé un bénéfice moyen de 25 à 30 0/0 sur le prix qu'ils auraient dû payer au détail.

Ces Caisses nous paraissent très importantes au point de vue de l'éducation économique de l'ouvrier. Elles développent son initiative, lui donnent le sentiment de sa responsabilité, l'initient à la juste protection de son *salaire acquis* par un emploi judicieux de son argent, l'apprennent à discuter le prix d'une denrée, à saisir les occasions favorables pour un achat, à prévoir et à régler le petit budget de dépenses du ménage.

C'est là, comme on le voit, le côté éducatif de notre œuvre ; mais c'en est aussi le côté le plus difficile malgré son apparente simplicité, car l'éducation ne se fait, en tout, que lentement et péniblement.

Résultats matériels.

Des résultats, c'est ce qu'on demande avant tout à une œuvre, et l'on est si pressé parfois de les constater, que l'on ne prend point le temps de les attendre.

Eh bien ! l'Œuvre des Jardins ouvriers a un résultat immédiat qu'on ne saurait contester : c'est qu'elle donne des légumes en abondance à ceux qui n'en auraient guère sans cela.

Quant à l'apprécier en argent, c'est assez difficile et tout à fait inutile.

C'est difficile, parce que le rapport d'un jardin est essentiellement variable. Ce rapport représenté par *un* pour le jardin d'un ouvrier peu expert, peut arriver à cinq ou six, si le jardin est cultivé par un ouvrier actif et instruit.

De plus, c'est inutile, car le jardinier doit consommer sa récolte et prendre bien garde de la convertir en argent. Le jardin a pour but d'orienter cet ouvrier industriel vers une nouvelle organisation de sa vie domestique. S'il y atteint, l'aisance d'abord et l'épargne ensuite seront nécessairement les résultats matériels de cette vie mieux comprise.

J'oserai même dire que c'est dangereux. N'est-ce point parce que beaucoup d'ouvriers ont comparé l'argent qu'ils gagnaient autrefois à cultiver la terre, avec le salaire de l'usine, qu'ils ont abandonné cette terre, pour aller se mettre à la gêne ou à la misère dans les villes ?

Au point de vue matériel, nous nous sommes contentés de constater que l'ouvrier et sa ménagère sont fort heureux du rapport de leur jardin et disent bien haut, comme je l'ai entendu répéter souvent : « On ne saurait croire combien un jardin est utile dans un ménage d'ouvrier. »

Résultats hygiéniques.

Nos jardins sont encore trop jeunes pour que déjà ils aient pu produire des effets sensibles au point de vue hygiénique. Mais quand on a entendu les sommités médicales affirmer, au Congrès des Jardins ouvriers de Paris en 1903, que le jardin est le vrai *sanatorium* à domicile de la tuberculose, on se félicite d'avoir créé tant de sanatoriums dans un milieu comme Fourmies dévasté par ce mal terrible.

Toutefois, le jardin n'aura son plein effet hygiénique que si l'ouvrier peut y passer quelques heures tous les jours. Ce serait facile, si l'on voulait s'entendre. Aujourd'hui nos ouvriers ne travaillent plus que dix heures par jour. Si, pendant la saison d'été, les usines consentaient à commencer la journée à cinq heures du matin, pour la terminer à cinq heures du soir, les ouvriers auraient chaque jour deux longues heures pour respirer à pleins poumons l'air pur de leur jardin. L'on éviterait ainsi facilement le travail du dimanche, et le jardin produirait son plein effet sur la santé de l'ouvrier.

Une usine a donné déjà l'exemple de cette excellente innovation. Puisse cet exemple entraîner toutes les autres !

Résultats moraux.

Sans nul doute, les résultats moraux de notre œuvre sont pour nous d'un plus grand prix que les précédents. Ils sont déjà très appréciables, alors que beaucoup les contestaient à l'avance et ne voulaient point les espérer.

On nous disait : « Vous voulez faire quelque chose « pour les ouvriers ! Ah ! vous ne les connaissez pas ! « Ce n'est pas le jardin qui les changera ; ils ne com- « prendront rien à ce que l'on fait pour eux. Et puis, « vous perdez votre temps. Ils n'auront même point « pour vous le plus petit sentiment de reconnaissance ; « devant vous, ils feront belle mine, en secret ils vous « déchireront et... aux prochaines élections, ils vote- « ront pour vos ennemis. »

Certains même auraient voulu au moins que l'on obligeât à la messe du dimanche ceux qui acceptaient un jardin et se scandalisaient de ce qu'ils appelaient notre faux libéralisme.

Quand on est catholique, surtout lorsqu'on est prêtre, on ne s'arrête point à ces vaines objections. Le devoir est d'aller au secours de l'ouvrier : on va au devoir d'abord.

L'ouvrier a de mauvaises idées; il ne comprend pas, ou il ne veut pas comprendre ce que l'on fait pour lui ?

A qui la faute ?

Cet ouvrier n'a pas étudié ni réfléchi comme nous. Jeté à l'usine à treize ans, ou plus tôt encore, il a été emporté par les préoccupations matérielles. Ceux qui auraient dû lui parler, l'instruire et l'élever, se sont tu. Il a été abandonné aux meneurs, aux prêcheurs de fausses doctrines, sans trouver personne à ses côtés pour le défendre: Il a, maintenant, le cœur ulcéré, l'âme plus ou moins gâtée, l'esprit perverti par ceux qui lui ont parlé. A qui la faute, je le répète, sinon à ceux qui avaient plus spécialement vis-à-vis de lui le devoir du dévouement, de l'instruction et de l'*apostolat?*

Aujourd'hui que le mal est fait, il faut y porter remède. Mais pour cela il faut, *avant tout, apaiser les esprits* et *reprendre contact* avec l'ouvrier. Eh bien ! nos jardins, offerts à tous les ouvriers *indistinctement*, ont produit cet apaisement des esprits et nous ont permis de reprendre contact avec le peuple.

Dans les réunions trimestrielles de chaque groupe, le prêtre et deux ou trois administrateurs de notre Société se rencontrent avec une vingtaine d'ouvriers.

On cause familièrement, on échange des idées ; peu à peu la confiance fait place à la défiance, les cœurs s'ouvrent et jamais l'ouvrier ne sort de là sans emporter quelques lambeaux de vérité religieuse ou sociale. Nos leçons d'horticulture sont aussi des occasions de glisser les mêmes vérités, et nous n'y manquons point.

Enfin durant deux hivers, grâce à l'Œuvre des Jardins, nous avons pu donner douze conférences religieuses, sociales ou économiques, auxquelles sont venus plus de 800 ouvriers.

Que tous ces efforts aient produit des résultats moraux considérables, je pourrais le prouver par des exemples nombreux. Mais, on le comprend, il y a des choses que l'on peut raconter, mais que l'on ne peut pas écrire, parce qu'elles sont trop personnelles.

Au moins puis-je dire que nos ouvriers gagnent un esprit de solidarité et de charité chrétienne. Il y a deux ans l'un de nos bénéficiaires vint à mourir. La plupart des ouvriers de son groupe assistèrent à ses funérailles et l'un d'eux eut la délicate pensée de dire quelques mots d'adieu sur sa tombe au nom de tous les camarades. La veuve manifesta le désir de garder le jardin de son mari. Mais elle ne pouvait point le bêcher. Tous les ouvriers du groupe se donnèrent rendez-vous un même jour, et bêchèrent ensemble le jardin de la veuve.

Dans un autre groupe, un ouvrier tomba malade ; il ne put, pendant plusieurs mois, s'occuper de son jardin. Quand il fut guéri, il retrouva son jardin admirablement garni de légumes. Ses camarades l'avaient entretenu pour lui.

Enfin, comme tous nos efforts doivent tendre *finalement* à rapprocher les âmes de Dieu, et que c'est aux
pâques surtout que l'on juge, sous ce rapport, de
l'efficacité des moyens employés, voici les résultats des
trois années 1901, 1902, 1903.

Dans la seule paroisse Saint-Pierre, les communions
pascales ont augmenté de 325 en 1901.

En 1902, nous avons fait un nouveau progrès de près
de 200.

En 1903, nous avons constaté une nouvelle augmentation de plus de 100 pâques sur les années précé-
dentes.

Depuis deux ans, notre population a diminué dans
de telles proportions que nos pâques s'en sont res-
senties ; mais nous avons la consolation de garder nos
positions acquises.

Et voilà un résultat précis de notre *action rendue
possible et efficace par notre œuvre sociale.*

Puisse le bon Dieu continuer à bénir cette œuvre
qui, en étant utile aux corps, permet en même temps
de faire tant de bien aux âmes !

Abbé MAZELIN

DIX-HUIT MOIS
DE VIE SYNDICALE A LA CAMPAGNE

Ce n'est pas une narration conduite selon les règles de la logique que j'offre ici au lecteur. C'est une série d'articles écrits au petit bonheur, pour des paysans, dans un *Bulletin* professionnel sous le coup de l'actualité.

Ceux qui n'ont pas oublié les *Œuvres rurales d'un Curé* (1), seront peut-être curieux de savoir ce qu'il en est advenu. Ceux qui les ignorent pourront, en lisant ces quelques pages, constater qu'il y a de la vie chez nous; qu'elle s'est manifestée à maintes reprises pendant ces dix-huit derniers mois, soit dans nos réunions, fêtes et conférences, soit dans la fondation de sections autonomes, soit dans notre entente avec les syndicats viticoles pour la vente du vin ou avec l'administration militaire pour la vente du blé, soit dans le perfectionnement de notre Caisse de retraites, la campagne en

(1) Collection de l'Action Populaire, n° 3, Abbé Mazelin : *Un Curé et ses Œuvres rurales.*

faveur d'un chemin de fer local et, en attendant la locomotive, l'établissement d'un service de livraison à domicile. Ils pourront saisir sur le vif les impressions — plutôt légères — laissées par les diverses tracasseries (patente, dénonciations, oppositions, etc.).

Mon unique ambition serait de démontrer qu'un petit syndicat peut vivre d'une vie intense et marcher toujours de l'avant, même à la campagne.

Compte rendu de l'année 1903.

Le 10 janvier 1904, à l'Assemblée générale, M. l'abbé Mazelin donnait le compte rendu suivant des opérations du Syndicat de Chaumont-sur-Aire pendant l'exercice écoulé :

MESSIEURS,

Il y a aujourd'hui six ans, nous étions réunis à sept dans une chambre obscure pour la fondation du Syndicat de Courcelles. Nous avions un peu l'air de conspirateurs qui recherchent l'ombre : nous n'avions guère de confiance ni en nous-mêmes, ni en notre œuvre, ni en nos concitoyens, puisque nous n'osions pas nous montrer en public, exposer notre œuvre au grand jour de la discussion et affronter les railleries, les moqueries et les dédains que nous supposions devoir nous accueillir.

Si un somnambule était venu frapper à la porte close, et si, usant du privilège départi, paraît-il, aux somnambules, il nous avait annoncé l'avenir au travers de la serrure, ç'aurait été plus que de l'incrédulité, ç'aurait été de la colère en voyant qu'on se payait notre tête dans d'aussi grandes largeurs.

Je suis pacifique, mais je crois que j'aurais bondi jusqu'à la porte si j'avais entendu tirer notre horoscope en ces termes : « C'est bon, c'est bon, mes petits amis. Vous êtes aujourd'hui 4 pelés et 3 tondus ; dans quelques années vous serez 600. Votre Syndicat passera de Courcelles à Chaumont et puis il s'étendra à 25 kilomètres à la ronde, comme une épidémie. Les moutons en seront aussi, de votre Syndicat : il est vrai que ce sera pour être tondus. Les bœufs en seront aussi : il est vrai que ce sera pour être conduits à la boucherie. Et toi, mon pauvre petit curé, qui te glorifies dans ton coin d'avoir fondé une Caisse rurale qui n'a pas un sou dans ses tiroirs, sache que dans six ans tu auras fait plus de 700,000 francs de recettes, que tu donneras des retraites aux travailleurs, de la pharmacie aux malades, des instruments gratuits aux cultivateurs, du bon vin à ceux qui auront soif (et ils seront nombreux), en attendant que tu donnes le paradis à tous tes syndiqués ! » — « Misérable ! aurais-je dit, il ne vous est pas permis de vous moquer ainsi de quelques hommes de bonne volonté. Notre ambition est de faire un peu de bien autour de nous. Trêve de plaisanteries, et laissez-nous commencer. »

Et de fait, Messieurs, nous avons commencé ce jour-là même ; nous avons rencontré parmi vous la sympathie, le besoin de l'union ; nous avons recruté des hommes ayant au cœur le dévouement, cette flamme que rien n'éteint, ni les critiques, ni les contradictions.

7

Ce que nous avions au cœur il y a six ans, ce que nous avons trouvé chez vous, est une puissance qui n'a point de bornes, une puissance que nous ignorions, puisque ce qui nous eût fait bondir comme la plus sanglante moquerie est devenu une réalité que nous côtoyons chaque jour.

Et aujourd'hui mon devoir est d'étaler sous vos yeux, dans tous ses détails, cette réalité, et de vous donner le compte rendu de nos travaux en 1903.

Voici donc, sans autre préambule, le résumé de nos différentes opérations.

Engrais	23.463	80
Articles d'alimentation	103.882	15
Graines de semence	10.025	15
Vente des produits (laines et minette).	27.048	35
Divers (retraite, tombola, instrum.).	9.832	40
Total.	174.256	85

Ainsi donc, nos affaires se sont élevées cette année, en chiffres ronds, à la somme de 175,000 francs, en augmentation de 25,000 francs sur le dernier exercice.

Sur quoi y a-t-il progrès ?

L'augmentation porte en particulier sur les *engrais* qui produisent 8,500 francs en plus. L'an dernier, l'augmentation était déjà de 6,500 francs, ce qui fait sur le chiffre d'il y a deux ans la majoration considérable de 15,000 francs, et ce qui prouve que nos

cultivateurs savent de plus en plus apprécier la plus-
value que les engrais chimiques peuvent donner à
leurs récoltes. . .

Le *vin* a produit 8,000 francs de plus que l'an
dernier, mais cette augmentation n'est que fictive,
puisqu'elle est due uniquement à la hausse des prix,
et qu'il y a même diminution sur la quantité vendue.
Qu'est-il étonnant, du reste, que nous refrénions notre
soif quand MM. les viticulteurs nous tiennent le biberon
si haut que cela?

La *vente des laines* a produit 5,000 francs de plus
que l'an dernier, et cette majoration est due en partie
à la résolution que nous avons prise d'expédier directement sur le marché de Reims.

La *vente de la minette* a produit 4,000 francs de
plus que l'an dernier. Permettez-moi de vous dire que
ce résultat n'est pas tel qu'il devrait être, vu la grande
quantité de minette que vous avez récoltée cette
année. Si l'on avait marché comme un seul homme, si
l'on n'avait pas prêté l'oreille aux boniments des intéressés et si l'on avait eu plus de confiance dans le Syndicat, on aurait vendu plus cher et nous, de notre côté,
nous aurions eu le plaisir d'inscrire ici une vente de
20,000 francs de minette. Espérons que l'an prochain
il n'y aura point de débandade : elle serait moins
excusable, du reste, puisque nous avons enfin trouvé
les véritables débouchés de la minette.

Voyons maintenant si les opérations de l'année ont
laissé le Syndicat en gain ou en perte.

Voici la situation du Syndicat au moment de l'inventaire (30 décembre 1903) :

1° Actif 21.275 55
2° Passif 9.714 35
Excédent de l'actif sur le passif . . . 11.561 20
L'an dernier, cet excédent était de . . 8.715 55

Cette année, le patrimoine du Syndicat
   s'est donc accru de 2.845 65

Retranchons de cette somme les 100 francs provenant de notre titre de rente, les 41 francs provenant
de la location des jardins, les 1,325 francs provenant
des cotisations, il nous restera comme trop-perçu sur
nos différents services la somme de 1,379 fr. 65, ce
qui représente un prélèvement de 0 fr. 75 sur 100 francs
d'affaires.

Les prélèvements syndicaux.

Je crois que la prudence la plus élémentaire défend
d'abaisser plus bas le taux des prélèvements syndicaux ;
il peut se faire, en effet, que sur telle ou telle opération
nous éprouvions des pertes sérieuses, et nous ne voulons
pas arriver à la fin de l'année avec un déficit ; nous ne
voulons pas entamer le patrimoine du Syndicat et peut-
être un jour faire appel à votre bourse : ce qui serait
un moyen très original de rendre notre Syndicat populaire.

Au surplus, le progrès appelle le progrès ; une organisation en appelle une autre plus coûteuse encore : un de
ces jours l'occasion peut s'offrir d'établir soit un magasin
à blé, soit une laiterie, soit un moulin, que sais-je ? et ce
jour-là, pour inspirer confiance aux capitaux, il faut
que le Syndicat présente une certaine surface. Ce n'est

donc pas bien comprendre la coopération que de dire
cette parole : « Le Syndicat est bien assez riche ! » Non,
le Syndicat n'est pas assez riche, car, plus il sera riche,
plus il rendra service.

On sait aussi que, tout en désirant accroître le patrimoine du Syndicat, nous voudrions qu'une partie des
bonis retournât à ceux qui les ont fait naître. Dès l'an
dernier, nous avons proposé à ceux qui voudraient se
donner cette peine de nous apporter un livret sur lequel
seraient inscrits tous leurs achats. A la fin de l'exercice,
on répartirait sur tous ces livrets, proportionnellement
aux achats, les bonis, déduction faite de la réserve et
des sommes employées à l'acquisition d'instruments.
Nous renouvelons cette proposition. Nous donnerions
également des subventions aux mutuelles contre la mortalité du bétail qui se formeraient dans les villages, ou
plutôt à une petite caisse de réassurance qui s'établi-
rait ici.

Vous voyez que les petits prélèvements syndicaux ne
peuvent avoir qu'une heureuse influence : dans notre
pensée ils doivent servir à faire naître, à développer, à
encourager les œuvres de mutualité, d'assurance, de
solidarité qui font du Syndicat un incomparable artisan
du progrès social.

Les créations de l'année.

Cette année nous avons fourni plusieurs étapes vers
le progrès indéfini qui s'ouvre devant nous. Conten-
tons-nous donc de saluer en passant l'inauguration de
la vente de nos laines directement à l'industrie ; l'inauguration de la vente en commun de notre minette ;
l'inauguration de notre fête syndicale où nous avons
entendu parler de véritables amis de l'agriculture, et

où nous avons compris, rien qu'en nous trouvant ensemble, combien les cultivateurs seraient forts et heureux s'ils étaient unis ; l'inauguration enfin de notre dépôt de vin avec licence.

Vous savez aussi que nous nous sommes occupés sérieusement de la vente des blés, que nous nous tenons au courant de tout ce que l'on tente à ce sujet ; que nous avons fait venir un conférencier parfaitement renseigné sur l'organisation des magasins à blé en Allemagne. Nous avons cherché à vendre nos blés aux négociants de la région, mais vous savez mieux que moi que nous sommes entourés d'un réseau presque infranchissable d'intermédiaires dont l'intérêt est contraire au nôtre et qui feront tout pour que nos efforts échouent.

Mais à nous tous réunis, il nous sera peut-être possible de faire une brèche à ce cercle qui nous étouffe. Nous respirerions à notre aise si nous pouvions expédier une partie de nos blés soit vers Paris, soit vers Marseille. Pour cela il suffirait que les cours fussent à Paris de 1 fr. 15 et à Marseille de 2 francs au-dessus des cours de Bar. L'*Association de la Meunerie Française* nous aboucherait, comme elle nous l'a promis, avec un commissionnaire de tout repos qui se chargerait de placer nos offres dans les meilleures conditions. Du reste, nous avons des maisons de Marseille qui nous achèteraient directement.

Messieurs, dans ce compte-rendu je ne puis passer sous silence notre Caisse de retraites qui possède déjà un capital de plus de 6,000 francs, qui a conservé toutes ses positions cette année, mais dont le mouve-

ment on avant a été un peu enrayé par suite des lenteurs de l'Etat à tenir ses engagements. Aussi tout à
l'heure nous vous proposerons d'envoyer à nos députés
et sénateurs un vœu pour que nous recevions les subventions qui nous sont dues. Je vous convie, Messieurs,
à ne pas vous laisser rebuter par ces petites difficultés
Que chacun apporte librement sa part à la Mutualité
pour s'assurer une vieillesse paisible. Cela vaudra
mieux que de compter sur l'Etat-Providence organisant péniblement, à grands renforts de lois inappli-
cables et à grands frais, le droit à l'assistance. Au
surplus, est-il juste de faire payer par les laborieux,
les économes, des rentes aux paresseux, aux impré-
voyants? Ah! certes, si le malheur immérité a droit
à l'aide de tous, il n'en saurait être de même pour celui
qui, jouissant du temps présent, sans souci du lendemain, compte sur la société pour prendre soin de sa
vieillesse. C'est là une conception anti-économique,
destructive des énergies, que nous, gens de la terre,
habitués au labeur et à l'économie, nous repoussons de
toutes nos forces.

Bulletin de janvier 1901.

Chemin de fer La Vaux-Marie-Pierrefitte.

Une chose peu banale, c'est de voir un syndicat
aspirer à avoir un petit chemin de fer pour lui. Voici
la campagne que commençait notre *Bulletin* de
février 1904 :

Le Syndicat doit s'intéresser à tout ce qui est susceptible de développer la prospérité et le progrès économique de la région.

C'est pourquoi il fait appel à tous ses adhérents, leur
demandant de provoquer un puissant mouvement d'opinion en faveur du petit tronçon de chemin de fer projeté
qui, évidemment, n'est qu'une amorce pour St-Mihiel ou
Commercy.

Notre région de l'Aire, *grenier de la Meuse*, a un intérêt
de premier ordre à être reliée directement aux grands
moulins et à la place de Saint-Mihiel. Si nous sommes le
grenier, nous ne sommes pas le *cellier*, et bien que nous
aimions à la folie le petit vin des Côtes, il ne nous est
pas facile de nous le procurer. Ne serait-il pas gentil
d'avoir un petit chemin de fer de chez nous aux Côtes,
qui ferait la navette de la cave au grenier ?

Même tel qu'il nous est offert, rien qu'avec ses 13 kilomètres, le tronçon de La Vaux-Marie à Pierrefitte doit
être accepté avec empressement. Car il est évident
qu'une voie de communication, dans un pays jusque-là
déshérité, amène une transformation rapide, fait naître
des industries nouvelles, donne des facilités nouvelles
au commerce. Les industries laitières de la Maison du
Val, de Fleury, etc., ne doivent-elles pas leur existence
au chemin de fer meusien ?

Pour notre Syndicat en particulier, la nouvelle ligne
serait l'occasion d'un développement peut-être prodigieux. Au lieu de toutes les manutentions coûteuses que
nous impose actuellement notre éloignement de la gare,
nous posséderions un entrepôt voisin de notre gare où
l'on remiserait vins, tourteaux, engrais, etc., où l'on
viendrait faire la livraison des laines, où l'on pourrait
même établir un magasin à blé. Nos marchandises étant
remisées, les cultivateurs n'auraient pas besoin comme
aujourd'hui d'aller à la gare à jour fixe : ils viendraient
chercher leurs engrais au moment de les employer. De
plus, avec ce chemin de fer, la laiterie coopérative, récla-

mée depuis longtemps par le pays de Pierrefitte, serait parfaitement possible.

Aussi les adhérents ne trouveraient pas mauvais, croyons-nous, que le Syndicat promit un concours pécuniaire à la ligne en projet. Si le chemin de fer se fait, nous récupérerions bien vite, en économies sur transports, les 2,000 francs qu'on nous demande. A une prochaine réunion générale on proposera de voter cette subvention, et chacun pourra donner son avis.

Dans le *Bulletin* d'avril nous lisons ceci :

Et le chemin de fer de La Vaux-Marie à Pierrefitte ? Eh bien ! il était resté en panne, faute de quelques milliers de francs. Heureusement le Syndicat a sauvé la situation. Dans sa séance du 27 mars il a voté la superbe subvention de 2,500 francs. Ç'a été un bon coup d'épaule et d'autres qui s'étaient tenus à l'écart, encouragés par notre exemple, sont venus à leur tour pousser à la roue. Les 80,000 francs réclamés comme subvention sont atteints et notre chemin de fer affronte aujourd'hui même la discussion au Conseil général.

J'ajouterai que le Conseil général de la Meuse a voté la création dudit chemin de fer, que les études préliminaires sont faites, que le Génie militaire a donné un avis favorable, et qu'il n'y a plus à craindre que les lenteurs administratives.

L'Assurance du Bétail.

Bulletin de février 1901.

Une nouvelle Caisse contre la mortalité du bétail vient de se fonder dans le rayon de notre Syndicat: c'est la Caisse du bétail de Neuville, qui a débuté magnifiquement, le 20 janvier, avec 18 adhérents. Il a suffi d'une réunion pour mettre cette Société sur pied, discuter et approuver les statuts, recueillir les adhésions et nommer le Bureau. Bonne chance aux gens de Neuville qui commencent par assurer une valeur de 31,500 francs !

Il ne faut pas s'imaginer que la création de ces petites caisses locales est mal vue en haut lieu et qu'elle est regardée comme une concurrence faite à la Caisse départementale. Nous savons de source absolument certaine que l'administration de la Caisse départementale désire la fondation de Caisses locales qui lui permettraient de se transformer en *Caisse générale de réassurance,* et voici ce que nous écrivait à ce sujet, à la date du 25 janvier, M. Prudhomme, professeur d'agriculture : « Je suis en relation avec M. le Préfet et M. le Ministre de l'Agriculture à l'effet de déterminer s'il ne conviendrait pas de faire de la Caisse départementale une Caisse de réassurance.

« Si des mutualités communales, dont le nombre est de 18 environ, continuent à se former, la Caisse départementale n'aura plus sa raison d'être que pour les communes peu importantes, et de toute nécessité il y aura lieu de créer une Caisse départementale de réassurance ou de modifier la Caisse départementale de secours. »

Il est certain que la combinaison de l'assurance à petit rayon et de la réassurance donnerait toute la sécurité désirable aux Caisses du bétail. Il est certain qu'une Caisse générale de réassurance, possédant un capital de réserve sagement administré, pourrait venir en temps opportun à l'aide des Caisses communales atteintes dans leur formation et menacées par des accidents calamiteux. C'est, du reste, l'exemple que nous donnent les Caisses de réassurance de Chaumont et de Langres (Haute-Marne), qui possèdent déjà un fonds de réserve de 100,000 francs, et grâce à qui les petites Caisses locales, s'étendant à peu près sur le quart du département, ont pu payer l'an dernier une indemnité de 24,212 francs.

Nous lisons d'autre part dans le *Bulletin* d'avril :

Nous venons de recevoir de l'Etat une subvention de 200 francs pour la Caisse contre la mortalité du bétail de Chaumont fortement éprouvée l'an dernier, comme on sait. Ce n'est pas sans une certaine appréhension cependant que nous avions adressé à qui de droit notre demande de subvention Pensez donc : déjà nous avions reçu 600 francs et nous avions encore en caisse 1,175 fr. 15 ; nous étions loin d'être ruinés ; nous ressemblions un peu à des millionnaires qui tendraient la main et M. le Professeur d'agriculture, tout en nous appuyant, ne nous avait pas caché qu'il n'espérait guère une réponse favorable. La morale de cette histoire c'est que les Caisses du Bétail ont toutes les sympathies de l'Etat ; que la promesse de leur venir en aide non pas seulement à leur premier établissement, mais aussi toutes les fois qu'elles éprouvent une perte sérieuse, n'est pas une promesse vaine. Quoi qu'il en soit, notre Caisse du Bétail est aujourd'hui à la tête de 1,375 francs ; et si le bon Dieu ne nous flagelle pas trop pour nos péchés, nous ferons face à toutes les éventualités.

Une Conférence Agricole.

M. le Professeur d'Agriculture a fait, le 28 février dernier, aux cultivateurs de la région, le plaisir de venir leur donner une conférence dans la salle de la mairie de Chaumont-sur-Aire.

M. Prudhomme avait choisi un sujet tout à fait de circonstance au centre de notre Syndicat : *la nécessité de l'Association.*

Sans s'attarder à démontrer d'une façon générale cette nécessité si bien comprise chez nous, il en est venu rapidement à certaines formes d'associations qui manquent encore dans notre organisation syndicale, et il s'est attaché à en indiquer les avantages.

Il nous a parlé en particulier du Syndicat d'échange de parcelles, de la Caisse de crédit et de la Laiterie coopérative.

1° **Syndicat d'échange.** — M. Prudhomme a eu facile de montrer combien l'on perdait par le morcellement du sol : perte de temps ; perte de semence ; emploi pour ainsi dire impossible des instruments de grande culture : semoirs, lieuses, etc. ; récolte nulle sur les roies et récolte couchée dans le milieu du champ. On récolterait le tiers en plus et on aurait le tiers de mal en moins si l'on consentait à faire des échanges de parcelles.

Malheureusement, quand on parle d'échange, on se heurte à des difficultés qui proviennent principalement de l'égoïsme et de la peur que l'on a d'avantager son voisin. Ne pourrait-on pas créer dans chaque commune, comme cela existe dans les départements voisins, un petit Syndicat d'échange dont les membres nommeraient une Commission d'arbitrage chargée de résoudre au mieux les difficultés qui pourraient s'élever dans la pratique des échanges ? M. Prudhomme nous a lu des modèles de statuts qui nous ont paru très rationnels.

2° **Caisse de crédit.** — C'est là une question qui est

constamment à l'ordre du jour dans notre Syndicat et qui n'a pas encore abouti parce que nous n'avons pas encore trouvé d'hommes qui veuillent bien se mettre à la tête. Et on ne voudrait pas, je crois, avoir la cruauté d'imposer ce nouveau fardeau à ceux qui ont déjà sur leurs épaules le poids si lourd du Syndicat. M. Prudhomme a exposé très clairement les avantages du crédit en agriculture et les deux systèmes également employés, soit la Caisse rurale établie sans capital et avec responsabilité illimitée, soit la Caisse de crédit avec capital et avec responsabilité limitée à la part souscrite.

3° **Laiterie coopérative.** — L'attention générale redouble au simple énoncé de cette question. Car, il faut bien le dire, on ne tire pas de son lait tout le profit qu'on devrait : on est lié par un marché très bien fait pour les industriels, mais très mal fait pour les cultivateurs. Ainsi, par exemple, si vous n'avez pas pu fournir de lait en octobre, l'industriel est libre de vous refuser le lait que vous avez le reste de l'année ou de vous le payer le prix qu'il lui plaira.

M. Prudhomme n'avait pas besoin d'insister sur les avantages de la transformation en grand du lait, alors que nous avons sous les yeux des industriels millionnaires à la cinquième ou sixième puissance pour avoir seulement pratiqué ce système pendant quelque vingt ans. Il est bien certain que ces millions ont été prélevés sur le paysan centime par centime, très légitimement, nous le reconnaissons ; mais enfin, si le paysan pouvait faire lui-même ses affaires, au bout de quelque temps il lui resterait quelques millions et, c'est le cas de le dire, il pourrait mettre un peu de beurre sur son pain.

M. Prudhomme nous a cité l'exemple des laiteries coopératives de Marville et de Chattancourt qui marchent très bien.

Ces résultats nous paraissent encourageants ; seulement pour nous autres il y a un cheveu : c'est ce fameux

11

marché signé pour 10 ans et qui ne doit expirer qu'en 1909, par lequel nous nous sommes engagés, très étourdiment, à ne pas vendre notre lait à d'autres marchands

C'est même cette clause qui le 28 février a déterminé une petite tempête, les uns prétendant que cela seul devait nous empêcher de penser à quoi que ce soit, les autres estimant que cette clause ne pouvait s'appliquer à une coopérative. Voulant en avoir le cœur net, nous avons demandé une consultation juridique au *Musée Social*, à Paris. Voici ce qu'on nous a répondu :

« Si vos cultivateurs se sont simplement engagés à ne pas *vendre à d'autres* le lait de leurs vaches, il est incontestable qu'ils peuvent en toute sécurité organiser une laiterie coopérative afin de le transformer en commun. En agissant ainsi, les coopérateurs travailleront eux-mêmes leur lait, ils ne vendront pas à d'autres. Aucun doute n'est possible à cet égard. »

Il est probable que notre industriel ne se rendrait pas sans combattre et il nous revient qu'il a déjà consulté un avoué. Un petit procès avec l'assurance d'être vainqueur est une chose qui répugne toujours à un particulier. Il ne saurait en être de même pour une société nombreuse fortement organisée, ayant à défendre de puissants intérêts.

A propos d'une dénonciation.

On n'ignore pas que notre Syndicat forme école et qu'il a déjà de nombreux disciples, non seulement dans la Meuse, mais en Meurthe-et-Moselle et jusque dans les montagnes de la Haute-Loire. Pendant le mois dernier, nous avons reçu les adhésions des Syndicats de Morlaincourt, de Hattonville, de Haumontles-Lachaussée, do Mauvages, et nous avons expédié des graines, du sucre, du café, etc., à peu près vers tous les points cardinaux. De plus, comme vous le remarquez, notre *Bulletin* devient l'organe officiel du Syndicat de Ménil-sur-Saulx et, dans la mesure du possible, il se prêtera aux combinaisons similaires.

Cette orientation des Syndicats meusiens vers les multiples services qui englobent pour ainsi dire la vie économique tout entière. du cultivateur prouve que, dès le début, nous nous étions engagés dans la bonne voie et que notre organisation est la plus apte à défendre et à servir quotidiennement le rural, exploité de tous les côtés.

Aujourd'hui ce n'est plus seulement un curé qu'on voit s'occuper des détails d'une coopérative. C'est par douzaine qu'on les compte, car ils ne croient pas s'abaisser en faisant faire à leurs paroissions des économies notables sur les articles de consommation journalière.

Cependant on a dénoncé encore une fois le curé de Chaumont et, cette fois, on s'est adressé à M. Combes lui-même. A quand une interpellation à la Chambre des députés? La façon dont j'ai été défendu, même à mon insu, prouve que je me suis acquis de bons amis dans tous les camps. La réponse qu'on a adressée à la Préfecture m'a fait un peu sourire, mais enfin elle part d'un bon naturel.

On m'y représente commme un *bon citoyen* qui travaille pour ses semblables, comme un *bon républicain* qui n'a jamais boudé la République, même comme un *bon socialiste!* — Qui sait? on m'a peut-être donné cette dernière épithète pour m'obtenir la croix d'honneur.

J'aurais mauvaise grâce à ne pas accepter les compliments qu'on me fait. Assurément, puisqu'il s'agit de cela, je ne suis pas bien sûr de porter M. Combes dans mon cœur, mais cela n'est peut-être pas nécessaire pour être le bon républicain qu'on me dit et que je suis en effet depuis que je me connais. Assurément encore, je ne suis pas socialiste dans le sens de MM. Jaurès et Cⁱᵉ qui rêvent le chambardement de la société, mais je suis démocrate chrétien en ce sens que je désire que la démocratie se gouverne elle-même, qu'elle s'organise professionnellement et qu'elle supprime les abus dus à une organisation défectueuse de la société, abus que l'Église aidera à détruire.

Bulletin d'avril 1901.

Un livreur ambulant.

Le bureau du Syndicat, dans sa réunion du 5 juin, a décidé, pour avantager les syndiqués des villages voisins, de conduire à domicile les marchandises qui sont en magasin. La voiture est déjà achetée, et, pour commencer, M. Engel a bien voulu se charger de la conduire.

Les marchandises seront livrées au même prix qu'à Chaumont C'est un nouveau sacrifice que le Syndicat s'impose : nous voulons espérer que les adhérents sauront le reconnaître et qu'ils feront bon accueil à notre voiture qui leur épargnera des démarches quelquefois un peu longues.

On a voulu nous provoquer sur ce terrain de la livraison à domicile ; on a cru nous battre facilement parce que nous ne nous déplacions pas. Eh bien ! il ne sera pas dit que le Syndicat, fort de l'appui de ses adhérents, reculera.

Nous faisons donc appel aux idées de discipline, aux sentiments de solidarité qui sont les conditions primordiales de toute association. Ne l'oubliez pas : toute la force d'une association réside dans le concours que lui fournissent ses adhérents. Par lui-même, le Syndicat n'est rien ; grâce à vous, il peut être tout ; c'est un faisceau dont la force de résistance est en raison directe du nombre et de la solidité des éléments qui le composent.

C'est donc une erreur de dire à un Syndicat : « Ayez les meilleurs prix et nous irons à vous. » Le Syndicat vous répondra : « Soyez avec nous, et nos prix seront les plus bas. » Oui, faites réussir cette nouvelle entreprise et vous verrez que nos prix baisseront à mesure que notre chiffre d'affaires augmentera.

Notre intention serait que notre voiture visitât chaque village toutes les quinzaines à jour fixe.

Bulletin de juin 1901.

Cette nouvelle organisation réussit à merveille, comme le constate le *Bulletin* de juillet :

Notre livreur à domicile aura dans quelques jours fait une première distribution dans les principaux villages qu'il doit parcourir. Ces quelques tournées d'essai prou-

vent que ce nouveau service est assuré d'un succès complet : chaque fois la voiture a été mise à sec, avant d'être
arrivée à la moitié de la course tracée. Il a fallu revenir
aux provisions. Instruits par l'expérience, nous prendrons les mesures nécessaires.

Qu'on veuille bien mettre de la bonne volonté pour
que notre livreur soit le moins de temps possible dans
chaque village. Qu'on ne le laisse pas courir à toutes les
portes ; qu'on vienne à sa voiture ; du reste il aura une
trompe, peut-être pas très harmonieuse ; l'essentiel c'est
que les ménagères en retiennent le son. — Le temps est
de l'argent, surtout quand on a 4 ou 5 villages à visiter
par jour.

La patente.

Une heureuse nouvelle qui va mettre du baume sur
les plaies de ces pauvres commerçants : *Le Syndicat
vient d'être imposé à la patente.* Eh oui ! les efforts de
sept longues années de jérémiades, de démarches
dans tous les ministères viennent d'aboutir. Embrassez-
vous, marchands de scories et marchands de laines,
marchands de vaches et marchands de savon ! Evidemment le Syndicat ne se relèvera pas de celle-ci. Quand
il aura passé chez le percepteur pour verser ses
91 fr. 55 de patente, ce sera un homme mort. Comment lutter maintenant avec les prix du commerce ?
Ainsi l'an prochain nous allons vendre au minimum
2,000 hectolitres de vin. Notre patente de 91 francs va
nous contraindre à majorer nos prix de 4 centimes et
demi par hectolitre. Vous comprenez bien que cette
majoration nous mettra dans une infériorité notoire
vis-à-vis des marchands de vin qui se contentent d'une

majoration de 10 francs par hectolitre. Ah ! comme
Bismarck, dans le parc de Versailles, ils peuvent
siffler l'hallali du Syndicat râlant !

Il en est cependant qui prétendent que le commerce
devrait avoir le triomphe modeste. Et de fait, puisque
maintenant nous payons patente pour embêter le
commerce, nous remplirons notre devoir en conscience. Comme rien désormais ne nous empêchera de
vendre aux non-syndiqués, ce sera avec un double
plaisir que nous fournirons les meilleurs clients de ceux
qui nous veulent tant de bien ; au plaisir de rendre service à d'honnêtes cultivateurs se joindra le plaisir de
faire dire à nos persécuteurs : Allons, nous avons
encore fait une boulette !

Bulletin de septembre 1901.

Au Vignoble.

Venez donc admirer nos vignes ! nous écrivait-on.
Il y a là une récolte qu'on ne voit qu'une fois dans sa
vie. — Ma foi ! nous nous sommes laissé tenter par le
spectacle. D'autant plus qu'on mettait à notre disposition une automobile dernier cri, qui mange la route
avec autant de vitesse que de sécurité et de grâce.

Et puis, il faut tout dire, depuis longtemps nous
trottait dans la tête une idée que nous brûlions de
mettre à exécution : relier notre Syndicat consommateur aux Syndicats producteurs. Je ne sais si je
m'abuse, mais il me semble que notre automobile

aura opéré cette réunion avec toute la célérité qui la
caractérise.

Un beau matin, nous filions donc, brûlant les étapes
même en pays vignoble : Apremont, Gironville indignes
de notre colère et de nos palais, Jouy où nous saluons
de loin nos bons amis du Syndicat. Nous ne nous arrê-
tons pas à Lagney, bien qu'en plein Toulois. Les
feuilles de vigne sont en effet grillées par la gelée de
l'autre jour. Encore un virage, et nous voici à Bruley,
le coq du Toulois.

Rien d'engageant comme l'aspect de ce village qui
se détache à mi-côte avec sa blanche église neuve,
avec les dentelures de sa chapelle du Rosaire, avec les
rochers imposants de sa grotte de Lourdes.

A voir cette couronne de vignes qui l'entoure et qui
monte en pente douce jusqu'au sommet de ce coteau
exposé aux rayons du soleil depuis quatre heures du
matin jusqu'à quatre heures du soir, on se dit tout de
suite : Nous voici au pays du bon vin ! — Du bon vin
et des bonnes gens. Car nous sommes reçus à bras
ouverts par les administrateurs du Syndicat viticole
qui nous font parcourir les vignes et déguster les vins.
Si des doutes avaient pu nous rester sur les mérites
de Bruley, quelques échantillons d'un vin gris que je
vous recommande se seraient chargés de les dissiper.

Naturellement on parle affaires. Comme la vendange
n'est pas encore commencée, on ne se rend compte
qu'à moitié de l'importance de la récolte. On parle de
20 à 25 francs l'hectolitre. Il a fallu en rabattre de
beaucoup et aujourd'hui c'est presque une pièce de
vin que l'on donne pour le même prix. Mais nous

n'étions pas là pour acheter, nous étions là surtout pour étudier les sécurités de livraison que le Syndicat nous garantit, le prix de revient du transport, les avantages qu'on nous ferait si nous ouvrions ici un dépôt de vin de Bruley.

Nous nous sommes facilement entendus et nous avons obtenu des conditions uniques. On s'en rendra compte quand, d'ici quelques jours, nous aurons reçu notre premier wagon de Bruley.

La semaine dernière, nous avons voulu visiter également les Côtes de la Meuse et le vignoble princier de Thiaucourt. Grâce à notre chauffeur et à son complaisant *teuf-teuf* nous avons pu accomplir ce tour de force en une seule journée. Nous étions attendus à Thiaucourt par un homme qui a conçu le généreux projet de réhabiliter le renom de son pays quelque peu compromis par l'incurie de certains vignerons, par la fraude de quelques autres et par le sans-gêne inouï du commerce qui vend comme vin de Thiaucourt un vin qui s'est contenté de passer à la gare... et encore !

Sur le coup de 11 heures nous nous abattons à quatre dans la salle à manger de M. Camus, président du Syndicat viticole, et je vous prie de croire qu'une course en auto est un fameux apéritif et que le vent avalé dispose d'une façon supérieure à déguster les bons crus. Nous ne nous en faisons pas faute, mais nous sommes interrompus à chaque instant par des coups de sonnette. Ce sont des acheteurs de vendange qui viennent demander à M. le Président quelles sont les meilleures vignes. Nous remarquons en particulier le Directeur du grand hôtel de Metz la *Germania,* rendez-vous des officiers de la garnison, qui vient charger les 6,000 kilos de vendange qu'il a achetés à 28 francs les 100 kilos. Les Allemands trouvent le Thiaucourt à leur goût et c'était ce jour-là, sur la frontière, comme une nouvelle invasion — *en bellons*. On exige d'eux un prix un peu salé. Je m'en réjouis, car c'est toujours autant de rabattu sur la rançon des 5 milliards ; je m'en contriste en même temps, car la concurrence des Allemands est cause qu'on nous tient la dragée haute. Nous recevrons bientôt des échantillons de Thiaucourt avec prix, et une chose qui ramènera un peu l'équilibre avec le prix des autres vins de Lorraine, c'est la facilité des transports.

Après une promenade dans les vignes, nous mettons le cap sur Vigneulles, Hattonville, Thillot, Saint-Maurice, Hannonville. Là aussi on est en pleine vendange, là aussi depuis quarante ans on n'a pas vu autant de raisins. Malgré la quantité, le vin sera bon et le moût pèse 10° 1/2 à 11. Mais les vignerons sont surexcités : il y a des Juifs qui, pour avilir les prix, parcourent le vignoble en répandant de fausses nouvelles. A Hannonville, en particulier, nous rencontrons, à la tombée de la nuit, de pauvres vignerons qui s'en reviennent traînant leurs *bellons* sur leurs petites charrettes d'un air découragé, alors qu'en présence d'une telle récolte le cœur devrait être tout à la joie. C'est qu'on colporte un cours fantastique de bon marché, c'est qu'on prévoit le jour prochain où il n'y aura plus de futailles.

Dans une telle détresse, il me semble que nous sommes bons à quelque chose et que nous pouvons bien aider ces gens-là à boire leur vin. Aussi nous nous sommes entendus avec les Syndicats de Hattonville et Hattonchâtel et nous allons canaliser vers Chaumont le trop plein de leurs pressoirs. Ils nous enverront leurs vins au meilleur marché possible, ils payeront le transport et donneront au Syndicat une petite rétribution pour ses peines. Puisque nous n'avons pas encore de chemin de fer, nous aurons des voitures qui feront la navette de Chaumont aux Côtes. Et voilà comment Chaumont va devenir un vignoble important qui rapprochera les Côtes de 50 kilomètres du consommateur assuré de trouver chez nous du vin à meilleur compte que dans le pays de production.

Bulletin d'octobre 1904.

Les relations si rapidement nouées avec les Syndicats viticoles d'Hattonville, Thiaucourt, Bruley, tiennent toujours et ont été suivies d'un remarquable courant d'affaires. Aujourd'hui (Juin 1905) rien qu'à Bruley nous avons acheté plus de 600 hectolitres. Il n'y a qu'une chose à regretter : c'est que les vignerons du pays ne peuvent pas lutter sur les prix avec la concurrence du Midi. C'est ce qui fait que depuis la dernière récolte nous avons déjà écoulé plus de 3,500 hectolitres de vin du Midi. Puissent nos braves viticulteurs comprendre enfin que la situation exige des sacrifices et ne pas arriver à la nouvelle récolte qui s'annonce très bien avec un stock formidable de vins vieux. Ce serait la débâcle !

Les achats directs du blé par l'Administration de la Guerre.

Depuis plusieurs années on sait que nous nous sommes occupés de cette grosse question de la vente des blés. Nous nous sommes adressés au gros commerce, nous avons fait donner des conférences pour l'établissement d'un magasin à blé; nous avons fait une pétition près des pouvoirs publics pour demander l'achat direct par l'administration.

Nous n'aurions jamais osé espérer, lorsqu'en 1902 tous les Syndicats agricoles demandèrent la réforme des adjudications militaires, que, moins de deux ans après, les cultivateurs verraient les officiers d'administration venir en tenue fréquenter les marchés et y opérer sans formalités, dans les mêmes conditions que les commerçants, les achats de grains nécessaires à l'administration de la Guerre.

La Direction de l'Intendance a rédigé une circulaire, en date du 15 juin 1904, insérée au *Bulletin officiel* du ministère de la Guerre du 27 juin 1904, relative à l'expérimentation d'un système d'achats de grains et fourrages par l'administration de la Guerre.

Dans notre région, les achats directs auront lieu pour le blé à Verdun et à Toul. Pour l'avoine, le foin et la paille à Toul.

Notre *Bulletin* donnait ensuite les renseignements techniques du ministère de la Guerre sur la manière de procéder de l'Administration et annonçait que notre bureau s'était mis en rapport avec l'officier acheteur de Verdun, qui s'était engagé à venir tous les quinze jours à Chaumont recevoir les offres de la culture.

Bulletin de novembre 1904.

Cette vente en commun du blé répondait si bien au désir de tous, que nous pouvions écrire ce qui suit dans le *Bulletin* de décembre :

La vente du blé à l'Administration militaire, inaugurée il y a un mois par notre Syndicat, réussit mieux qu'on ne pouvait l'espérer en cette année déficitaire où plus on bat, plus on constate la pauvreté du rendement.

Dans les deux séances du 16 et du 30 novembre, le capitaine a acheté 550 quintaux de blé. Tout porte à croire que la prochaine séance, qui doit avoir lieu demain mercredi 14, verra des transactions aussi nombreuses, car pas mal de cultivateurs se sont annoncés.

Le prix payé aux deux premières réunions a été 23 fr. 20. Il est certain que demain le capitaine aura l'ordre d'acheter à un prix plus élevé puisque les cours sont en hausse. Il est facile de saisir sur le vif la répercussion que le petit marché de Chaumont a déjà eue sur les cours. La veille du jour où le capitaine vint, on achetait encore à 22 fr. 50 ; le lendemain on mettait déjà 22 fr. 75 pour en arriver huit jours après à 23 francs. Et voici qu'aujourd'hui, la veille de la réunion, on parle de 23 fr. 25. Soyez assurés que demain on poussera jusque 23 fr. 50. Et cependant, si vous consultez la mercuriale de Paris, vous verrez qu'il n'y a pas eu là une hausse proportionnelle.

Donc la crainte... de la concurrence est le commencement de la sagesse pour nos commerçants.

Et c'est pourquoi il est de l'intérêt de tous que des offres suffisantes soient faites tous les quinze jours à l'Administration. Assurément, nous ne demandons pas et nous ne désirons pas que tous les blés des syndiqués se dirigent sur la place de Verdun qui, du reste, doit acheter à plusieurs marchés et dont les besoins sont limités. Ce que nous voudrions, c'est que l'on tienne sans cesse le commerce en haleine. Du reste ceux qui travailleraient ainsi dans l'intérêt général auraient aussi le plaisir de faire leurs propres affaires, puisque — si nous en jugeons par les deux dernières séances — ils auraient par quintal un bénéfice de 0 fr. 70 à 0 fr. 50. Par le temps qui court, c'est bon à palper.

Et puis, ne vous semble-t-il pas que vous, qui avez sué
toute l'année pour faire pousser ces maigres épis de blé,
vous avez bien le droit d'en toucher le prix intégral, sans
laisser la forte commission entre les mains du commerce qui n'a d'autre mal que de vous débiter de belles
phrases ? Certes, c'est le propre d'un cœur sensible de
s'apitoyer sur le sort de ces pauvres commerçants qui
font appel aux bons sentiments et qui ont été toujours si
gentils et si généreux. Mais je crois qu'il est plus raisonnable de s'apitoyer sur le sort de la culture et d'essayer de lui porter secours.

Ne prêtez donc pas l'oreille aux bruits plus ou moins
intéressés que l'on fera circuler. Rendez-vous compte de
la manière d'opérer du capitaine, manière qui est des
plus simples. On achète sur l'échantillon que vous pré-
sentez. Jamais on ne refusera le blé conforme à l'échantillon : aucun poids spécifique n'est exigé ; on demande
seulement une qualité loyale et marchande, telle que la
moyenne de l'année. Le prix donné s'entend pour le blé
rendu sur la gare qui vous convient. C'est l'Administration qui se charge du port jusque Verdun.

Si on n'a pas pour un wagon complet (30 quintaux), on
s'entend avec quelques amis pour compléter le chargement. On fait l'expédition à cette adresse : *Service des
titres de Verdun*, au tarif *le plus réduit*, en port dû. On
profite de ce que l'on est venu apporter son échantillon et
conclure le marché pour reconduire les toiles dont nous
avons un stock.

Quand le capitaine revient la quinzaine suivante, il paie
les blés qui sont arrivés à Verdun. Si vous n'êtes pas là,
nous gardons cet argent ou nous nous chargeons de vous
le faire parvenir d'une façon ou d'une autre. Et c'est tout.

Nos cultivateurs ont été tellement satisfaits de cette
nouvelle organisation qu'ils n'ont pas manqué de se
présenter chaque quinzaine, et qu'au 15 mai ils en
avaient vendu 4,500 quintaux.

Modifications à la Caisse de Retraites.
Une dot pour se marier.

L'autre jour, un père de famille est venu nous trouver et nous a tenu ce langage : C'est très bien de préparer une retraite à ses enfants. Malheureusement on ne sera pas là pour jouir du bonheur qu'on aura fait. Il est, par exemple, un bonheur qui n'est refusé presque à personne : c'est celui d'établir ses enfants. Bien établir, bien marier ses enfants, voilà la grande préoccupation d'un père. Du jour de leur naissance il rêve au moyen de leur ramasser une petite dot. Il y a bien des Compagnies qui se sont établies pour répondre à ces désirs des parents. Mais dans toutes il y a des tas d'employés et d'actionnaires à rémunérer.

Ne serait-il pas possible que votre Société, qui s'intitule *Société de secours mutuels* et qui par conséquent doit secourir ses adhérents, fît entrer dans ses attributions la constitution d'une dot aux jeunes gens? Voyons, Monsieur le Curé, vous vous plaignez de ne point faire de mariages. Croyez-vous que si vous apportiez deux ou trois mille francs dans la corbeille de noces, les aspirants feraient une grève aussi persistante?

J'étais pris par mon côté faible. Aussi je me mis à relire la loi de 1898, la charte des Sociétés de Secours mutuels. Dès l'art. 1er, je vis que ces Sociétés pouvaient se proposer comme but la constitution d'un capital. Je vis également que toutes les faveurs, toutes les sub-

ventions de l'Etat étaient acquises à la constitution de
ce capital tant qu'il ne dépasserait pas 3,000 francs.
Je consultai des projets de Statuts élaborés par le
Ministère de l'Intérieur lui-même dans lesquels on
prévoyait des Dotations de la jeunesse. Je découvris
même que des Caisses de Retraites — pas loin de nous,
en Meurthe-et-Moselle — ramassaient petit à petit des
dots à leurs jeunes adhérents.

Rien d'aussi simple. La Société verse à son fonds
commun à la Caisse des dépôts et consignations les
sommes qu'on lui confie pour la dotation et, de par
la loi, ces sommes rapportent un intérêt de 4 1/2 0/0.
Comme les intérêts s'ajoutent chaque année aux intérêts, cela fait rapidement la boule de neige. Ainsi
vous verseriez 100 francs à la naissance d'un enfant,
au bout de 25 ans vous toucheriez 300 francs. On
verserait chaque année 20 francs sur la tête d'un
enfant et le capital que cet enfant toucherait à 25 ans
serait de 930 francs. Si l'enfant vient à mourir, ses
héritiers touchent intégralement non seulement le
capital versé mais tous les intérêts acquis. Pour qu'une
jeune fille à 25 ans ait une dot de 2,000 francs, il suffirait de verser chaque année la somme de 43 francs.

Je prends comme exemple l'âge de 25 ans parce que
c'est l'âge choisi par les Sociétés dont je parle, à
moins que le sociétaire ne se marie auparavant, auquel
cas on lui règle son dû à son mariage. Il suffit de
comparer ces chiffres avec ceux qu'on obtiendrait à la
Caisse d'épargne, qui ne donne qu'un intérêt de 3 0/0,
pour voir de suite qu'il y aurait un avantage de
cinquante pour cent.

Les adhérents de la Caisse de Retraites recevront sous peu une convocation à une Assemblée Générale pour discuter les modifications dont il vient d'être parlé ci-dessus. Les Statuts modifiés seront envoyés au Ministère et nous espérons bien que notre Caisse entrera dans une nouvelle phase de progrès et de popularité.

Puissions-nous tous comprendre les effets magiques de la capitalisation ! Rien qu'avec nos livrets de retraites établis jusqu'ici nous pourrions vous montrer un père de famille de Chaumont qui n'a pas encore versé 100 francs et qui a acquis à ses enfants plus de 200 francs de rente et cela à capital réservé ; à capital aliéné, ce serait le double. Rappelez-vous le chiffre que j'ai déjà cité : 4 francs par an versés pendant 15 ans au début de la vie, soit jusqu'à 18 ans, formant en versements 60 francs en tout, sans que le prélèvement ait besoin d'être continué, donnent à 65 ans 241 francs de rente.

La Fête Syndicale.

Une réunion générale de Syndicat qui compte trois cents assistants, une bénédiction de drapeau, un banquet, des discours, des conférences, un mouvement d'idées, voilà certes un évènement pour la commune de Chaumont-sur-Aire et les régions adjacentes.

Il y a quelque sept ans, une généreuse et hardie initiative jetait à Chaumont sur-Aire les bases d'un syndicat agricole. On n'aurait pu soupçonner alors que cet arbre timide prendrait un si rapide et si prodigieux accroissement : de dix, le nombre des syndiqués s'est élevé au chiffre respectable de 700. Quelle a été la cause ou l'inspiration de ce mouvement ? M. le Curé de Chaumont pourrait sans doute en donner l'explication complète : la dévoiler serait nuire au désintéressement de l'entreprise.

Toujours est-il que, le jeudi 2 mars, 300 syndiqués s'étaient donné rendez-vous à Chaumont en une union fraternelle pour former leur assemblée annuelle, étudier ensemble les résultats du passé et supputer les méthodes et les chances de l'avenir.

Mgr Dubois avait accepté de présider cette fête, car c'en fut une véritablement. S'arracher à ses occupations pour apporter aux travailleurs de la terre une parole de sympathie et d'encouragement, c'était une nouvelle marque de la sollicitude très connue de l'évêque de Verdun pour les humbles et les ouvriers

Aussi bien il fallait un évêque pour bénir le drapeau qui allait être remis au Syndicat. Jusqu'alors, ce signe de ralliement manquait. Désormais il pourra flotter fièrement à toutes les fêtes publiques du Syndicat, et il montrera intimement unies dans ses plis, les trois couleurs, symbole de la patrie, la gerbe de blé, symbole de l'agriculture et cette union sera résumée dans sa devise aux lettres d'or : *Le sol, c'est la patrie.*

A 10 heures 1/2, les syndiqués se réunissent à l'église pour assister à leur messe annuelle et recommander leurs travaux au Maître de toutes les moissons. L'église, parfaitement décorée par des mains dévouées, présentait un spectacle grandiose. Autour de Mgr l'Evêque on remarquait Mgr Colson, curé de Crancey au diocèse de Troyes, M. le doyen de Souilly, dix prêtres venus des environs, même de la Champagne, pour témoigner de leur sympathie à l'œuvre du Syndicat et au besoin y prendre une bonne leçon. Dans la nef, une foule nombreuse qui remplit les bancs et les allées, des hommes

en masse, et l'excellente fanfare de Pierrefitte qui, à plusieurs reprises, a fait entendre des morceaux artistiques
et religieux.

Après la messe, Mgr Dubois prononce une allocution
de circonstance où il rappelle justement que les syndicats d'aujourd'hui ne sont que la résurrection des
anciennes corporations, rouage spécial tombé en défa-
veur pendant un siècle, mais dont on sent à nouveau
toute l'activité. Là, comme en tout, l'Eglise prête son
concours et encourage : car c'est son œuvre de faire le
bien aux corps aussi bi n qu'aux âmes. Monseigneur
exprime en termes délicats le regret de n'avoir pu faire
entendre l'orateur annoncé; l'automobile qui les portait
tous deux a été victime d'une de ces surprises dont les
meilleurs chauffeurs ne sont pas responsables ; elle est
restée au milieu de sa voie ; l orateur seul en a été victime, car son discours n'est pas arrivé à temps.

Après cette allocution, Monseigneur bénit le drapeau
que l'assistance salue avec émotion et respect.

Il est midi ; on se presse dans la salle du banquet, où
300 convives peuve t trouver place. On est bien un peu
serré ; le service a quelques difficultés ; mais après tout,
ce n'est pas un festin : c'est un repas fraternel où l'on
sent le besoin de se serrer les coudes, et l'on ne s'en
prive pas. A côté de Monseigneur, non pas à la table
d'honneur, car il n'y en a pas — le protocole étant banni
pour toute la journée — on remarque M. de Boham, président du Syndicat de Champagne, M. Gabriel, président
du Syndicat de Chaumont, M. Billiet, délégué de la
Société des Agriculteurs de France, M. Henry, président
du Syndicat de Charny, M. Schmidt, conseiller d'arrondissement, M. Lœvenbruck, de la ferme de Dicourt.

On arrive bientôt aux toasts, car on a résolu de ne
point perdre de temps à table. M. de Boham prend le
premier la parole. Il remercie au nom de tous les syndiqués Mgr l'Evêque et tous les ecclésiastiques présents

de leur concours à cette fête. Ils réalisent en cela le programme que le pape Pie X recommandait naguère au regretté cardinal de Reims ; ils répondent bien aussi à l'idée que l'Église a toujours poursuivie ; car, s'il est vrai, selon la doctrine de saint Thomas, que pour pratiquer certaines vertus il faut posséder quelques biens, les ministres de l'Église ont pour devoir de prendre à cœur les intérêts matériels des fidèles. L'orateur adresse un juste remerciement à M. le Curé de Chaumont, inspirateur et organisateur du mouvement syndical dont on a sous les yeux une réalisation si surprenante.

Après lui, M. le Maire de Charmontois-le Roi, venu avec vingt de ses compatriotes, encourage chaleureusement tous les syndiqués présents à demeurer fermes dans leur groupement.

Mgr Colson, en sa qualité de fondateur d'un syndicat en Champagne et de défenseur de la patrie en 1870, jette une note pleine d'éloquence et d'à-propos et montre ce que l'on doit attendre de ce merveilleux Syndicat que composent la patrie, l'armée, l'agriculture, la religion. Mgr l'Évêque résume tous les sentiments exprimés et se fait vigoureusement applaudir.

Le banquet est immédiatement suivi de la réunion générale du Syndicat. Le trésorier rend compte des opérations de l'année qui se chiffrent à plusieurs centaines de mille francs et qui accusent une augmentation de 32,000 francs sur l'exercice précédent On entend une magistrale conférence de M. Billiet. Dans un style plein de vérité et de chaleur, le conférencier soutient cette thèse très juste : Qu'a été jusqu'alors l'agriculteur dans le rouage administratif du pays ? Rien. — Pourquoi ? Parce qu'il a voulu vivre et agir isolé, se reposant sur ses vieilles méthodes, et s'y complaisant, soit par défiance de nouveautés, soit par égoïsme. — Que peut-il être ? Tout, s'il le veut : il est déjà le nombre, il sera la force le jour où il saura partout se syndiquer comme on l'a fait à

Chaumont ; mais tout le temps qu'il n'aura pas cette force de coopération, on le comptera pour rien, parce qu'il représente la classe des gens paisibles, laborieux et honnêtes. Cette magnifique conférence a produit une profonde impression sur les auditeurs. On ne pouvait mieux convaincre de l'utilité et de la nécessité de l'esprit fraternel qui doit être la devise de tout syndicat.

Après lui, MM. Schmidt et Lœvenbruck ont parlé d'un avantage pratique qui peut résulter d'un syndicat : l'organisation d'une *Caisse de crédit agricole*. Ils en ont très nettement et très judicieusement expliqué la formation et le fonctionnement. Mgr l'Evêque, sur la demande de M. de Boham, a terminé cette très intéressante réunion en appelant les bénédictions de Dieu sur l'œuvre des syndiqués : personnes, familles, biens. Ses paroles ont été couvertes par un applaudissement unanime, où l'on a acclamé tous les dévoués à la cause syndicale de l'agriculture, en remontant jusqu'au Souverain Pontife Pie X.

La journée s'est terminée par le tirage de la tombola dont le produit est destiné à l'entretien de la pharmacie syndicale.

Longtemps encore les témoins de cette fête en reparleront ; les idées semées l'ont été trop profondément et trop bien pour ne point produire des fruits abondants.   J. D.

Sections Syndicales.

La semence jetée par M. de Boham à notre fête n'aura pas été longtemps à germer : il avait préconisé la création de sections syndicales rendues à peu près indispensables par le développement de notre œuvre, et voici que déjà deux sections viennent de surgir pleines de vie : l'une à Charmontois et l'autre à Julvécourt, Y compris les adhérents qui faisaient partie de notre syndicat, la section de Charmontois commence avec 50 membres ; celle de Julvécourt avec 64. C'est d'un bon augure.

Le 23 mars, nous nous rendions donc à Charmontois. A la bonne heure ! voilà un pays où l'on fait bien les choses. Les deux Charmontois n'en font plus qu'un ce jour là, de même que le maire, le curé, l'instituteur. On nous parle toujours de l'unité morale du pays qu'il s'agit de réaliser. Eh bien ! mais la voilà ! C'est le Syndicat qui la réalise. Le soir, 80 hommes se réunissaient à la salle de la Mairie pour entendre le récit des merveilles opérées à Chaumont et pour discuter les statuts de la nouvelle association.

Encore une fois, on fait bien les choses à Charmontois. Séance tenante, on réunit une commande de 12 demi-muids de Corbières, qui reviendront avec un congé au nom de chaque preneur, directement à la gare la plus proche, c'est à dire Givry. Le vin est déjà revenu et les gens de Charmontois en sont si contents qu'ils nous ont passé la commande d'un second wagon avec la mention : *très pressé*. Il est entendu que pour les petites bourses, les petits manœuvres ou les petits buveurs, on viendra remplir les feuillettes, les barils et les bonbonnes au dépôt de Chaumont On fera un voyage spécial toutes les fois qu'on aura réuni une douzaine d'hectolitres.

Sans plus tarder on se pourvut d'une maison syndicale et l'on vint chercher a Chaumont pour 1,000 francs d'épicerie afin de commencer tout de suite. Et aujourd'hui on fait la distribution deux fois par semaine, le mercredi et le samedi, de 8 heures du matin à midi.

Mais, direz-vous, il faut des fonds pour faire dans la matière syndicale un exorde aussi *ex abrupto*. Eh bien, a Charmontois on a des fonds, grâce a la générosité des membres du bureau qui ont avancé 1,800 francs gratuitement pendant un an. Et voila comme a Charmontois, profitant de l'organisation de Chaumont, des marchés importants conclus par Chaumont, de la licence payée

par Chaumont, on va avoir toutes les marchandises au
même prix qu'ici. C'est parfait.

C'était bien à Charmontois. Ce fut encore mieux, si
possible, à Julvécourt. Nous nous y rendions le dimanche
26 mars à 8 heures du soir et, dans ce petit village de
200 habitants, nous avions l'agréable surprise de trouver
réunis à la salle de la mairie 150 hommes venus de tout
le voisinage. On a beau dire, l'idée syndicale est lancée ;
on ne l'arrêtera plus, elle intéresse tout le monde et, aujour-
d'hui, pour faire salle comble, il suffit qu'on annonce le
projet de fonder un Syndicat. Dans cet empressement de
la foule il y avait peut-être aussi le désir de voir ce
terrible curé qu'on a juré de faire sauter à la dynamite ;
peut être également l'espoir d'assister à la petite comédie
qu'avait promise un illustre marchand de vin Hélas !
cet espoir a été déçu notre homme a craint d'être *sorti*
un peu brusquement par les gars de Julvécourt. C'est
égal, j'aurais été curieux de voir ce qu'il aurait répondu
à ces paysans qui veulent s'entendre pour faire revenir
du vin et qui jugent qu'il n'est pas nécessaire de le faire
passer par ses caves.

Quoi qu'il en soit, la réunion de Julvécourt a été des
plus animées et le conférencier ne s'est pas plaint du
tout des intermèdes plutôt gais dus à un fervent de la
bouteille. Le Syndicat fut organisé sur-le-champ, le
bureau nommé et les cotisations versées.

A l'exemple de Charmontois, on vint dans la semaine
chercher à Chaumont pour 1,000 francs d'épicerie ;
comme a Charmontois, le bureau se cotisa pour avancer
les fonds nécessaires. Le magasin est ouvert tous les
jours pour les gens du village et deux fois par semaine
pour les villages voisins. La section de Julvécourt a déja
commandé plusieurs wagons de plâtre ; on est déja venu
remplir les feuillettes au vignoble de Chaumont et on
n'attend plus que quelques demi muids pour faire revenir directement à la gare la plus proche un wagon
complet.

Et c'est ainsi que le Syndicat de Chaumont a deux bons gros enfants qui ne demandent qu'à vivre. Et comme voici venir le moment des essaims, il est probable que nous allons encore essaimer quelque part.

A. M.

Bulletin d'avril 1905.

Evidemment, ces coupures forcément écourtées d'un petit journal qui s'adresse à des gens du pays bien renseignés, ne peuvent donner à des profanes une idée complète de notre vie syndicale. Que de détails omis parce que fastidieux pour le public, qui cependant seraient expressifs! telle la liste mensuelle des nouveaux syndiqués qui se clôt actuellement avec le chiffre de 900. Que d'auxiliaires se lèvent d'un peu partout, soit pour collaborer au *Bulletin*, soit pour diriger les sections, soit pour passer leurs journées au service des adhérents! Il en est venu même du fond de la Lozère, attirés par la beauté de notre œuvre et voulant consacrer au peuple les loisirs que leur faisait M. Combes. Ce sont là des dévouements dont on jouit mais qu'il serait peut-être indiscret de raconter.

Le lecteur qui m'aura suivi jusqu'ici aura pu être choqué par tel ou tel détail, par l'attitude de notre syndicat à l'égard des intermédiaires, par la transformation économique rêvée dans la région. J'avoue qu'il est bien plus facile d'étudier les questions sociales en théorie que de les appliquer en pratique. Cependant ce n'est que sur le terrain de l'expérience qu'on pourra juger de la valeur de telle ou telle théorie.

Je ne prétends nullement à l'infaillibilité. Je ne suis qu'un pauvre ouvrier qui donne mon temps et mes sueurs à une cause qui m'a ravi, heureux si mes humbles essais peuvent aider à la solution de problèmes bien complexes.

Abbé BOILEAU

L'ACTION POPULAIRE CHRÉTIENNE
AU MONT-NOTRE-DAME

AVANT-PROPOS

Un archevêque d'Aix qui joua un grand rôle à l'Assemblée Constituante, et unissait en sa personne, avec les talents de l'homme d'état les mérites de l'évêque, Mgr de Boisgelin, terminait un de ses plus célèbres discours par cette parole profonde : « La Religion sera le premier intérêt du peuple, quand l'intérêt du peuple sera la loi des ministres de la Religion. »

Ne serait-ce pas, en effet, parce que nous avons trop délaissé les intérêts du peuple, que le peuple, auquel par tous les moyens on apprend à se passer de nous, a commencé à son tour à nous délaisser et à nous considérer presque comme des êtres inutiles. Les gens de nos campagnes se sont habitués à ne se servir de nous que pour baptiser leurs enfants, les préparer à la première communion, assister à leurs mariages et enterrer leurs morts. Ils ne nous ont laissé qu'une part toute petite dans la vie sociale, selon la dévotion de M. le Maire ou de M. l'Instituteur. Ils nous ont relégués dans un coin comme on fait d'un vieux meuble encombrant. Prévenus contre nous, ils nous évitent sans nous connaître.

Et cependant nous sommes curés, non pas pour enterrer les morts, mais pour faire vivre les vivants, *ut vitam habeant et abundantius habeant.*

Après les longues études du séminaire et les débuts du ministère paroissial, si nous ne pouvons tous être doués de qualités administratives de premier ordre, et au courant de tous les grands problèmes sociaux qui agitent nos populations, du moins, au lieu de marcher à l'arrière-garde et d'assister à l'effondrement général, à l'enterrement de la Religion, pour nous servir de l'expression d'un doyen, ne devrions-nous pas nous trouver à la tête de toutes les initiatives généreuses, bienfaisantes, humanitaires, comme on dit aujourd'hui ?

Artisans des vertus sociales, c'est tout l'homme que nous devons atteindre et faire vivre, non pas l'homme tel que l'a rapetissé et divisé la Révolution, mais l'homme en son corps et en son âme, l'homme en sa vie de famille et sa vie sociale.

Je voudrais donc, en ces quelques pages écrites au fil de la pensée et de la plume, rendre confiance à mes jeunes confrères devenus presque solitaires et reclus en leur humble presbytère de campagne. Modeste glaneur sur un petit coin du champ du Père de famille, à la limite du Soissonnais, du Tardenois et de la Champagne, en un pays où, comme le disait Le Play, la famille est le plus désorganisée, et où règne chez les adultes, au point de vue religieux, une indifférence parfaite, je voudrais encourager ceux que la situation présente inquiète et leur montrer comment, s'ils ont *une idée*, ils peuvent cueillir encore quelques épis et former une gerbe pleine et opulente.

I

Le pays et ses habitants.

1. — *Le pays et son église.*

Représentez-vous une colline isolée, en forme de pain de sucre, ou, comme l'a dit M. Elie Fleury, du *Journal de Saint-Quentin*, « une taupinière feuillue « que domine une grande bâtisse farouche et déchi- « quetée (1), » c'est le Mont-Notre-Dame, un des plus caractéristiques paysages de l'ancienne France, à 25 kilomètres de Soissons et à 35 de Reims.

Ce village est fort ancien ; et, dans l'origine, il occupait le plateau au pied duquel il est assis aujourd'hui. Il était un des douze oppides ou villes fortifiées du Soissonnais dont parle Jules César (2).

Les rois de la première race y eurent leur palais qui depuis fut converti en forteresse. En 589, sous le règne de Childebert, l'archevêque de Reims, Ægidius, y tint un concile ; cinq fois au moins, ses successeurs, dont Adalbéron, qui sacra Hugues-Capet le 3 juillet 987, et

(1) *Journal de Saint-Quentin* du 25 juillet 1902.
(2) *De bello gallico.* Lib. II, 4.

le célèbre Gerbert, qui devint pape sous le nom de Sylvestre II, y convoquèrent leurs suffragants pour traiter ensemble des affaires spirituelles de la province.

L'église bâtie sur le haut du Mont fut mise en possession d'une partie des reliques de sainte Marie-Madeleine, apportées de Vézelay par Gérard de Roussillon, gendre de Hugues, comte de Soissons, et oncle, paraît-il, des chimériques quatre fils Aymon. « C'est belle iglise dévote et de bien plegne », lisons-nous dans le roman qui porte le nom de ce personnage.

Un chapitre de quatorze chanoines, le plus ancien du diocèse de Soissons, la desservait. L'évêque en était le prévôt-né, et y avait, attenant à la collégiale, son palais d'été.

La forteresse mérovingienne appartint, dans la suite, aux vicomtes du lieu, barons de Bazoches, qui du xvᵉ au xixᵉ siècle s'appelaient les comtes d'Aumale.

Les évêques de Soissons, les seigneurs et les habitants du Mont-Notre-Dame eurent à différentes époques à soutenir des luttes ardentes. Anglais, Royalistes, Bourguignons, Calvinistes, Espagnols, vinrent tour à tour troubler leur quiétude.

En 1568, les Calvinistes détruisirent le château de Jacques d'Aumale, brûlèrent ce qu'ils purent de l'église et saccagèrent le village qui s'étalait paisiblement au pied du Mont.

Cinquante ans après, en 1617, pendant que le comte d'Auvergne assiégeait Soissons, dont la garnison était aux ordres du duc de Mayenne, des bandes de pillards se répandirent dans les plaines voisines du Mont-Notre-

Dame. Les habitants étaient résolus cette fois à se défendre et faisaient à tour de rôle le guet en haut d'une des tours de l'église. L'un deux apporta quelques fagots pour faire cuire ses haricots. Il mit le feu à la charpente et la voûte s'écroula en partie. Vous croyez que c'est fini ? Ça commence.

En 1650, ce fut le tour des Espagnols. Les habitants s'étaient réfugiés dans les tours de l'église. Les Espagnols les sommèrent d'en sortir. Confiants dans la solidité de leur refuge, ils refusèrent : ils y furent enfumés ou écrasés, car les cruels ennemis allumèrent un énorme brasier qui calcina les pierres et amena la chute des clochers.

Les ouragans s'en mêlèrent aussi, mais la carcasse tint bon. Les chapiteaux s'envolèrent, les colonnettes rompues cessèrent de soutenir les beaux arcs d'ogive, les voûtes laissèrent passer le ciel, les tours s'abîmèrent, le chœur fut rasé. On retapa, boucha avec des briques, des planches, des tuiles et ce qui demeure est de toute beauté.

Cette église qui eut tous les malheurs n'a pas perdu sa fierté. Elle jette en l'air comme un bras décharné un de ses piliers ; sa façade, maintenant fruste, se dresse brutalement en pleine lumière ; des plates-formes couvertes de végétations et ceinturées de garde-fou la dominent : la flamme l'a noircie, le vent et la pluie l'ont effritée et lavée ; elle est seule, farouche et tragique.

A côté d'elle, sur la grande place verte, on voit quelques humbles maisons de paysans, une cave qui est un morceau admirable de la crypte de la primitive église du ixe siècle, quelques cheminées sortant du sol, qui appartiennent à des habitations en contre-bas, creusées dans le roc, enfin, face au grand portail de l'église, le nouveau château, et à l'autre extrémité du Mont-Haut, orienté au midi, et de tous les côtés aux vents exposé, le presbytère des anciens curés doyens du chapitre.

2. — *Les habitants. Hier et aujourd'hui.*

Le Mont-Notre-Dame compte actuellement 547 habitants. Avec les trois communes voisines de Lhuys, de Bruys et de Tannières, il ne forme qu'une paroisse, comptant 879 habitants, dont un seul curé est chargé. Avant la Révolution, chacune de ces communes avait son curé ; les curés du Mont-Notre-Dame et de Lhuys avaient pour les seconder chacun un vicaire.

Pour faire mieux connaître les habitants d'aujourd'hui, on me permettra de citer cette page qu'écrivait, en 1756, un curé du Mont-Notre-Dame, Jean de Pienne, homme d'initiative, et plein d'énergie dans la défense de ses droits et de ses privilèges, dans un mémoire très original laissé à ses successeurs :

Si mes paroissiens viennent à lire ces lignes, ils ne m'en voudront certainement pas, car ils savent fort bien que j'ai meilleure opinion d'eux.

« Le Mont-Notre-Dame, disait ce brave curé du « xviiie siècle, est composé de 68 feux et de 230 com- « muniants ou environ. Le peuple y est docile, simple « et sans malice, peu spirituel, pour ne pas dire un « peu stupide. On peut dire qu'il ne règne pas dans le

« gros des paroissiens des haines scandaleuses et des
« désordres de l'ivrognerie et de l'impureté, quoique
« dans le particulier ces vices ne s'y rencontrent que
« trop, et quoique la droiture caractérise le grand
« nombre, quelques-uns ne respectent pas tellement le
« bien du prochain qu'ils ne se l'appropriassent si
« l'occasion s'en présentait. On y remarque bien de
« l'indifférence pour ce qui concerne l'église ; qu'elle
« soit décorée ou négligée, que le service divin s'y
« fasse avec décence ou non, c'est une même chose
« pour la plupart. On fréquente les sacrements comme
« ailleurs aux fêtes solennelles, mais un grand nombre
« d'hommes, malgré les exhortations qu'on leur fait,
« ne s'y présentent guère depuis Pâques jusqu'au
« commencement du Carême suivant. Quelques-uns
« même négligent de satisfaire à leur devoir pascal.
« Les enfants sont assidus aux catéchismes, ils se
« donnent bien de la peine pour l'apprendre, et on
« peut dire qu'ils en sont bien instruits. Il n'en est pas
« de même du chant et des cérémonies de l'église ; les
« parents ne tiennent pas grand compte de les y
« former ; si on est parvenu avec peine à en instruire
« quelques-uns, dès qu'ils ont atteint l'âge de qua-
« torze ou quinze ans, ils s'éloignent du lutrin pour
« toute leur vie, sans qu'il soit possible de les y rap-
« peler. On assiste fréquemment à la messe les jours
« ordinaires de la semaine pendant l'hiver, très régu-
« lièrement dans le Carême, mais rarement en été, et
« en toute saison, les fêtes et les dimanches, souvent
« on assiste aux deux messes. Les danses publiques
« sont très rares. Si on pratique les veillées pendant

13

« l'hiver, elles se passent sans danger, les hommes ne
« s'y trouvent pas ; il y a peu de garçons et ils ne les
« fréquentent guère. On ne trouve point ici d'hommes
« inquiets et turbulents qui sèment la discorde et qui
« soulèvent par leurs cabales contre l'autorité des pas-
« teurs ; on n'y voit pas de ces gens qui font les doc-
« teurs, ni de ceux qu'on appelle *liseurs de bible,* qui
« donnent pour l'ordinaire tant d'embarras aux curés.
« En général les paroissiens ne sont pas riches, même
« il y a dans la paroisse un grand nombre de pauvres
« qui sont une grande charge pour le curé. Ils pour-
« raient trouver dans leurs maladies des grands secours
« aux Hôtels-Dieu de Soissons et de Château-Thierry,
« dans lesquels il y a des lits de fondation pour les
« pauvres malades du Mont-Notre-Dame, mais on ne
« peut les engager à profiter de ces avantages, ils
« aiment mieux languir chez eux, et être à charge à la
« paroisse que de se présenter aux Hôtels-Dieu. Le
« curé ne peut que très difficilement secourir les
« pauvres, s'il n'afferme les dîmes... »

Je relis cette page avec infiniment de plaisir. Le
tableau est complet. Et aujourd'hui je puis dire que,
à 150 ans de distance, il n'y a pas grand'chose de
changé, ou du moins que si les habitants ont gagné
d'un côté en devenant plus *spirituels,* pour employer
le mot du vieux curé-doyen, ils ont perdu de l'autre
en devenant plus indifférents.

La bonne presse établie solidement depuis vingt ans
par mon zélé prédécesseur, le regretté M. Mascret, a
fait du bien et conservé les idées saines à une bonne

partie de 'a population. Aux élections le pays se partage en deux camps nettement tranchés. Mais par la toute-puissance du bureau de bienfaisance, suffisamment riche pour être un moyen d'asservissement des consciences, on peut dire que la commune du Mont-Notre-Dame est rarement représentée telle qu'elle est en réalité.

A un jeune curé encore plein de cette ardeur surnaturelle que lui a communiquée l'onction sacerdotale et tout embaumé de la grâce divine, la bonne presse, comme moyen d'apostolat, ne peut suffire : elle ne sert qu'à préparer le terrain.

Quand on est petit vicaire, dans nos villes, on voit toujours du monde à l'église ; on est en contact avec un noyau de catholiques fervents ou bienveillants, d'enfants, de jeunes gens, qui souvent ont absorbé tout notre temps, et trop souvent aussi nous ont fait oublier la masse qui travaille et qui souffre et qui vit en dehors de toute idée religieuse, dans l'ignorance, l'indifférence ou l'hostilité. Mais à la campagne, ce no sont plus les illusions et les joies du vicariat. Avec deux, trois ou quatre communes à desservir, la vie n'est plus la même. On est souvent sur les chemins, et bientôt, sans s'en apercevoir, on devient curé de « par-c'lemin... » On sent sa responsabilité, sa charge d'âmes. Il y a encore une petite assistance aux offices du dimanche ; mais les hommes, où sont-ils ?...

Au bout de quelque temps que j'étais ici, il me semblai qu'il n'y avait pas d'hommes au pays. Quelques-uns, chrétiens des quatre saisons, venaient s'égarer à l'église les jours des grandes fêtes ou à quelques enterrements, et plus jamais je ne les revoyais, à moins d'aller les trouver dans les champs ou de les rencontrer lorsqu'ils en revenaient. Quant aux ouvriers qui travaillent dans les fermes du voisinage, rarement je pouvais converser utilement avec eux.

Ne compter à l'église qu'un petit noyau de femmes, de jeunes filles et d'enfants ; vivre loin de mes hommes et ne les voir qu'à distance, occupés toujours et sans relâche à leurs travaux des champs ; remarquer enfin, dans les quelques rares rapports que j'avais de ci de là avec eux, que la fraternité s'en va, et que la haine monte et avec elle la peur : ce n'était pas pour moi l'idéal. Mes hommes me paraissaient des abandonnés. Je puis leur appliquer, à part quelques heureuses exceptions, ce que René Bazin dit des hommes d'un village de la Beauce, dans ses *Mémoires d'une vieille fille* :

« Ils n'ont eu ni formation suffisante, ni direction.
« A l'école, des mots, des formules de morale pâles
« comme des conseils d'hygiène ; à la caserne, les
« mêmes formules délayées en conférences, et puis,
« en dessous, à la caserne même et dans la ville, des
« leçons de débauche, de désertion, de mépris des
« chefs ; à présent, toutes les rumeurs mauvaises du
« vent qui souffle : voilà ce qu'ils ont appris. C'est
« tout. Personne ne les détrompe, personne ne raf-
« fermit leur sens commun ébranlé. Ne sachant que
« l'alphabet, les quatre règles de l'arithmétique et ce
« qu'il faut d'histoire calomnieuse pour perdre toute
« fierté du passé de la France, ils doivent lutter,

« souls, contre la plus furieuse invasion de sophismes
« qui ait menacé la raison des illettrés, et même celle
« de quelques autres. C'est le plus cruel de la pau-
« vreté, cette faiblesse devant l'erreur (1)... »

En conscience, je ne pouvais supporter cette décon-
certante situation, et, après toutes ces réflexions et
quelques autres encore, souffrant de l'isolement dans
lequel je me trouvais, je me suis dit : Que faire ?...

II

Que faire ?

*1. — Comme quoi il est bon d'étudier sur place
l'histoire de son pays.*

Mon Evêque a ordonné à tous ses curés de faire de
l'histoire et de lui envoyer la monographie de leurs
paroisses. Les jours présents sont si tristes, l'avenir
est si menaçant qu'on aime à se réfugier dans le passé,
à y retrouver le mot de l'histoire de notre cher pays,
à y puiser, avec de hautes leçons, l'espérance de temps
meilleurs. C'est un de nos plus intéressants devoirs à
nous, qui avons la mission de donner la direction en
toutes choses. Etudier et refaire notre histoire paroissiale, c'est apprendre à aimer notre paroisse et à
aimer la France, car la paroisse, c'est la petite France.

Mais l'histoire d'une paroisse est tout autre chose
qu'une lourde accumulation de faits : naissances,

(1) *Journal des Débats*, 2 avril 1905.

baptêmes, mariages, enterrements, rivalités de partis, élections, contributions, etc. ; elle est avant tout une *vie*, « une vie avec sa continuité, avec sa vérité, avec les différentes phases de ses développements, avec ses accidents heureux et tragiques, avec ses organes et le jeu de ses organes, surtout avec ce qu'un grand physiologiste, Claude Bernard, appelle *l'idée directrice* (1). »

C'est que la terre de la campagne est toujours là : on ne l'emporte pas comme l'argent; et ceux qui l'habitent et la travaillent sont, malgré les révolutions qui passent, pénétrés de cette pensée : que cette terre leur donne, avec l'indépendance et la liberté, la dignité de la vie, et qu'ils doivent conserver ces biens précieux à leurs descendants.

Toutefois j'ai constaté, tout en étudiant ma paroisse, qu'aujourd'hui, livré sans défense et sans protection à la merci de politiciens qui, avec un aplomb imperturbable et une audace diabolique, flattent ses passions mauvaises, entretiennent sa pauvreté et le lancent dans l'inconnu des théories socialistes et révolutionnaires, l'habitant de nos campagnes, abandonné comme je l'ai dit plus haut, se trouve comme désorienté, et, au nom de la liberté, amoindri et asservi.

Il voit sans s'expliquer souvent pourquoi ses produits diminuer de valeur, ses charges augmenter, ses impôts s'accroître et peser lourdement sur lui, jusqu'à 27 à 30 °/₀ de son revenu; il a peine à joindre les deux bouts, a recours aux emprunts et aux hypothèques; et alors les dettes, la gêne, la misère et le reste.

(1) P. de Pascal, *Première lettre sur l'Histoire de France.*

Et les jeunes gens, voyant leurs vieux parents gagner si péniblement leur pain de chaque jour, quittent la campagne, abandonnent le foyer des ancêtres, avec ses nobles traditions de foi, de travail et d'honneur, pour s'établir à la ville où ils espèrent gagner davantage, mieux vivre et mieux jouir, ou pour aller grossir l'armée des fonctionnaires inutiles.

J'ai encore reconnu ceci en parcourant mes quatre communes. Le laboureur est patient, parce qu'il participe à l'œuvre même de Dieu, et lit tous les jours, qu'il trace son sillon, qu'il sème ou qu'il récolte, au livre que Dieu écrit ; il est habitué à tout supporter, à tout souffrir, le froid et le chaud, deux ou trois mauvaises récoltes contre une bonne, les fatigues et les privations de toute sorte ; mais il ne se décourage pas ; il sait bien que ça ne va pas, mais il s'imagine facilement qu'il n'en peut être autrement. Le moyen de sortir de là ? Il ne le voit pas ; il a déjà été trompé tant de fois qu'il se défie de tout le monde, même de son curé. Et alors, comme le rat dans son fromage, il s'enferme « envieux à un degré nouveau et lâche pareillement. »

Voilà ce que j'ai vu : c'était l'égoïsme à outrance, fruit de la Révolution, la désorganisation, la ruine de la religion et des familles, et les mœurs simples et gaies de la vie paroissiale autour du clocher qui élève les idées et montre le Ciel, remplacées surtout depuis la venue de quelques étrangers, par les mœurs plutôt dissolvantes et vagabondes de la ville.

2. — Comme quoi il faut avoir une idée, des principes nets, un programme

C'est alors que je me suis dit : Vivant par la mission qui m'est confiée au milieu des habitants des campagnes, mon devoir de prêtre et de curé est de connaître leurs besoins, de travailler à améliorer leur sort, de les amener par l'association à la défense de leurs intérêts et à la connaissance de leurs devoirs, de leur donner conscience du rôle prépondérant qu'ils ont à remplir dans les destinées de la patrie : c'est là un but dont on ne saurait méconnaître la grandeur.

Faire de l'agriculture dans le sens ci-dessus indiqué, c'est, pour un curé de campagne, servir l'Eglise et la France, refaire sa paroisse et la sauver.

Partant de cette idée, ma besogne se trouvait tracée : Lutter contre l'individualisme, et travailler activement à rétablir l'association sous toutes les formes. Car, comme l'a dit M. de La-Tour-du-Pin, la commune, la paroisse, la corporation, toutes les formes d'association sont après la famille, l'école du citoyen et doivent être l'objet immédiat de la sollicitude du chrétien, à plus forte raison du curé.

Voilà pourquoi je n'ai jamais aimé qu'on vienne me dire : « Faites d'abord des chrétiens et les questions sociales s'arrangeront d'elles-mêmes. »

Non, c'est le cri d'une foi mal éclairée ou d'une indolence mal déguisée. Non, les mauvaises institutions ont corrompu les hommes, dont les meilleurs ne peuvent que les rendre supportables ; tandis que les bonnes institutions sont l'école des vertus sociales et chrétiennes.

Et poursuivant mes réflexions, je me suis dit : *Au point de vue religieux*, je dois rendre la religion aimable, ne nuire à personne, être utile à tous et surtout aux petits ; *au point de vue économique*, je dois m'appliquer à délivrer autant que possible mes paroissiens des exploiteurs, des spéculateurs et des politiciens ; *au point de vue social*, je dois faire revivre, par tous les moyens, l'esprit d'association, la vie de famille, la vie paroissiale.

Et après douze ans de ministère à la campagne, j'ai reconnu qu'agir ainsi c'était faire œuvre de lumière et de justice

3. — *Comme quoi sans m'y attendre je dus mettre la main à la pâte.*

J'avais assisté un jour, à Notre-Dame de Liesse, à un Congrès des œuvres du diocèse de Soissons, présidé par Mgr Duval, et eu la bonne fortune d'entendre M. de Bizemont, le fondateur des Caisses rurales du Pas-de-Calais, et M. de Boham, le Président du Syndicat de la Champagne. Le premier nous parla de son œuvre favorite : les Caisses rurales. Sa parole vibrante sonne encore à mes oreilles ; on aurait cru voir l'officier de cavalerie à la tête de son escadron. Le second continua et parla des Syndicats agricoles ; mais avec quelle ardeur, lui aussi, quel esprit de foi, quel amour du peuple ! Ces deux discours m'étaient restés présents à la mémoire, et confirmaient ce que je pensais tout bas.

Les quelques essais d'application que j'avais faits en une première paroisse, m'avaient déjà permis de constater ce que M. de La-Tour-du-Pin disait : « L'association excite les courages, ferme la porte aux défaillances ; c'est le suprême effort de la vaillance des faibles, puisqu'elle leur donne la force. »

Après cet apprentissage quelquefois pénible, pendant lequel j'avais eu à surmonter les difficultés que rencontrent toujours les œuvres nouvelles, la méfiance, la critique, la jalousie, appelé en la paroisse du Mont-Notre-Dame, j'hésitai cependant à entreprendre les mêmes œuvres. Un évènement tout à fait inattendu m'y amena.

4. — En route pour le Val-des-Bois.

Quelques propriétaires, cultivateurs et publicistes de l'arrondissement de Soissons et principalement de notre canton de Braine, comprenant l'idée syndicale et les heureux résultats qu'on peut obtenir de son application, animés en outre de bonnes intentions, mais peu initiés à la pratique des œuvres populaires chrétiennes, avaient un jour d'octobre 1901 été invités par M. de Boham à la réunion des délégués du Syndicat de la Champagne. L'un d'eux qui s'intéresse à la commune du Mont-Notre-Dame me rencontre et me dit: « Monsieur le Curé, nous allons demain au Val-des-Bois étudier l'œuvre de M. de Boham, êtes-vous des nôtres ?... »

Je n'étais jamais allé au Val, et je ne pus refuser l'invitation. Je n'appris rien de nouveau à cette réunion ; mais je fus confirmé dans mes idées. M. de Boham me joua le vilain tour de me faire parler : c'est son habitude dans les réunions du Syndicat de la Champagne, de faire parler ses hommes malgré eux. Il savait que j'avais déjà, dans ma première paroisse, organisé une Caisse rurale et un petit Syndicat qui alors avaient porté quelques fruits. Je racontai simplement les idées que j'avais retenues de la lecture du *Manuel social* de la Commission d'Etudes sociales du diocèse de Soissons, lequel Manuel, — disons-le tout bas, — est plus connu à l'étranger que chez nous ; je parlai des travaux si compétents de M. de La-Tour-du-Pin, et, d'après lui, de l'organisation corporative et de la représentation professionnelle. Cette fois je fus pris, et M. de Boham ne voulut plus me lâcher. Sans plus tarder, il m'imposa une conférence sur les Caisses rurales pour la grande réunion qui devait avoir lieu en décembre. Ne sachant pas refuser quand il s'agit de faire un peu de bien à mes amis les ouvriers des champs, j'acceptai ; mais il me fallait pouvoir dire au moins que dans la commune où j'habitais, une Caisse rurale fonctionnait.

Les Messieurs qui m'accompagnaient furent un peu ébranlés de tout ce qui avait été dit en cette journée, et prirent la résolution d'essayer quelque chose dans notre région soissonnaise. Mais de l'intention à la réalité pratique d'œuvres qui exigent un dévouement et un désintéressement de tous les instants, il y a loin... Pour mon compte, j'étais fixé ; aussi, avant de me séparer d'eux, et voyant leur grand désir de constituer des Caisses rurales dans le Soissonnais, je leur dis : « Messieurs, dans un mois, vous en aurez une au Mont-Notre Dame. »

III

A l'œuvre.

1. — Par où commencer ?

Depuis quinze mois que j'étais au Mont-Notre-Dame, je connaissais mes paroissiens, je savais leurs idées, leurs besoins, leurs aptitudes ; j'en avais remarqué quelques-uns bien pensants, très au courant de la culture, estimés de leurs concitoyens, et, si chacun d'eux n'était point, comme on disait jadis, une autorité, du moins il pouvait exercer autour de lui une certaine influence.

Je les vis alors plus souvent et leur exposai mes idées d'association professionnelle. Sans trop bien comprendre d'abord, ils les trouvèrent excellentes. En effet, si les œuvres peuvent varier selon les milieux, les circonstances et les hommes, partout, jusque dans la plus petite des communes, sous n'importe quelle forme, l'action populaire chrétienne peut et doit s'exercer et se manifester ; et il est des œuvres qui finissent par s'imposer partout.

C'est que l'idée d'association sur le terrain des intérêts professionnels répond aux besoins et aux aspirations du peuple de nos campagnes. Mais par où commencer ? Le nerf de la guerre, dit-on, c'est l'argent, ce maudit argent dont on a sans cesse besoin : eh bien, créons une caisse, cela ne coûte rien ou presque rien.

2. — *Une caisse rurale ? Pourquoi pas!*

L'idée de caisse rurale n'était pas entièrement nouvelle. Le journal *la Croix de l'Aisne* avait déjà raconté les histoires d'Eléonore et certaines autres de M. de Bizemont. D'autre part, nous savions, car les murs ont des oreilles, que certaines gens du bloc voulaient essayer la même œuvre, mais en dehors de nous et contre nous. Il n'y avait pas de temps à perdre.

Or, le 11 novembre 1901, en la fête de Saint-Martin, j'avais réuni en ma modeste salle à manger quelques-uns de mes hommes ; nous étions une dizaine. Je leur tins à peu près le petit discours suivant : « Ici, comme partout ailleurs, on a besoin de capitaux pour tra-vailler, soit pour se livrer à une culture plus intensive et productive, soit même pour les besoins ordinaires, achat d'outils, de bétail, de semences et d'engrais. Combien sont obligés de vendre leurs produits dans de mauvaises conditions afin de faire un paiement qui ne peut se remettre ; combien qui achètent trop cher certaines marchandises parce qu'ils n'ont pu faire cet achat au moment de la baisse, ou bien parce qu'ils ne peuvent acheter que par petites quantités et à crédit, et souvent à des marchands qui abusent de leur faiblesse et de leur crédulité ! »

Et alors on se mit à citer quelques exemples, celui d'abord de ces cultivateurs, hélas ! trop nombreux, qui ont la fâcheuse habitude de ne payer leurs engrais qu'à la fin de l'année, et qui, pour cela, aussitôt après la moisson, souvent alors que les cours sont inférieurs, se hâtent de faire battre leur récolte. Or il est facile de démontrer que ces engrais, en supposant qu'ils aient toute la garantie désirable, leur reviennent ainsi à 12, 14 et même 16 0/0 plus cher que s'ils les avaient payés au comptant. Calcul étrange et double perte : sur l'achat des engrais et sur le prix de vente de la récolte.

Quant au bétail, je n'ose en parler. Tout le monde sait fort bien que bon nombre de petits ou moyens cultivateurs qui se trouvent dans la nécessité d'acheter bêtes à cornes et chevaux à crédit, les payent toujours 20 0/0 au moins en plus de leur valeur réelle. Et je connais bon nombre de mes paroissiens qui, par routine, ne feront jamais de bonnes affaires et resteront dans les dettes jusqu'à la vie éternelle, s'ils ne viennent un jour à profiter de nos leçons et de nos exemples.

Comment donc se procurer de l'argent et faire honneur'à ses affaires ? Emprunter chez le voisin ? mais la réserve du voisin n'est pas abondante ; et puis, ne se laisse-t-il pas tenter plutôt par les affaires industrielles ? Le drainage de l'épargne n'est-il pas habilement organisé aujourd'hui ? L'argent de nos campagnes, là où il y en a encore, s'en va dans les villes, dans les banques, dans des entreprises quelconques, souvent risquées, grands et petits panamas, pour devenir finalement la proie de quelque juif ou judaïsant.

Notre cultivateur ira-t-il à la banque de la ville voisine ? Mais le connaît-on ? Et si l'on consent à lui prêter, moyennant quelles conditions ?... A l'échéance, il se verra dans la nécessité de solliciter des renouvellements onéreux, ou de payer les frais d'un nouvel emprunt, pour recommencer à la nouvelle échéance.

S'il s'adresse au juif ou à l'usurier qui font leur œuvre néfaste dans nos campagnes plus qu'on ne le pense, ce sera la ruine complète. On lui donnera toute facilité de paiement ; mais tôt ou tard, il se trouvera dans l'impossibilité de rembourser le capital et sera ainsi à la merci du créancier. Vous savez le reste.

Je n'eus pas besoin en cette première conférence de citer des noms ; je ne le puis davantage en ce récit ; mais tout ce que je viens de dire existait : c'est l'état général de nos campagnes du Soissonnais et du Laonnois, et de beaucoup d'autres encore.

Aussi mes invités reconnurent comme moi qu'un des moyens de relever le pays et de sortir la culture de la crise qu'elle traverse depuis de trop longues années, c'est la Caisse rurale de crédit mutuel. Elle seule permet à l'épargne de la terre de retourner à la terre ; elle seule fournit le moyen de ramener à la campagne cet argent qui manque, de l'y conserver, et de le faire circuler pour le plus grand bien de la classe agricole ; elle seule fournit à bon marché au cultivateur les capitaux qui lui sont absolument nécessaires pour faire *au comptant* tous ses achats agricoles ou une de ces améliorations qui sont si fructueuses dans la culture traditionnelle.

*3. — Comment en trois ans et demi, sans avoir un
sou pour commencer, on peut trouver moyen
de remuer près de 100,000 francs pour le
bien de tous.*

Sur-le-champ trois des cultivateurs et ouvriers
présents constituèrent le Conseil d'administration et
cinq autres le Conseil de surveillance. Je n'acceptai
pour toute fonction que d'être secrétaire-adjoint et de
recevoir chez moi, lors de leurs réunions, mes nouveaux
conseillers.

Huit jours après, une feuille annonçait à tous les
habitants de la commune la naissance de la nouvelle
société. Et, depuis ce jour, la Caisse rurale du Mont-
Notre-Dame, semblable à toutes les autres fondées
comme elle sur l'idée chrétienne et le dévouement,
n'est pas seulement une Caisse de prêts, mais aussi une
véritable Caisse d'épargne. L'engagement de solidarité
entre ses 40 membres participants attire l'argent non
pas pour le conserver ou le placer dans des banques
ou entreprises quelconques, mais pour le distribuer
là où il en est besoin, pour l'utiliser uniquement dans
l'agriculture. Et ici, le placement est tout ce qu'il y a
de mieux garanti, puisque, pour faire subir une perte
aux déposants, il faudrait que tous les associés fissent
faillite en même temps.

Comme de pauvres gens, nous avons commencé sans
un centime, n'avons rien demandé à personne et
n'avons rien reçu gracieusement de personne. J'estime
que les œuvres sociales, qui ont pour but de ramener

et de faire régner la *justice sociale*, doivent vivre d'elles-mêmes et du concours désintéressé et dévoué apporté par tous leurs membres.

Voici un aperçu de nos opérations depuis ce 11 novembre 1901 :

Recettes : 44,200 fr. 85.
Dépenses : 43,920 fr. 70

Soit un mouvement de caisse de 88,121 fr. 55.

Au 30 juin 1905, le nombre des prêts accordés aux sociétaires est de 55, et celui des dépôts faits à la Caisse, de 72.

La Caisse a prêté pour acheter des chevaux, des bêtes à cornes, des petits cochons, des instruments, des engrais, des semences ; pour achever de payer des bâtiments, des maisons, des terres ; elle a trouvé tout l'argent nécessaire au pays même, et pour se rendre utile à tous, surtout aux petits, elle a reçu sous forme de dépôt, à titre de prêt, les sommes les plus minimes, 10 francs, 5 francs, 2 francs, 1 franc même ; les remboursements se sont faits régulièrement, en totalité ou en partie, depuis la somme de 5 francs.

La Caisse centrale de la Champagne a reçu le trop plein de notre Caisse, et le fait servir aux autres caisses du groupe champenois, qui peuvent manquer de capitaux. Ce trop plein s'élève actuellement à plus de 9,300 francs.

Je dois dire aussi, que le membre le plus actif de la Caisse rurale est le Syndicat, dont il sera parlé tout à l'heure ; et que nos deux trésoriers sont d'excellents ministres des finances et s'entendent à merveille à

14

résoudre les questions les plus délicates de la comptabilité.

Voilà donc une modeste caisse de crédit qui, sans
bruit, discrètement, permet à ses adhérents de
s'enrichir et de se procurer un peu plus de bien-être.
Jeunes gens et enfants commencent à venir y déposer
sous forme de prêts leurs petites économies : les jeunes
filles travailleuses et intelligentes se préparent leur dot
de mariage, et les garçons leur futur établissement.
Quant aux plus petits, ils veulent à leur tour devenir
des économistes de première force. La Caisse du Syndicat, dont je parlerai tout à l'heure, a gracieusement
accordé en fin d'année à six enfants de chœur un
livret de Caisse rurale de 5 francs, comme on fait au
Comice agricole aux bons ouvriers, en récompense de
leur bonne conduite et des services qu'ils commencent
eux aussi à rendre au Syndicat. Depuis le 1er janvier 1905, aucun de ces livrets n'est resté à 5 francs ;
il en est qui ont doublé, triplé leur capital, et certains
dépassent déjà 30 francs.

Comment tout cela fonctionne-t-il ? Demandez à
toutes les caisses rurales de France et de l'étranger,
qui ont à leur tête des hommes d'initiative, de cœur et
de dévouement, et qui veulent que leur curé soit l'âme
de l'Association. C'est partout la même chose quand on
veut.

Le trésorier de la Caisse rurale est à la disposition
des prêteurs et des emprunteurs chaque dimanche de
midi à deux heures. Tous ceux qui veulent emprunter
font leur demande à l'un des administrateurs, souvent
même à leur propre curé, auquel ils font alors des

confessions admirables de sincérité ; ils désignent leur caution, indiquent l'emploi de la somme empruntée et les échéances proposées. L'administration ne prend aucune décision sur-le-champ. L'emprunteur est averti dans les huit jours, et, si sa demande est accordée, se présente le dimanche suivant, à l'heure déterminée, accompagné de la caution.

En créant la Caisse rurale du Mont-Notre-Dame, j'eus la consolation, et je m'en réjouis de plus en plus, non seulement d'avoir mis entre les mains de mes paroissiens l'arme nécessaire qui peut les aider à se défendre et les rendre un peu plus heureux par l'honnêteté et le travail ; mais encore de les avoir dotés d'une institution qui, si elle est bien comprise, peut faire plus pour leur amélioration morale et sociale que mes plus beaux sermons.

4. — *Création d'un Syndicat d'industrie agricole.*

Le 16 mars 1902, la jeune association avait déjà commencé à porter ses fruits. Aider, encourager, protéger l'ouvrier des champs, l'idée avait été comprise. On sentait bien que c'était une œuvre d'union et de paix sociale, capable de procurer au cultivateur la liberté et l'indépendance. Le premier pas était fait. Si les questions politiques divisent le plus grand nombre, — ceux qui en parlent toujours n'y comprenant souvent absolument rien, — les questions économiques et sociales, au contraire, bien comprises, rapprochent, quoi qu'en disent ceux qui n'y voient goutte, et unissent toutes les bonnes volontés.

On ne voulut pas s'en tenir aux résultats acquis.

Après un échange de vues entre les assistants et leur curé, un *Syndicat* d'industrie agricole fut fondé, pour permettre aux membres de la Caisse rurale de posséder certaines machines d'intérêt commun, qui serviraient à tour de rôle à chacun des membres de l'Association. La Caisse rurale prêterait l'argent au nouveau Syndicat, sous la garantie du cautionnement solidaire de tous les syndiqués, et peu à peu de belles et utiles machines agricoles deviendraient leur propriété, sans qu'ils aient à débourser un denier.

On reconnut que ce serait la meilleure digue à opposer au socialisme, qui ne pénètre que trop, hélas ! dans nos campagnes, et que ce serait la saine coopération, réunissant le capital et le travail dans les mêmes mains, et non la coopération socialiste, qui fait travailler l'ouvrier au profit d'un parti, sans appropriation personnelle.

Cette fois l'idée syndicale était posée. Mon rêve commençait à se réaliser. Nous n'avions plus qu'à marcher.

5. — *Paysan, il est temps ! Le Syndicat agricole.*

Il était temps, car si nous ne l'avions pas fait, on l'aurait fait contre nous. On commença par acheter un trieur ; un peu plus tard, ayant trop d'offres d'argent à la Caisse rurale, on se mit en tête d'avoir une moto-batteuse à pétrole de 4,800 francs. La batteuse arrive ; le curé la bénit solennellement, le 26 décembre 1902, et tous les syndiqués l'arrosent ensuite consciencieusement.

C'est de ce jour que commença l'apprentissage de la

vie syndicale. Ce ne fut pas sans mal. A la suite de quelques petits accidents au moteur, certains jaloux trouvèrent que le curé l'avait trop aspergé d'eau bénite. Mais peu à peu l'appétit vint ; mes braves gens finirent par comprendre qu'il ne leur suffisait pas d'avoir des instruments à leur disposition, mais qu'ils trouveraient avantage à faire en commun toutes leurs opérations agricoles, et que finalement ils seraient mieux servis en faisant leurs affaires eux-mêmes, plutôt que de les confier à des étrangers. Et le 8 mars 1903 le Syndicat d'Industrie agricole s'appela : *Syndicat Agricole du Mont-Notre-Dame.*

Aujourd'hui, 30 juin 1905, il a réuni en son sein 170 chefs de famille, dont 100 dans mes quatre paroisses, et les autres répartis dans les communes limitrophes. Il comprend des grands propriétaires, des petits propriétaires, des métayers, des fermiers, des ouvriers agricoles et sept curés. Contrairement à ceux qui veulent en leurs Syndicats coaliser les petits contre les gros, nous voulons, nous, que les droits de tous soient sauvegardés, et nous affirmons qu'ils ne le seront que si ces divers éléments sont unis par une étroite solidarité. Nous voulons arriver à fournir aux membres de notre association des moyens d'action infinis, et, en leur facilitant l'emploi des instruments et des machines agricoles, en leur procurant des engrais et des marchandises de première nécessité, à faire leur éducation économique et sociale. Et, par ce moyen, nous voulons permettre à tous les habitants de notre sol de vivre, de vivre en paix, de vivre plus heureux et plus unis.

Comme l'a dit Drumont, si la liquidation qui a eu lieu en 1789 s'est faite aux dépens des honnêtes gens et au profit des coquins, des parasites et des exploiteurs étrangers, la liquidation pacifique que nous voulons faire, nous, sera aux dépens des coquins et au profit des honnêtes gens, des travailleurs et des ouvriers des champs.

En appliquant ainsi le principe bienfaisant et fécond de l'association pour la vie, en organisant ma paroisse sur la base de la solidarité économique, tout en répondant à un besoin pressant, j'ai profité d'un mouvement populaire clairement dessiné qu'il fallait discrètement diriger ; j'ai suscité des dévouements nouveaux, et renvoyé chez eux certains politiciens étrangers au pays, qui, sans programme net et défini, auraient voulu nous diriger dans un sens plutôt antiprofessionnel et antisocial. Et voici que, aujourd'hui, nous commençons à nous imposer par les services rendus. Les gros cultivateurs permettent aux petits d'avoir les mêmes avantages qu'eux. Une nouvelle moto-batteuse plus forte que la première et pouvant battre de 60 à 80 quintaux par jour a été achetée, bénite le 21 septembre 1904 et arrosée au champagne syndical de nos voisins de Chamery. Les petits cultivateurs, en temps de moisson et de battages, se prêtent concours les uns aux autres. La vente des produits en commun va commencer à l'automne prochain. Un marché de 120 à 150 hectares de betteraves, ce qui représente environ trois millions et demi de kilos, a été passé, et le Syndicat a obtenu une augmentation de 2 fr. 50 par 1,000 kilos de betteraves sur les prix primitivement offerts. Enfin, une bascule syndicale d'une force de 15 tonnes vient d'être établie à la gare du Mont-Notre-Dame.

Actuellement, plus de deux cents familles sont intéressées à la bonne marche de l'Association. Et chaque mois le *Bulletin de l'Action populaire* va porter à tous le mot d'ordre et dire ce qui se passe çà et là dans nos trois départements de l'Aisne, de la Marne et des Ardennes. En le lisant, nos syndiqués se sentent encouragés et se disent : « Pourquoi ne ferions-nous pas ce que tels et tels ont fait ? »

Quelques chiffres montreront la vérité en marche : En 1903, les recettes ont été de 15,655 fr. 15, et les dépenses de 15,311 fr. 75 ; en 1904, les recettes ont été de 38,004 fr. 35, et les dépenses de 37,330 fr. 95 ; au 30 juin 1905, le mouvement de caisse, recettes et dépenses, dépasse 50 000 francs ; ce qui fait en trois ans un mouvement de caisse total de plus de 150,000 francs.

Ainsi donc, en près de quatre ans, notre Association, — Caisse rurale et Syndicat agricole, — a remué près de 230,000 francs. Il m'est impossible de dire le chiffre des avantages obtenus sur les multiples opérations qui ont été faites. Sans exagération, en fixant à 5 0/0 au moins les bénéfices réalisés par le pays sur la moitié de ce mouvement de Caisse, c'est 5,000 francs environ, qui ont servi à payer des dettes ou qui sont restés dans le bas de laine, ou plutôt ont été en partie déposés à la Caisse rurale, pour servir plus tard à l'établissement des enfants, ou enfin, pour répondre à une objection faite, qui sont venus sous forme de ristourne au petit commerce local.

Par l'union de toutes les intelligences et de toutes les bonnes volontés, j'estime que nous devons en nos pays de culture, par le moyen de ces œuvres citées plus haut, et d'autres, telles que Assurances de bétail et d'incendie, Retraites ouvrières, Mutuelles sous toutes les formes, dont elles ne sont que la préparation, nous devons, dis-je, travailler sans relâche au relèvement de la classe ouvrière agricole. Il faut que riches et pauvres, patrons et ouvriers, s'aident les uns les autres à porter leur fardeau. Le riche a son fardeau : celui des richesses, disait saint Augustin ; le pauvre a le sien : celui de n'avoir rien. Que le riche porte avec le pauvre le poids de son indigence absolue, et le pauvre aidera le riche à porter le poids de ses richesses superflues, et leurs deux charges deviendront égales. Le fardeau du pauvre, qui était de ne rien avoir, sera ainsi moins accablant et, par là même, celui du riche, qui était d'avoir au delà du nécessaire, se trouvera plus léger.

Notre œuvre donc, qui repose sur ce principe de vraie fraternité, rend à la fois service au riche et au pauvre, elle les décharge l'un et l'autre de leur fardeau. Ce n'est pas de la charité, c'est de la justice sociale. Ou, en d'autres termes, c'est « la réhabilitation économique des classes laborieuses au nom de la justice sociale, pour sauver le peuple de l'athéisme et de la dégradation (1). »

(1) *Association catholique*, n° du 15 avril 1905.

CONCLUSION

Un bon nombre de nos confrères, que l'idée syndicale inquiète, parce que la plupart du temps elle a été mal comprise, mal appliquée, et interprétée d'une façon plutôt malveillante, se demanderont, après après avoir lu ce qui précède, quels ont été jusqu'ici, au point de vue paroissial et religieux, les résultats obtenus.

D'abord je répondrai : Ce n'est pas en quatre ans qu'on transforme quatre paroisses indifférentes, et qu'on habitue ses gens et tout d'abord ceux qui font partie d'une Association du genre de la nôtre, à la messe du dimanche et à la communion pascale. Des conversions de ce genre, et qui durent, sont rares et ne se font que par des coups de la Providence

Toutefois je puis dire, en toute sincérité et simplicité, que mes paroissiens, même ceux qui ne sont pas du Syndicat, et qui sont hostiles à cette institution, parce qu'elle vient du curé, ont commencé à me donner leur salutation, leur sourire, leur main, leur cœur, en attendant qu'ils me donnent leur âme à sauver. « *Quum essem cum eis*, pourrai-je dire avec Notre-Seigneur (S. Jean, 17, 12), *ego servabam eos in nomine tuo. Quos dedisti mihi, custodivi ; et nemo ex eis periit, nisi filius perditionis.* Lorsque j'étais avec eux, je les conservais dans votre nom. J'ai gardé ceux que vous m'avez donnés, et pas un d'eux ne s'est perdu, hormis le fils de perdition. »

Il est certain que les bons, obligés de s'affirmer et de laisser de côté le respect humain, sont devenus meilleurs, et, reprenant plus fréquemment le chemin du presbytère, commencent par là même à retrouver celui de l'église. Preuve de la dernière heure : 14 reposoirs : 6 le premier dimanche de la Fête-Dieu, dans la première moitié du pays, et 8 le second, dans l'autre, et 160 personnes à la procession.

D'autre part, ceux qui, hostiles à l'Eglise et au prêtre, voulaient donner la main à l'œuvre de désorganisation entreprise par les loges, ont été, tout en se montrant très agissants, paralysés dans leur action et obligés de se dévoiler. Ils ont essayé d'organiser une œuvre exactement semblable à celle que nous avons entreprise : Caisse rurale et Syndicat ; ils veulent avoir les mêmes instruments que nous ; ils nous copient à la lettre. Mais leur petit nombre ne nous touche pas ; et quand bien même ils deviendraient nombreux, ce qui est peu probable, car nous avons l'avance et la place conquise, les services qu'ils rendront ne pourront que fortifier les nôtres et attester aux yeux de tous qui nous sommes, et que nous ne nous sommes pas trompés. De plus, si la haine est quelquefois féconde, que peut-elle auprès de la charité, du dévouement, du désintéressement et de l'esprit de sacrifice que nous apportons dans nos œuvres populaires chrétiennes ?

Je ne veux cependant pas cacher le danger grave auquel la condition des temps expose aujourd'hui le clergé qui a compris l'utilité et la nécessité de ces œuvres économiques et s'y adonne avec toutes les

ardeurs de la jeunesse : c'est de donner une importance excessive aux intérêts matériels du peuple, en
négligeant les intérêts bien plus graves de leur saint
ministère.

Certains curés, fondateurs d'œuvres semblables, ont
eu, en effet, à subir ce reproche. Il n'appartient pas
au curé de distribuer lui-même les engrais, les tourteaux, le charbon, le vin et autres produits utiles à ses
cultivateurs ; il ne lui appartient pas non plus d'avoir
la manipulation des fonds de l'Association. Pas plus
que je ne tiens à être appelé marchand d'eau bénite,
je ne tiens à être appelé marchand de charbon, d'engrais, de vin ou de betteraves.

Non, comme le pape Pie X le recommande dans
sa dernière Encyclique aux évêques d'Italie : « Le
prêtre élevé au-dessus de tous les autres hommes
pour remplir la mission qu'il tient de Dieu, doit se
maintenir également au-dessus de tous les intérêts
humains, de tous les conflits, de toutes les classes de
la société. »

Mais je n'ai voulu laisser passer aucune occasion de
prêcher la vérité ; avec le respect des droits de Dieu,
je m'efforce d'inculquer le respect des droits de tous.
Par la propagande efficace de la bonne presse, par les
exhortations vivantes de la parole, par le concours
direct, apporté à ces œuvres économiques et sociales,
je m'emploie à améliorer, dans les limites de la
justice et de la charité, la condition économique de
mes paroissiens, en favorisant et en propageant les
œuvres qui tendent à ce but, celles surtout qui ont
pour objet de les bien discipliner contre la tyrannie

envahissante du socialisme et qui les sauvent tout ensemble et de la ruine économique et de la désorganisation morale et religieuse.

J'entends poursuivre ainsi un but hautement religieux. Ces œuvres, m'obligeant d'être en rapports continuels avec mes paroissiens, ont permis à mes paroissiens de me connaître et m'ont permis de les connaître ; elles sont une aide pour mon ministère spirituel dont elles agrandissent le champ d'action et multiplient les fruits.

Je puis donc redire la parole que je citais en commençant : « La Religion sera le premier intérêt du peuple, quand l'intérêt du peuple sera la loi des ministres de la Religion. »

Abbé PÉTERS

EN CHAMPAGNE

Missionnaire de la caisse rurale.

Dans mon courrier de curé de campagne qui se compose de *la Croix*, et des prospectus de marchands de vin et de banquiers (quelle ironie!), je trouvai le 24 février 1903 une lettre d'un confrère qui me disait : « Venez donc le 26 prochain, nous fonderons une Caisse rurale. »

J'avais pour ce jour-là un mariage à célébrer. C'est un évènement rare, un sacrement qui est grand, dit l'Apôtre, mais qui n'est pas fréquent à Avaux et je me réjouissais de l'administrer pour plusieurs raisons, en particulier pour n'en pas perdre l'habitude. J'allais répondre : « Impossible, raison de ministère », mais je me souvins à point de la maxime de M. de Bizemont : « On trouve toujours des curés pour marier et administrer les gens, on n'en trouve pas aussi facilement pour aider les chrétiens à manger du pain moins dur. » Et je me mis en quête d'un prêtre du voisinage qui consentit sans difficulté à venir bénir l'union de Blanche et Marius.

Le voyage se fit tant bien que mal, à pied, en chemin de fer, en carriole de paysan et j'arrivai à Priolly vers quatre heures de l'après-midi, mourant de faim et du désir d'établir une Caisse rurale.

Une déception m'attendait. Mon confrère, un prêtre saint et zélé, faisait donner une mission dans sa paroisse. Il avait cru en m'écrivant que c'était un moment propice pour fonder une institution aussi évangélique qu'est la Caisse rurale, mais en deux jours il avait réfléchi et ses réflexions avaient pris une autre direction. Il s'était dit : « La mission va bien. Tous mes paroissiens ont les yeux au ciel, je ferais une œuvre néfaste en les rappelant à la triste réalité des choses d'ici-bas. » Il entendait rester dans l'Eglise triomphante, oubliant que quelques jours après la mission, l'Eglise militante rendue à ses exercices ordinaires de lutte pour la conquête du pain quotidien et du Pain éternel, se trouverait abandonnée par son pasteur, dans ses besoins les plus urgents.

Il n'y eut pas de conférence, il n'y eut pas de Caisse rurale. Les registres que j'avais fait venir d'avance de Lyon, furent cédés dans la suite à une Caisse du voisinage. On alla prendre la collation de Carême chez le châtelain de l'endroit, ancien intendant d'une des plus grandes maisons de France, où une réception charmante me fit oublier ma déconvenue. Puis après le salut de la mission, nous partîmes dans la nuit, dans la boue, avec des lanternes et des parapluies vers le village voisin, lieu de la résidence du curé et où nous devions coucher.

En chemin, et à l'arrivée, je pus dire ce qu'on

faisait ailleurs, ce qu'on pourrait faire dans ce pays où les ouvriers vanniers sont exploités d'une façon indigne. Au lieu de tourner au socialisme, ils seraient sauvés de la misère et de la grande erreur sociale par une Caisse rurale et un Syndicat.

Mais j'avais devant moi des objections formidables. D'abord la Caisse rurale n'est pas un sacrement. C'est un grand tort pour elle; ce serait si commode si elle joignait à l'appât du service matériel, la purification des âmes, l'assurance d'une vie chrétienne pratiquée intégralement avec messe, vêpres et salut. Puis surtout c'était la crainte du maître vannier, de ce haut personnage qui s'enrichit en fournissant l'osier aux petits ouvriers et en écoulant leurs corbeilles et leurs paniers. Ce serait une révolution que de syndiquer ces malheureux et de leur permettre de vivre un peu plus à l'aise, en profitant eux-mêmes des premiers bénéfices de leur travail.

Mais cette révolution viendra, cher confrère; elle sera menée tambour battant par les socialistes. Au lieu d'être une réforme pacifique qui n'irait sans doute pas sans tiraillement mais qui vous procurerait l'avantage d'exercer la charité envers vos frères les ouvriers et de remettre en honneur dans votre paroisse la vertu de justice que l'on étrangle avec tous ces osiers.

Bien que je fusse révolutionnaire, on me conduisit pour prendre mon repos, chez la châtelaine du pays. La vénérable dame qui avait plus de quatre-vingts ans, habitait seule une très grande maison. A cause de son âge, elle était couchée depuis longtemps. Cependant la grille était toute grande ouverte, les chiens dormaient, le corridor était béant. La porte de ma chambre ne fermait pas ; après le départ de mon confrère, j'y adossai la toilette et deux fauteuils. Je pensai d'abord, en constatant avec quelle facilité je m'étais introduit, moi pauvre roturier, dans cette résidence de noble, combien il serait aisé de rapprocher deux classes de la société qui se croient ennemies, qu'il suffirait qu'on se le dise, que l'accord serait plus vite conclu qu'avec les maîtres vanniers et je m'endormis dans la paix que Dieu donne aux hommes de bonne volonté.

Le lendemain j'étais debout avant le jour, je célébrai la sainte Messe dans l'ombre mystérieuse de l'église et je partis en voiture avec un brave homme qui avait consenti à me reconduire à la gare. Chemin faisant, on bavarda. Je sus combien la culture est difficile dans ce pays, le paysan n'est pas riche, les engrais sont encore du luxe et les machines agricoles qui rendraient tant de services ne sont pas, tant s'en faut, à la portée de tout le monde. De sorte que les cultivateurs aussi bien que les vanniers auraient béni l'institution de la Caisse rurale.

Cher et doux confrère, c'est vous qui teniez le secret pour améliorer le sort de ces braves gens ! Vous donnez un morceau de pain au mendiant, un sou au miséreux qui aime mieux tendre la main que de travailler et vous ne croyez pas, vous qui êtes rempli de bonnes intentions, que ce serait pratiquer la charité d'une façon plus noble et plus large que mettre au service des plus intéressants de vos paroissiens le crédit mutuel et ses innombrables avantages. Vous êtes le pasteur et vous vous empressez de nourrir les âmes avec un zèle

admirable, pourquoi vous désintéressez-vous des corps
qui soutiennent ces âmes comme l'ostensoir soutient
l'Hostie ? Vous n'êtes pasteur qu'à moitié, vous pourtant
qui voudriez si bien remplir votre ministère.

Si le soir du 26 février 1903, vous aviez créé une
Caisse rurale dans vos deux paroisses, que d'argent
serait resté entre les mains de ces pauvres gens qui ont
tant de mal à le gagner. Que de profits honnêtes dont
auraient bénéficié vos vanniers, que de larmes de
mères de famille, que de colères d'hommes, que de
scandales pour les petits vous auriez empêchés ! Vous
auriez eu peut-être à pâtir de la part des plus riches,
de ceux dont l'avidité n'est jamais assouvie. Mais vous
auriez été consolé pour avoir rendu service aux plus
petits, dont le Christ a dit : « Ce que vous faites à l'un
d'eux, c'est à moi-même que vous le faites. » Vous
teniez seul le secret de toutes ces choses et vous l'avez
gardé... En tout cas, vous n'avez qu'un mot à dire et
je recommencerai le voyage ; maintenant je connais le
chemin.

Une fondation de Caisse rurale.

Les jours se suivent et ne se ressemblent pas. Cet
insuccès du 26 février fut le seul que j'éprouvai.

Ce matin-là, par un brouillard intense, je descendais
du train en cherchant la voiture que le brave curé de
Villajeune m'avait promise. C'était le laitier qui m'attendait ; il avait déjà un chargement de jeunes arbres à
replanter. On se casa comme on put parmi les arbustes
et les cruches vides et fouette cocher !

15

Ce bon M. le Curé est d'une affabilité hors ligne. Catu, qui ne s'était pas débarbouillée depuis Pâques, me fit un accueil charmant et me raconta dès la porte son histoire jusqu'à la plus haute antiquité. Un grand fauteuil devant le feu. Tout cela était délicieux. C'était une belle entrée en matière. Fatalement une Caisse rurale devait en sortir.

On aurait pu mettre la réunion des futurs sociétaires à deux heures. Mais le digne pasteur qui n'est pas d'un naturel violent, aime à faire les choses avec calme et réflexion ; la réunion était fixée pour le soir, après la soupe. Je m'inclinai.

On passa la journée à causer. On commença à faire de la mutualité en se renseignant de part et d'autre, M. le Curé et le futur directeur — un ardent et un sage de plus de quatre-vingts ans, — sur le maniement de la Caisse rurale et moi sur le pays.

Je crus d'abord que Villajeune était un pays très riche où l'on trouverait plus de prêteurs que d'emprunteurs. Ensuite je surpris à certains sous-entendus qu'il pourrait bien y avoir aussi des cultivateurs qui ont quelquefois besoin d'argent, qu'en 'tout cas, la Caisse rurale rendrait service au Syndicat pour l'achat des machines et le paiement au comptant des denrées agricoles.

Enfin l'heure de la réunion arriva. Lentement, un à un, à de longs intervalles, comme des gens qui, comme on dit au pays, ont ce qu'il leur faut, qui n'ont pas besoin des autres, qui se tiennent sur la réserve, qui sont décidés à ne pas se laisser rouler, trente hommes arrivèrent, sans enthousiasme, mais surpris quand même et agréablement de s'apercevoir qu'ils étaient nombreux. Le diable de poêle fumait au lieu de chauffer et cet utile contre-temps défraya la conversation en attendant l'ouverture solennelle de la séance. M. le Curé, affairé, ouvrait et fermait tour à tour les portes et les fenêtres pour accélérer le tirage, il apportait du bois, commandait au feu et au vent, sans doute plus inquiet de l'issue de la séance que du résultat de ses efforts pour chauffer la salle.

On commença par la récitation du *Notre Père*, ce qui ne souleva aucune réflexion, tous les présents étant bien disposés et le bon Dieu immédiatement se mit de la partie. Le poêle ronfla de plaisir et les regards plus confiants se tournèrent vers le conférencier.

Je commençai d'abord par féliciter les habitants de Villajeune qui ont un village aussi régulièrement bâti que Charleville et Nancy. Cette rectitude dans les constructions n'est-elle pas le signe de la rectitude du jugement et de la droiture des intentions? Je rappelai quelques souvenirs d'enfance : J'étais venu bien jeune dans le pays et j'avais été poursuivi par une vieille qui vivait en compagnie d'une chèvre et avait pris les petits garçons en horreur. Cette petite histoire fit rire, la partie était gagnée. Moralement la Caisse rurale était fondée.

Je n'attendis pas les objections, je les fis moi-même et les réduisis d'autant mieux à néant : *On ne trouvera pas d'argent. On ne voudra pas emprunter dans la crainte d'être connu. Personne ne voudra servir de caution. La responsabilité solidaire de tous les sociétaires*, etc., etc. Tout y passa et tout fut torpillé, pulvérisé et la Caisse rurale ayant été décrétée d'utilité publique on procéda immédiatement aux élections des trois administrateurs et des cinq surveillants.

Presque tous acceptèrent sans difficulté les postes d'honneur auxquels les appelait la confiance des nouveaux sociétaires. Mais certains firent des difficultés. « Je suis trop jeune. — Il y en a qui auraient plus d'autorité que moi. — Ma femme, ma mère, ma sœur et ma belle-mère ne voudront pas. — Je ne veux pas. Pourquoi? Je ne sais pas, mais je ne veux pas, etc. » Ce serait trop long d'énumérer tous les prétextes creux qu'invente la bête humaine quand elle craint d'être dérangée de son petit ordinaire, quand elle a peur d'être obligée de sortir de son égoïsme et de rendre quelques services à ses frères.

Bref, M. le Curé alla chercher quelques bouteilles et beaucoup de verres et l'on trinqua à la prospérité de la nouvelle Caisse. Deux ou trois affaires furent conclues, séance tenante, publiquement et après quelques instants seulement d'existence la Caisse rurale de Villajeune fonctionnait déjà. A l'heure actuelle elle fonctionne encore mieux. Son vénérable directeur, toujours vert comme la verge d'Aaron, toujours sage comme Nestor, est venu lui-même ces jours-ci m'apporter les livres pour les soumettre à l'inspection. M. le Curé n'a pas de regret du mal qu'il s'est donné.

Inspection des Caisses

Bâtir n'est pas suffisant, il faut entretenir les bâtiments. Il faut les visiter, inspecter la toiture, les gouttières, renouveler les peintures. Sinon on sera bientôt obligé de refaire tout à neuf et ce sera ruineux pour le propriétaire. De même, fonder des caisses rurales c'est bien, mais ce n'est pas assez. Il faut aller les visiter pour les préserver de bien des petits accidents qui nuiraient à leur santé et finiraient par paralyser leur action. Car, avec le temps, les erreurs les plus inoffensives au début ont des conséquences graves qui gênent la gestion des affaires, ôtent l'assurance aux directeurs, mettent en suspicion leur honnêteté et leur font perdre la confiance des sociétaires.

Les administrateurs sont sans doute intelligents, avisés, remplis de bonne volonté et consciencieux jusqu'au scrupule ; d'un autre côté la comptabilité est facile à apprendre avec le manuel de M. Durand, mais pourtant une certaine habitude est nécessaire pour la tenue des livres; et l'enseignement public qui apprend tant de choses aux écoliers n'a pas encore formé beaucoup de comptables à la campagne. C'est pourquoi l'Union des Caisses rurales et ouvrières et les groupes régionaux ne se sont pas contentés de fonder des Caisses rurales mais ont voulu pourvoir à leur prospérité en les faisant inspecter. Ce service est inappréciable et il faut l'avoir pratiqué pour en comprendre toute la nécessité. C'est un service d'ailleurs très agréable. L'inspecteur ne va pas dans l'inconnu comme le propagateur de la Caisse rurale. Il sait d'avance qu'il s'est créé autour de la caisse existante, une élite, fut-elle réduite aux trois administrateurs seulement. Il sait aussi que ces hommes honnêtes désirent sa visite, l'attendent avec impatience pour être sûrs que leur administration est régulière, ou pour qu'elle soit redressée si de petites erreurs, malgré leur bonne volonté, se sont glissées dans leurs livres.

Permettons-nous une parenthèse. Les caisses rurales ne sont pas toutes sur les lignes de chemin de fer et l'on est obligé de venir chercher l'inspecteur en voiture, de le conduire ensuite vers la caisse voisine. On le fait volontiers sans doute, mais le pauvre inspecteur gémit au fond de lui-même d'imposer de pareilles corvées à ceux-là mêmes à qui il ne veut qu'être utile. Aussi, pour obvier à cet inconvénient, l'inspecteur que je connais est décidé à se servir de la bicyclette. Au risque d'être un peu gêné pour s'attribuer les louanges du Saint-Esprit qu'il ne veut cependant pas démériter. *Quam pulchri pedes evangelisantum pacis, evangelisan tiam bona.*

Fermons la parenthèse pour assister à une séance d'inspection. On a généralement rompu ensemble le pain de l'amitié à la table hospitalière du curé. Les trois administrateurs sont là et parfois même quelques membres du conseil de surveilllance.

— Messieurs, dit l'inspecteur, repoussons le matériel culinaire au bout de la table, Mademoiselle Caroline l'enlèvera à son temps. Invoquons le Seigneur et ouvrons nos livres.

Voici d'abord le *livre des délibérations* avec les comptes rendus des assemblées générales. Il y manque généralement plusieurs indications qui ont leur importance et qui n'auraient pas été omises si l'on avait suivi le manuel de point en point. C'est la fixation du maximum des prêts à faire à chaque sociétaire, de la somme dont le conseil de surveillance pourra augmenter les prêts, et encore du maximum des engagements de la société. Voilà notre secrétaire qui était sûr de lui-même qui commence à s'apercevoir que l'on peut commettre des oublis.

Passons ensuite au *livre des entrées et sorties.* C'est parfait ; excepté pour votre syndicat qui doit faire son entrée comme tout autre sociétaire, avec la responsabilité solidaire de ses membres, qui signent tous sur la même page. Il serait bon que vous ayez la petite brochure de M. l'abbé Fontan qui renseigne si bien sur ce qu'il y a à faire pour l'établissement d'un syndicat d'industrie agricole et son adhésion à la Caisse rurale.

Puisque Mademoiselle Caroline a enlevé les derniers vestiges du repas, nous allons entrer dans les secrets de la caisse et examiner d'abord les billets de vos emprunteurs. Nous verrons si les formules sont exactes, si les timbres sont suffisants et même si quelques-uns sont échus et n'ont pas été soldés.

Ouvrons le *livre de caisse.* Oh ! je pousse une exclamation de douloureuse surprise que je m'efforce de tempérer par une finale en charité ! Il y a trois ans que vous fonctionnez et vous n'avez jamais fait *d'arrêté de caisse.* Vous n'avez même pas fait le total au bas des pages. Il va falloir trimer. Approchez tous parce que j'ai l'habitude de me tromper dans les additions.

« D'abord combien avez-vous en caisse ? — Mais pas un sou, pas un centime. — C'est ce que nous allons voir. » Finalement après avoir compté et recompté les quatre ou cinq colonnes de chiffres on arrive à consta-

ter qu'il doit y avoir 3 fr. 25 en caisse. — Un brave
homme hasarde que cela doit venir du calcul des
intérêts. — « Mais non, sur le livre de caisse, il ne
s'agit pas des intérêts mais des sommes qui sont reçues
et des sommes qui sont versées par le trésorier. Il faut
trouver la cause de l'erreur. Nous allons examiner
toutes les opérations l'une après l'autre. » Enfin on
trouve : Ici nous voyons que le syndicat a remboursé
503 fr. 25 et le même jour vous avez prêté à M. Nicolas
500 francs pour acheter un cheval. Voilà comment le
trésorier a depuis un an 3 fr. 25 en caisse sans le
savoir. Nous allons arrêter la caisse aujourd'hui même,
Messieurs. Vous allez voir comment cela se fait et je
suis sûr que dorénavant vous voudrez vous amuser à
ce petit jeu très intéressant, au moins tous les trois
mois.

Je vous ferai remarquer, Messieurs, qu'il y a déjà
près d'une heure que nous faisons des chiffres. Nous
ne sommes sans doute pas encore au bout, et malgré
la rapidité de vos chevaux je commence à craindre
pour mon train. Voyons le *grand Livre.*

Tiens ! la première page est ouverte au nom de
M. Louis Durand. Vous avez donc ici l'homonyme du
président de l'Union des Caisses rurales. — Mais non,
il s'agit bien de M. Louis Durand, 97, avenue de Saxe
à Lyon. Est-ce que ce n'est pas lui qui vous a envoyé
les registres et le manuel. Ça nous a coûté plus de
29 francs. Voyez d'ailleurs. — Je vois bien, Messieurs,
et nous allons tout simplement rayer les écritures.
Vos frais d'installation n'ont pas à figurer sur votre
grand Livre. Ils se retrouveront assez quand nous

ferons l'inventaire. Vous n'ouvrez un compte qu'à ceux qui prêtent ou qui empruntent à votre caisse. Rayons donc la page de M. Durand, la page du greffier et la page du Journal qui a publié votre acte de société et rayons les autres comptes.

Notre brave trésorier n'a pas suivi les indications du manuel, il n'a pas calculé les intérêts chaque fois qu'il faisait une opération avec un sociétaire, vous apercevez tout de suite ce vice de forme et pour ne pas nous embrouiller davantage, nous allons reprendre toutes les dates sur le livre de caisse et relever les intérêts à chaque opération. C'est de la besogne. Nous tâcherons de simplifier les règles de trois.

Et on calcule, on calcule, on calcule. Enfin on pousse un soupir de satisfaction. Tous les comptes sont arrêtés avec les intérêts à la date de l'inspection et l'on va dresser l'inventaire.

Le *livre d'inventaires* est immaculé. Personne n'a encore osé y toucher. Nous mettons sous la rubrique *Passif* les comptes des personnes qui ont fait des dépôts à la Caisse, et sous la rubrique *Actif* : 1° les 3 fr. 25 de l'encaisse, et 2° les comptes des sociétaires qui ont emprunté à la caisse. Comme les frais de premier établissement se sont montés à 60 francs, il faut nous attendre à être encore en déficit. D'autant plus que vous avez souscrit à la Caisse Régionale une part sociale de 500 francs dont nous n'avons pas relevé les intérêts pour l'année courante pour la bonne raison que l'assemblée générale n'en fixera le taux que dans quelques mois. En effet, tout compte fait, la caisse est encore en déficit de 30 francs. Ce qui fait que le

bénéfice réalisé depuis la fondation est également de
30 francs.

Eh bien ! Messieurs, voilà une bonne leçon, et malgré tout le plaisir que j'ai eu avec vous, je crois bien
que je ne reviendrai plus vous voir. Maintenant vous
en savez autant que moi et ma visite vous serait inutile. Pour faire plaisir à Mademoiselle Caroline nous
allons accepter un léger rafraîchissement ; nous ne
l'avons pas volé : On a eu chaud, n'est-ce, pas autour
de ces chiffres. Excusez-moi si je me hâte, la voiture
est déjà prête, je l'entends qui s'arrête à la porte du
presbytère.

Notes de voyage. — Les Caisses Châlonnaises.

Pour être de création récente, les caisses des environs de Châlons-sur-Marne n'en sont pas moins très
intéressantes et elles peuvent donner plus d'un enseignement à leurs aînées de la Champagne. Un mot donc
sur chacune des trois plus jeunes : Mairy, Chepy-Mon-
cetz et Courtisols.

Mairy, charmant petit village de 265 habitants,
accoté à un parc superbe de 70 hectares appartenant
au château de Guinaumont. Culture et vannerie à champagne. La caisse rurale existe depuis quelques mois,
est affiliée à la Caisse Centrale de la Champagne, a déjà
prêté 3,500 fr., soutient un syndicat agricole local.

La deuxième caisse comprend deux paroisses :
Chepy, 232 habitants et Montcez, 238 habitants,

cultivateurs et jardiniers, pourvoyeurs du marché aux légumes de Châlons. Egalement à ses débuts, a déjà prêté 3,000 francs, soutient un syndicat agricole local, a aidé en particulier un cultivateur à acheteter une écrémeuse Melotte, le beurre centrifuge étant 1echerché sur le marché de Châlons.

Courtisols, gros bourg de 1,431 habitants, dont la fondation est attribuée aux Huns. Curieusement espacé de chaque côté de la Vesle sur une longueur de 6 kilomètres, terroir immense de 6,565 hectares dont 5,000 en terres labourables, 3 églises, nécessaires à cause des distances, un seul curé, école libre pour les filles, salle vaste et bien aménagée pour les réunions des catholiques. Le cercle d'études sociales qui a à sa tête des jeunes gens remarquables par leur zèle et leur intelligence, a fondé récemment un syndicat agricole et une caisse rurale qui a prêté le premier semestre 4,500 francs. Il y a réunion le 1er et le 3e dimanches du mois à 3 heures, même pendant la moisson. Malgré cette fréquence des réunions et les distances qui sont pour plusieurs de trois et quatre kilomètres, il y a toujours vingt-cinq présences sur une cinquantaine de syndiqués. Cette section sera un jour une des gloires du Syndicat de la Champagne.

Quelques remarques plus générales :

1° Ce sont les curés dans le Châlonnais qui entreprennent l'établissement des œuvres économiques. Il a suffi d'un signe de leur évêque qui leur a dit : « Fondez des caisses rurales. » Ce sont cependant des prêtres qui ont passé l'âge de l'enthousiasme, l'un de ces Messieurs est même chanoine.

Prodigieux effet de l'exemple : Depuis une dizaine d'années ils avaient régulièrement entre eux des conférences sociales ; une visite au Val-du-Bois, à l'occasion d'une fête du Syndicat de la Champagne, a suffi pour leur faire trouver la voie qu'ils cherchaient depuis si longtemps.

Ces Messieurs ont l'intime persuasion de remplir un devoir de leur charge pastorale et d'accomplir le précepte religieux de la charité en s'occupant des intérêts matériels de leurs paroissiens.

2° Ces œuvres, que bien des catholiques critiquent faute de les connaître, sont des ferments très actifs qui, ayant une fois pénétré dans une population en font pour ainsi dire monter l'élite à la surface. Aussi visiter ces associations c'est avoir affaire aux hommes les plus intelligents et les plus dévoués d'un pays.

3° Ces sociétés sont partout exposées à la malveillance des sectaires. Il semble à première vue que, basées uniquement sur les questions économiques et sociales, en dehors de toute préoccupation politique, elles dussent bénéficier de l'engouement actuel pour tout ce qui s'appelle mutualité et mériter grâce devant les politiciens ruraux qui se disent avec tant d'aplomb bien plus forts que quiconque dans la compréhension des besoins populaires. Il n'en est rien et presque partout où elles existent, on a vu les élections se faire au cri de : « Guerrre au Syndicat » au grand ébahissement des syndiqués eux-mêmes qui ne se croyaient pas aussi redoutables. C'est une preuve de plus de l'importance de ces groupements professionnels et une réponse de plus à ceux qui ne croient pas que le salut est dans l'union des braves gens sur le terrain social chrétien.

4° Ces œuvres sont possibles partout, dans les plus tranquilles des hameaux et dans les plus turbulents des bourgs, dans les agglomérations compactes et parmi les populations disséminées, dans les paroisses indifférentes et dans celles où le curé voit les habitants aussi nombreux à la messe les dimanches de moisson que le jour de Pâques, et partout elles procurent le même résultat, c'est-à-dire qu'elles groupent les meilleurs éléments du pays. Il suffit d'un homme qui les comprenne et qui s'y dévoue. Cet homme est dans toutes les paroisses de France.

Une Caisse rurale prospère.

Un gentil petit train nous amène à Castel-en-Val. La gare, toute neuve et couverte de tuiles rouges, fait coquettement face aux coteaux couverts de vignes. La première impression est bonne mais elle s'efface à mesure que, l'on pénètre dans le village, bâti assez massivement en carreaux de terre séchée et en craie, sur des rues si tortueuses que l'on se croirait toujours dans des culs-de-sac, indices de l'esprit actif mais inquiet et tourmenté que les 600 habitants actuels ont hérité de leurs ancêtres.

Depuis quelques années cependant des hommes aux idées plus larges, au caractère plus généreux, à l'intelligence plus ouverte ont voulu rompre avec les habitudes de défiance que l'on avait entre voisins et ils ont créé toutes les mutualités qu'ils ont cru utiles au pays,

Aujourd'hui nous ne nous occupons que de la
Caisse rurale qui est d'ailleurs la clef de voûte de tout
l'édifice social de Castel-en-Val.

Les trois administrateurs administrent véritablement. Ce sont eux seuls par qui passent toutes les
affaires, par qui sont jugées toutes les cautions, et
l'utilité de tous les prêts. Le conseil de surveillance
fonctionne régulièrement et chaque trimestre, l'inventaire est dressé. Le curé qui a été l'initiateur de
l'œuvre s'est mis avec dévouement au service de la
caisse : il met au propre les écritures et c'est lui, car
il est bon et solide marcheur, qui va à la Caisse Centrale pour y porter les sommes en disponibilité ou
pour en rapporter l'argent nécessaire dans une circonstance pressée. Il se fait un point d'honneur de
n'être pour rien dans l'administration des petites
finances locales; il sait que ceux qui les dirigent connaissent mieux que lui les habitants, leur caractère,
leur solvabilité et leurs besoins. Il n'est pas riche,
tant s'en faut; il n'a pour vivre que son traitement et
le maigre casuel de sa paroisse, aussi il a été convenu
qu'il ne serait pas accepté comme caution dans les
prêts. De sorte qu'il ne peut rien perdre de son indépendance ni de son influence morale auprès des chrétiens qui lui ont été confiés, qu'il aime par-dessus
tout, dont il gère de son mieux les intérêts surnaturels
et dont il a passé à d'autres dont il est sûr, les intérêts
matériels.

Pour nous rendre compte de l'activité de cette
institution nous allons ouvrir son livre de caisse. Du
1ᵉʳ octobre 1904 au 1ᵉʳ décembre nous constatons

57 opérations, ce qui fait presque une opération par jour. Ce sont des acomptes ou des paiements d'intérêts apportés par les emprunteurs. Ou bien encore des remboursements complets. Ce sont des dépôts faits par des cultivateurs qui ont touché à la sucrerie voisine le prix de leurs betteraves, par des ouvriers qui ont soin de mettre un peu d'argent de côté, par des enfants qui ne veulent pas gaspiller leurs petites pièces. Ou bien ce sont les sociétés locales.

La Mutuelle Bétail, le Syndicat des achats agricoles, le Syndicat des machines, la Laiterie coopérative ou encore la Caisse Centrale de la Champagne qui dans leurs rapports avec la Caisse rurale de Castel-en-Val lui prêtent ou lui empruntent. En somme en deux mois le trésorier a encaissé 4,010 fr. 80 et il a versé 4,008 fr. 55. Ce qui fait le joli chiffre de 8,019 fr. 35 pour le mouvement de fonds.

Poursuivons notre enquête et voyons quels sont les capitalistes qui alimentent une caisse de si grand appétit, les gens sages ou naïfs qui confient leur petite fortune aux administrateurs de la Caisse de Castel-en-Val. Voici ce que nous lisons sur l'inventaire du 30 septembre 1904 :

1° Robert Legros, petit cultivateur, qui n'occupe qu'un cheval, a déposé 307 fr. 35.

2° Albert Leriche, honnête commerçant, 2,032 fr. 04.

3° Alcide Leblanc, vieux célibataire qui travaille chez ses frères et sœurs, modestes cultivateurs, 102 fr 45.

4° Camille Leclair, jeune garçon de 18 ans qui doit recevoir beaucoup de petites pièces, 614 fr. 73.

5° Mlle Elisabeth Party, une demoiselle d'un certain âge qui doit avoir d'autres placements, 31 fr. 43.

6° Amélie Larose, petite bonne de 16 ans, 8 fr. 60.

7° M. et Mme Legris, qui ont bien travaillé durant leur longue carrière et qui ont vécu sans folles dépenses, 2,049 fr. 14.

8° M. et Mme Tailleur, jeune ménage ouvrier qui fait des économies pour acheter une maison, 515 fr. 23.

9° Mme Laplace, veuve d'un cultivateur, 2,049 fr. 14.

10° M. et Mme Lenoir, vieux ménage de cultivateurs qui travaillent encore un peu, 310 fr. 83.

11° Marcel Bonhomme, qui n'a que trois ans et possède déjà un dépôt de 109 fr. 72.

12° M. Dupont, fonctionnaire en retraite, 268 fr. 11.

13° Mme veuve Alaize, culture en fermage, 4,645 fr. 56.

14° M. Durand, petit cultivateur, 1,024 fr. 17.

15° M. Dumur, petit cultivateur, 514 fr. 30.

16° Martinet, vieux célibataire, autrefois cultivateur et s'occupant encore un peu, 204 fr. 87.

17° Capitaine, vigneron, 717 fr. 82.

18° M. Lemaître ancien cultivateur, 2,959 fr. 12.

19° Mme Lesage, veuve d'un cultivateur, 1,023 fr. 11.

20° M. le Curé, qui n'a que cela, 394 fr. 07.

21° Le petit Jules, âgé de cinq ans, garçon d'avenir, 379 fr. 36.

22° M. et Mme Dupuis, vieux cultivateurs, toujours en activité, 2,561 fr. 41.

23° M. et Mme Lamy, vieux cultivateurs, toujours en activité, 2,025 fr. 07.

24° Mme Lemaire, veuve de cultivateur, 606 fr. 01.

25° Caisse Centrale de la Champagne, 1,992 fr. 03.

26° M. et Mᵐᵉ Ducœur, vieux cultivateurs, toujours en activité, 2,046 fr. 81.

27° Alcibiade Riquet, enfant de chœur, 7 fr. 56.

28° Emile Léveillé, enfant de chœur, 29 fr. 97.

29° Caisse d'assurance mutuelle contre la mortalité du Bétail, 32 fr. 05.

30° Mᵐᵉ Ledour, veuve d'un ouvrier tonnelier, 701 fr. 45.

Si la discrétion nous fait un devoir de changer les noms, nous garantissons l'exactitude des renseignements concernant la progression des déposants et le chiffre de leurs dépôts. Ces 30 dépôts forment un total de 30,264 fr. 71. Complétons notre étude en montrant par quelques notes sur les prêts consentis par la Caisse, les services rendus par le Crédit mutuel dans cet heureux village :

1° En caisse, 6 fr. 35.

2° Part sociale à la Caisse Centrale de la Champagne, 500 fr.

3° Elisée Leroux, manouvrier qui a acheté et planté un morceau de vigne, 92 fr. 67.

4° Isidore Labaye, petit cultivateur qui n'avait pas assez d'argent pour payer un cheval nécessaire à son exploitation, 121 fr. 52.

5° Honoré Legrand, manouvrier qui vient d'acheter une petite maison, 828 fr. 39.

6° Octave Despoix, petit vigneron pour l'achat d'une maison, 801 fr. 63.

7° Legai-Martin, jeune ménage de cultivateurs pour compléter son outillage, 1,010 fr. 04.

16

8° Arnould-Durand, autre jeune ménage dans les mêmes conditions, 1,010 fr.

9' Surot-Lacaille, troisième jeune ménage dans les mêmes conditions, 1,616 fr. 24.

10' Philogène Cornet, cultivateur vigneron, pour l'achat d'un cheval, 924 fr. 14.

11° Laiterie coopérative de Castel-en-Val, 12,187 fr. 41.

12° Laurent-Dupuis, quatrième jeune ménage qui s'établit dans la culture, 404 fr.

13° Delaure-Jamais, jeune ménage ouvrier, mari domestique de culture, femme couturière, pour l'achat d'une maison. caution du patron, 1,111 fr. 01.

14° Lézart-Maquin, ménage d'ouvriers, 45 ans, pour l'achat d'une maison, 767 fr. 07.

15° Louis Cardeur, petit cordonnier, pour achat de cuir et clous, 21 fr. 24.

16° Syndicat des achats agricoles, prêt pour six mois, pour payer engrais et charbons au comptant, 5,739 fr. 27.

17° Marseau-Lucas, ménage d'ouvriers de culture, 40 ans à peine, pour l'achat d'une maison, 252 fr. 48.

18° Syndicat d'industrie agricole (batteuse, trieur, semoir, moissonneuse, faucheuse à foin, houe à cheval, distributeur d'engrais, pulvérisateur, soufreuse, pal injecteur pour les vignes, etc.), 3,229 fr. 40.

19° Bineau-Remis, petit cordonnier, pour achat de cuir et clous, 36 fr. 10.

Toutes ces sommes prêtées par la Caisse rurale forment un total de 30,659 fr. 01. Elle n'a en dépôt cependant que 30,264 fr. 71, mais elle complète la différence qui est de 394 fr. 30 par sa réserve qui représente les bénéfices réalisés depuis l'origine.

***

Que de pages semblables sont écrites par les Caisses rurales françaises. — L'argent, produit d'un travail opiniâtre, ne s'en va pas au dehors, il reste au village sur la terre où il est né et il sert à féconder les efforts des compatriotes, des voisins, des amis, des parents. C'est ainsi que s'accomplit le grand précepte de la Charité.

Dans les livres de la Caisse de Castel-on-Val nous voyons 30 comptes de dépositaires et 19 comptes d'emprunteurs. Mais si nous considérions le nombre des personnes qui font partie des familles ou des associations intéressées et bénéficiaires des avantages offerts par la caisse, nous verrions avec étonnement qu'il représente plus de la moitié du village. Les bienfaits de cette merveilleuse institution s'étendent même jusqu'à ceux qui se servent de l'excellent beurre et qui se nourrissent du fromage fabriqués par la Laiterie coopérative locale puisque c'est la Caisse rurale qui, grâce à ses capitaux, a mis en marche et soutient cette autre société. De sorte que le rayon d'action de cette Caisse rurale s'étend d'une façon indéfinissable et que ceux qui en profitent deviennent innombrables.

Je m'en voudrais de ne pas citer l'éloge que faisait des caisses rurales un ami enthousiaste. C'est ce qu'il appelait avec sa bonne humeur de vieux soldat français les litanies de la caisse rurale. Elle retient l'argent au

pays, elle y fixe les bons ouvriers, elle encourage
l'épargne, elle facilite le travail, elle ouvre la voie à
toute initiative, elle est l'asile de la confiance réci-
proque, elle est le trait d'union entre le riche et le
pauvre, elle est la vraie charité chrétienne, elle aide
sans humilier, elle fait de modestes paysans des
administrateurs habiles, elle apprend à compter, elle
apprend à aimer et à se dévouer, elle est l'école de
l'ordre, de l'économie et du sacrifice, elle est toujours
ouverte pour le travailleur et l'honnête homme, elle
ne se ferme que devant l'incorrigible ivrogne et le
paresseux, elle enrichit sans injustice et sans re-
mords...

Et après avoir énuméré les bienfaits de la Caisse
rurale, mon vieil ami concluait, toujours taquin contre
les curés, par ce souhait :

« Ah ! si tous les curés de France avaient le courage
d'établir une Caisse rurale dans leurs paroisses, quelque
chose serait changée dans le petit pays... et dans le
grand. »

Une Caisse dont le baromètre est à zéro.

Quel brave et digne homme que ce bon petit vieux
curé qui gouverne la paroisse du Mont-des-Anges.
J'arrive chez lui à l'improviste par une de ces soirées
brumeuses et précoces du mois de novembre. Le presbytère est en réparation. Les ouvriers font peu de
besogne par des journées si courtes ; il y a des semaines
que cela dure. Les meubles sont dans le corridor, les

chambres par lesquelles les plâtriers viennent de passer sont inhabitables. J'étais confus de me présenter sans être attendu dans de telles conditions, mais l'accueil fut si aimable, si empressé, si simple, si paternel! Au bout de cinq minutes nous causions parmi ce bazar comme si nous avions été installés, dans le salon le plus confortable. Je crois même que pour mon compte j'étais bien plus à l'aise. D'ailleurs des préoccupations plus nobles que la recherche de notre agrément personnel nous dominaient. Pendant que la gouvernante faisait réchauffer pour notre repas le morceau de veau qui restait de la veille avec des choux de Bruxelles (une vraie gâterie), nous voilà partis à travers les ténèbres du village pour convoquer les administrateurs de la Caisse.

Il n'y a rien qui donne de l'appétit comme l'inspection des Caisses rurales. Nous terminions notre dîner par une grappe de raisin que M. le Curé venait de détacher de sa treille (en plein mois de novembre, s'il vous plaît), quand ces Messieurs arrivèrent avec leurs livres.

Oh! ce fut bientôt fait malheureusement. Une brave personne, car tout le monde est bon au Mont-des-Anges, avait payé les frais de premier établissement de la Caisse rurale, M. le Curé avait fait un emprunt pour essayer d'amorcer les affaires; il avait remboursé au bout de quelques semaines et c'était tout. Le bénéfice réalisé par cette opération avait été de 5 centimes et ces 5 centimes nageaient à l'aise dans la caisse sous l'unité d'un sou. Il y a deux ans que les choses en sont là.

Les administrateurs sont navrés de ne pas rendre de

services avec leur Caisse. Ils sont payés de bonnes intentions mais dame ! l'emprunteur ne vient pas. Ce n'est pourtant pas leur faute après tout, si personne ne s'adresse à eux.

Il y a un courant à créer, c'est évident. On ne vient pas à la Caisse rurale parce qu'on ne la connaît pas. Elle ne se fera connaître que par quelques affaires.

Les gens qui ont besoin d'être aidés sont comme les lièvres qui ont besoin d'être tués pour devenir des civets, ils ne se présentent pas d'eux-mêmes, il faut leur faire la chasse. MM. les Administrateurs, il faut absolument que vous organisiez une battue.

Tous les habitants du Mont-des-Anges sont donc dans l'abondance ? — Oh ! mais non ! — Les cultivateurs ont tous un bas de laine bien garni ? — C'est bien le contraire ! — Les ouvriers ont tous des rentes ? — Que ne dites-vous la vérité. — Mais alors on emprunte au Mont-des-Anges ? — Mais oui, on emprunte. — A qui emprunte-t-on ? Y a-t-il ici des usuriers ? — Pas le moins du monde : on emprunte à Ludovic Untel que vous connaissez bien et il prête sans intérêts. — J'aurais dû y penser : tout le monde est bon au Mont-des-Anges. Mais ce brave M. Ludovic rendrait le même service à ses concitoyens en leur servant de caution s'il tient absolument à rendre service, ce qui n'est pas blâmable. Il pourrait encore être le prêteur complaisant de la Caisse rurale, il courrait moins de risque pour être remboursé. Je parie qu'il n'ose pas aller réclamer son argent parce qu'il est engagé personnellement, tandis qu'il le réclamerait facilement au jour de l'échéance noté sur le billet, s'il y allait pour le compte

do la Caisse rurale. Je suis sûr aussi que les emprunteurs qui généralement n'aiment pas rencontrer le
créancier, l'évitent avec empressement dans les rues,
tandis que s'ils s'étaient adressés à la Caisse rurale, ils
ne seraient pas dans les rues toujours aux aguets, toujours prêts à tourner à un angle, parce que la Caisse
rurale ne sort pas dans le village. Vous verrez que
M. Ludovic se fera des ennemis de la plupart de ceux
qu'il aura voulu obliger.

— Vous parlez d'or, Monsieur l'Inspecteur. — Mais
continuons notre enquête. Vous avez ici un syndicat
pour l'achat des denrées en commun. Est-ce que tous
vos syndiqués paient comptant? — Ah ! il s'en faut de
beaucoup. — Eh bien alors, comment cela se passe-
t-il? — Nous osons à peine le dire parce que nous
commençons à comprendre ce que nous pourrions
faire : c'est le président du syndicat qui avance l'argent et qui paie pour tous ceux qui sont gênés. — Ce
serait bien mieux pour le président et pour les syndiqués si ceux-ci, gênés au moment du paiement des
marchandises, demandaient à la Caisse rurale la somme
nécessaire. Cela se pratique dans presque toutes les
sections. — C'est évident, notre président ne serait pas
toujours sur des épines, à se demander s'il sera remboursé de ses avances.

Passons à un autre genre d'opérations. Vous savez
qu'à Castel-en-Val, comme d'ailleurs dans bien d'autres
caisses, on a aidé des ouvriers à acheter une maison. Ici,
tous les domestiques de culture sont-ils propriétaires
de leur habitation? — Non, ces jours derniers un jeune
ménage d'ouvriers a acheté une maison de 800 fr.

— C'est très bien ! la maison est-elle payée ? — Un acompte de 400 francs a été versé, quant au reste, c'est probablement encore Ludovic Untel qui va l'avancer parce qu'il s'agit d'un de ses domestiques. — Que je regrette donc, Messieurs, que M. Ludovic n'ait pas pu venir ce soir à notre réunion, nous lui aurions fait comprendre qu'il est trop bon, qu'il l'est inutilement, et d'une façon néfaste pour le plus grand nombre. Il détourne de la Caisse rurale qui est capable de rendre plus de services que lui, malgré toute sa bonne volonté, et qui les rendrait mieux que lui. Dans ce cas particulier il servirait encore de caution à son domestique, il honorerait ce garçon d'autant d'estime, il le traiterait avec plus d'égards parce que l'emprunteur n'aurait pas la crainte de souffrir des retenues sur ses gages, il lui ferait comprendre qu'il a en outre la confiance de vous tous. Cela ne l'empêcherait pas d'avancer les 400 francs à la Caisse rurale. Il en retirerait un bénéfice qui lui servirait s'il le veut à donner des étrennes à ce même individu. Il se débarrasserait d'un nouveau souci dont il va se charger, il ferait connaître la Caisse rurale. Ah ! M. Ludovic, M. Ludovic, si vous nous écoutiez, vous qui êtes si bon, vous deviendriez l'âme de la Caisse rurale et ce que vous n'êtes qu'imparfaitement, étant isolé dans votre dévouement, la Providence du Mont-des-Anges.

Les administrateurs ont bien compris, et ils nous ont quittés avec la persuasion que leur Caisse fera prochainement des affaires et qu'elle va commencer par cette maison d'ouvrier.

Rôle du Curé.

Nous terminerons cette étude qui s'adresse particulièrement aux curés de campagne par notre avis sur le rôle réservé au curé dans une caisse rurale.

Le curé doit d'abord être l'initiateur de la caisse rurale. Il est, par mission, le successeur des premiers diacres, des saint Etienne et des saint Laurent. Il ne doit pas seulement pourvoir aux nécessités des mendiants sordides, ni veiller seulement à ce que personne dans sa paroisse ne meure de faim; il doit élargir le rayon de sa bienfaisance et aider de tout son pouvoir le travailleur honnête, l'ouvrier digne d'intérêt pour qui le souci du pain quotidien et la préoccupation de faire honneur à ses affaires sont bien plus écrasants que la quiétude d'esprit dans laquelle végète ordinairement le miséreux. Or il est avéré maintenant que si le tronc des pauvres est pour les cas incurables, la caisse rurale est destinée à fournir des instruments à ceux qui peuvent et veulent travailler. Le vrai pasteur doit penser à toutes les nécessités de ceux qui lui sont confiés et c'est pour lui un devoir d'état que d'aider les petits cultivateurs et les ouvriers qui ont besoin non pas d'aumône mais seulement de crédit.

Qui donc dans les campagnes connaît la caisse rurale? Qui reçoit et lit les journaux et les revues qui parlent de la caisse rurale? C'est le curé parce que cette institution telle que nous l'aimons est l'œuvre des catholiques et ce sont les catholiques qui l'ont rendue populaire. Dans un village le curé seul connaît donc la caisse rurale et lui seul dès lors peut la donner à ses paroissiens.

Créateur du crédit mutuel, le curé ne doit pas autant que possible en être l'administrateur. Quel est le cri de haine du monde contre la religion, c'est: A bas le cléricalisme! Le cléricalisme d'après nos adversaires est un esprit de domination dont le clergé s'est imbu en parlant toujours au nom de Dieu, vérité infaillible, en ne souffrant par là-même aucune objection dans son enseignement, en se prétendant le représentant de la plus haute autorité possible, en s'attribuant la critique de toute autre autorité et la direction de tout mouvement. Voilà une opinion qui s'accrédite de plus en plus dans les masses et qui éloigne les hommes de toutes les œuvres que le clergé fonde et dirige. Donc si le clergé est administrateur de la caisse rurale, plusieurs croiront ou s'efforceront de faire croire, par naïveté ou par hypocrisie, que c'est un nouveau moyen de domination cléricale qui vient d'être créé et qu'il faut s'en éloigner comme de la peste. Voilà pourquoi le curé fera bien de ne pas être administrateur. S'il se tient à l'écart de la gestion directe des affaires il y trouvera outre l'avantage de ne pas rendre la caisse suspecte, celui de former trois hommes et d'en faire trois dévoués. Il aura gagné une unité pour l'élite que nous devons nous efforcer de créer dans la paroisse.

Le curé se contentera d'être le serviteur du crédit mutuel: par ses conseils d'abord, en apprenant aux administrateurs la charité chrétienne, toujours en quête de bien à faire et de service à rendre; en montrant aux ouvriers et à tous ceux qui réclament du crédit les avantages de la caisse locale; en recherchant les occasions, à l'approche de certaines ventes par exemple, dont pourraient profiter quelques familles pour améliorer leur situation.

Le curé sera le serviteur de la caisse en acceptant une part de la besogne matérielle, la tenue ou la mise au propre des écritures, l'apport de ses maigres économies pour aider à féconder les sueurs du travailleur, ou encore la recherche de quelques capitaux auprès des plus aisés parmi ses paroissiens.

Tel est le rôle que nous souhaitons à tous les curés dans ces œuvres : qu'ils soient les initiateurs et les serviteurs de la caisse rurale. En se tenant sagement à l'écart de la gestion directe, ils éviteront de froisser, et en prodiguant leur dévouement dans les occasions propices ils réaliseront la belle devise du saint curé de Mattaincourt : « Ils seront utiles à tous, ils ne nuiront à personne » et un jour, ce sont eux, les ouvriers du Père de famille, qui grâce à la sympathie et à la confiance qu'ils auront gagnées feront la plus belle moisson, celle des âmes conquises par une inlassable charité.

Abbé F...

SAINT-FÉLICIEN (1)

Une petite Paroisse rurale

REMARQUES PRÉLIMINAIRES

On dit parfois : les œuvres, les associations sont bonnes pour les villes ; elles sont impraticables dans les campagnes, surtout dans les petites paroisses.

La difficulté est plus grande pour l'Ouest, les populations rurales sont disséminées. Que de communes sans bourgade et qui comptent presque autant de hameaux séparés que d'habitations ! De là impossibilité de réunir les hommes en dehors des offices religieux essentiels.

Personne n'est plus réfractaire à l'idée d'association

---

(1) *L'Action Populaire* se place sur le terrain économique. — Mais à Saint-Félicien, les œuvres religieuses et les œuvres sociales se compénètrent. Exposer les unes, c'est exposer les autres ; on n'avait donc pas à faire un partage impossible dans une petite paroisse au milieu d'une population très chrétienne. Ce mot — qui est une louange — explique le caractère spécial de la présente monographie.

que nos braves paysans. Ils se montrent pleins de défiance pour ce qui sent la nouveauté. Les roues pesantes de leurs voitures cesseront plus tôt de suivre les ornières séculaires des bas chemins qu'eux de quitter le sentier de la routine. Si par hasard quelqu'un veut s'occuper d'eux au point de vue économique ou matériel, ils s'acharnent, quoi qu'on leur dise, à voir dans cette sollicitude une arrière-pensée d'intérêt égoïste ou d'ambition.

Enfin à quoi bon les Œuvres rurales ? Nos populations sont foncièrement chrétiennes. Pour les maintenir, le ministère pastoral ordinaire est bien suffisant.

L'auteur de ce modeste travail a tenu tous les raisonnements contraires et l'on verra si l'expérience lui a donné tout à fait tort.

Accoutumé à s'occuper d'œuvres, fondateur d'un Patronage de jeunes gens et d'une Conférence de Saint-Vincent-de-Paul dans la ville où pendant neuf ans il avait exercé les fonctions de vicaire, il n'a pu se résigner à ne pas tenter quelque essai dans le nouveau milieu où la Providence l'avait conduit.

Il n'est pas utile pour le lecteur de faire une plus ample connaissance avec lui. S'il se met en scène, c'est qu'il a été prié de le faire. On pourrait voir dans l'anonymat dont il se couvre une précaution qui permette à ses œuvres d'échapper à un contrôle embarrassant. Mais ceux qui lui ont demandé à diverses reprises des rapports et des notices, ceux qui dans le monde des œuvres le connaissent, et ils sont fort nombreux, pourraient se porter garants de l'absolue sincérité de ses comptes-rendus.

D'ailleurs le curé de Saint-Félicien n'a rien fait d'extraordinaire. Le peu qu'il a créé ne ressemble en rien à ces œuvres magnifiques qui ont transformé certaines localités et dont on est tenté de dire qu'elles sont plus admirables qu'imitables. Mais c'est ce qui sans doute a donné à penser qu'une notice consacrée à des œuvres très simples et relativement faciles aurait plus de force pour persuader et serait plus féconde en résultats pratiques.

Il ne manque pas de manuels spéciaux et autorisés qui donnent au sujet des associations rurales des règles et des renseignements de toutes sortes. Mais une monographie dans laquelle on décrit la fondation, le fonctionnement, les succès et aussi les épreuves d'une œuvre particulière, paraît à la fois plus intéressante, puisqu'elle offre un tableau vécu, et plus encourageante, puisqu'à l'exposé des règles elle ajoute la démonstration de l'exemple.

Saint-Félicien n'offrait pas plus que beaucoup d'autres paroisses un terrain préparé pour les œuvres. Sa population atteint à peine 400 habitants. Il est juste d'ajouter que la situation géographique de l'église y amène un certain nombre des habitants des paroisses voisines.

A l'arrivée du nouveau curé les paroissiens de Saint-Félicien étaient divisés, mécontents du départ de leur ancien pasteur, ce qui est à leur éloge. Les mauvaises influences avaient peu pénétré parmi eux, ils étaient honnêtes, laborieux et s'approchaient tous des sacrements à une dizaine d'exceptions près.

La grosse fortune et la providence de la paroisse au

point de vue de la bienfaisance est le château, habité par une famille exemplaire, comme il y en a encore beaucoup en France, très dévouée à la cause religieuse et toute disposée à seconder les œuvres paroissiales. Quelques petits propriétaires, beaucoup de fermiers plus ou moins heureux, encore plus de journaliers assez peu rétribués, plus de pauvres que dans le voisinage, c'est toute la population de Saint-Félicien.

Dans l'arrondissement il n'existait il y a quinze ans aucune œuvre rurale à proprement parler. C'est dire qu'on était extrêmement neuf à Saint-Félicien sur cette question. Remarque qu'il était opportun de faire. Puisque les œuvres y ont réussi, c'est une réponse péremptoire à l'objection courante : Nos populations de la campagne, plongées dans une incurable routine, ne sont pas mûres pour les associations.

Une dernière observation préliminaire viendra ici à sa place.

Les hommes d'œuvres peuvent se trouver dans deux situations fort différentes. Les uns doivent se poser en conquérants. Ils arrivent dans des milieux où la plupart n'ont de chrétien que le nom. Comment ramener ces indifférents? Gagner leur confiance en leur rendant quelques services matériels, puis grouper par l'association les bonnes volontés que l'on est parvenu à susciter, faire petit à petit pénétrer l'idée religieuse sous le couvert des œuvres économiques, arriver ainsi aux victoires de l'ordre spirituel par la poursuite des intérêts temporels. On en cite qui par de tels procédés sont parvenus à réaliser en partie l'idéal évangélique du « seul troupeau sous un seul pasteur. » Ce qu'il leur a fallu d'esprit d'initiative, d'énergie de caractère et de persévérance, eux seuls pourraient le dire. On ne devrait jamais leur marchander le tribut d'estime et d'admiration auquel ils ont droit.

D'autres hommes d'œuvres sont plus heureux en apparence, mais aussi leur mérite est bien moindre. Ils arrivent au sein d'une population religieuse, toute disposée à les entourer de respect et à les écouter avec confiance. A la rigueur ils pourraient ne point s'occuper des œuvres sociales et se contenter du ministère ordinaire et des confréries de piété. Ce serait à coup sûr le parti sinon le plus sûr, du moins le plus commode.

Mais, se disent ils, les temps sont mauvais, les populations les meilleures souffrent, le relâchement s'introduit partout, la mauvaise presse exerce d'effroyables ravages. On multiplie les réunions, les fêtes, les concours le dimanche pour éloigner les hommes de l'église. Doués d'une activité dévorante et forts de l'appui des puissants du jour, les sectaires dirigent de ce côté tous leurs efforts. Le prêtre à la sacristie ! dans une église désertée en attendant qu'on l'en chasse, tel est le mot d'ordre de l'impiété.

Notre Saint-Père Léon XIII, d'illustre mémoire, a tracé la ligne de défense catholique que nous devons suivre : retourner contre nos ennemis les armes qu'ils nous opposent, les combattre par leur propre tactique sur le terrain des œuvres.

Le moyen de sauvegarder chez les fidèles la foi et les pratiques du Catholicisme c'est de les unir par l'attrait des associations utiles sous la bannière de la

17

Religion. Si nous ne faisons pas d'œuvres, du reste, d'autres en fonderont et contre nous. Donc profitons de notre ascendant sur nos populations, que notre zèle pour leurs intérêts matériels resserre les liens qui les unissent à nous, que nous puissions tenir notre place au milieu d'elles et que nous soyons toujours les pasteurs des âmes. Ce sont les raisons qui ont convaincu le curé de Saint-Félicien à la suite de la foule de ses devanciers.

Seulement il est clair que leur méthode a été l'inverse de celle qui a été décrite tout d'abord. Au lieu de se servir des œuvres sociales et économiques pour se faire accepter ensuite comme prêtres, ils ont au contraire profité de leur influence religieuse pour exercer ce qu'on peut appeler la charité sociale des œuvres. De la sorte, ce qui était pour les premiers un moyen de conquête a été pour eux une arme de préservation et de persévérance. Si ceux-là ont pris pour maxime le mot de saint Paul : Se faire tout à tous pour gagner leurs frères ; ceux-ci ont adopté pour règle de se dévouer également pour maintenir leurs positions et ne point se laisser entamer par l'ennemi.

Notre-Dame des Champs et les Agriculteurs.

Les jeunes filles et les femmes chrétiennes étaient groupées à Saint-Félicien en associations. La première était florissante, la seconde ne tarda pas à le devenir.

Lorsqu'il avait exposé son programme devant ses

paroissions, le nouveau pasteur avait déclaré que les
jeunes gens et les hommes ne seraient pas oubliés.

Mais sous quelle enseigne organiserait-il leurs
cadres ?

Il désirait une Confrérie de la Sainte-Vierge pour
cette raison, qu'à part celle du Saint-Scapulaire, il
n'en existait pas de générale dans la paroisse. Le
vénérable M. le chanoine Darel avait institué depuis
quelques années dans la cathédrale de Séez dont il
était archiprêtre, une nouvelle confrérie. Le titre
qu'elle porte indique assez qu'elle s'adresse surtout aux
ouvriers de la terre et aux populations rurales : Notre-
Dame-des-Champs, nom très poétique et très doux,
connu d'ailleurs depuis longtemps et invoqué par les
paroisses qui se font un honneur de le porter. Bientôt
cette association fut érigée par Sa Sainteté Léon XIII
en archiconfrérie et ornée de précieuses indulgences.
Une foule de confréries de Notre-Dame-des-Champs se
fondèrent rapidement et s'affilièrent à celle de Séez,
dans l'Orne, les départements voisins et une foule de
diocèses, surtout du Midi. Quelques-unes même ont
été instituées en Italie.

Le but que se sont proposé les fondateurs de cette
œuvre se devine. Faire refleurir la vie chrétienne dans
les campagnes, maintenir spécialement les hommes
dans les pratiques religieuses ou les y ramener, procurer la sanctification du dimanche, attirer les bénédictions du ciel sur les travaux des champs, autant de
moyens propres à procurer la prospérité des travailleurs
de la terre, autant de points qui se trouveront expliqués
dans la suite.

Une fois groupés sous le patronage de Notre-Dame, les agriculteurs se sont trouvés tout naturellement portés à s'occuper de leurs intérêts matériels en même temps qu'ils poursuivaient leurs intérêts spirituels. Œuvre sociale parce que déjà elle favorisait le respect du dimanche et rendait plus chrétiennes les familles rurales, la Confrérie l'est devenue d'une autre manière en ce qu'elle a procuré l'éclosion de syndicats et de sociétés économiques de tout genre. On pourrait dire qu'elle a merveilleusement réalisé la maxime de l'Evangile : « Il faut chercher d'abord le royaume de Dieu et sa justice, le reste, c'est-à-dire la prospérité matérielle, viendra par surcroît. »

Le curé de Saint-Félicien se trouva vite fixé dans son choix; seulement il débuta par ce que plusieurs ont qualifié de coup de hardiesse.

L'archiconfrérie de Séez et les confréries formées sur son modèle, tout en convoquant spécialement les hommes, acceptent cependant les femmes. Or, n'est-il pas à craindre qu'une association qui ouvre ses portes aux deux sexes ne finisse par devenir une de ces confréries de piété qui n'atteignent point la masse et qui finissent par n'être que l'apanage des personnes ferventes ?

Le curé crut que les hommes et les jeunes gens attacheraient plus de prix à une œuvre qui leur serait exclusivement réservée et qu'il les atteindrait ainsi plus sûrement. L'expérience qu'il a faite le porte à penser que c'est à cette résolution qu'il a prise et dont il ne s'est jamais départi que sont dus tous les succès de l'œuvre.

La première retraite pascale où furent invités ses paroissiens lui fournit une occasion favorable de faire les premières ouvertures. Après avoir donné les explications utiles il annonça qu'il s'occuperait de recueillir des adhésions. Il ne voulait soumettre son projet à l'autorité épiscopale que lorsqu'il aurait atteint le chiffre de cent. Car à quoi bon ériger une confrérie sans adhérents ?

Des visites à domicile obtinrent bientôt le chiffre désiré. Tout le Conseil municipal et tout le Conseil de fabrique s'inscrivaient en tête des listes.

Le registre fut dressé et les billets furent distribués.

Quelques détails sont nécessaires pour initier le lecteur à l'organisation et à la vie intime de la Confrérie. Rien de plus simple d'ailleurs.

Les associés s'engagent à réciter trois fois chaque jour l'invocation à Notre-Dame des Champs. Le moment de cette récitation est tout indiqué ; c'est la clôture obligatoire de la prière du soir en famille, à l'école et à l'église. Cette invocation est devenue familière à beaucoup dans la paroisse. Dans des moments où un orage menaçait et où l'on avait à redouter quelque contre-temps, elle s'est trouvée sur bien des lèvres. Le pasteur a été bien des fois touché par la confiance toute spontanée avec laquelle des hommes la répétaient sur leur lit d'agonie.

Quoi d'étonnant que cette pieuse invocation soit devenue chère aux cultivateurs ! Elle leur parle de celle qu'ils peuvent appeler Notre-Dame, la leur, celle qui préside à leur vie et qui est la protectrice de leurs travaux.

Trois pratiques sont recommandées aux membres de la Confrérie :

1º L'assistance à la réunion mensuelle. Cette réunion se termine par la bénédiction du Saint-Sacrement et quelque prière en l'honneur de Notre-Dame des Champs. On y ajoute quelques strophes d'un de ces cantiques qui exposent les devoirs des cultivateurs et expriment les vœux qu'ils présentent au Ciel. Parfois une courte allocution de circonstance complète l'exercice. La réunion annoncée d'avance est fixée de préférence les jours de fête parce que ce jour-là on peut espérer une plus nombreuse assistance.

2º Les processions des Rogations intéressent spécialement les gens de la campagne. Ils y assistent encore volontiers. C'est une des pratiques obligatoires d'une Confrérie agricole.

3º La communion de Noël. Notre Confrérie a pris en effet Noël pour fête patronale. Une double raison a motivé ce choix. D'abord c'est la fête des campagnards représentés à la Crèche par les bergers de Bethléem. En outre il semblait plus facile d'obtenir une nombreuse communion d'hommes en un tel jour que le cinquième dimanche après Pâques, veille des Rogations, adopté par l'Archiconfrérie de Séez.

La communion de Noël a été et ne cesse d'être notre grand succès. En 1888, année de l'arrivée du curé, ses exhortations avaient amené une trentaine d'hommes et de jeunes gens à la sainte Table, et c'était, disait-on, la plus belle communion de Noël dont on se souvint dans la paroisse. Ce chiffre, croyait-on, ne serait jamais dépassé, étant donnée la force de l'habitude immémoriale chez presque tous les hommes de ne communier qu'à Pâques. Or dès la première année de l'existence de leur Confrérie les hommes se sont approchés des sacrements à Noël au nombre de 120. Depuis ce chiffre s'est élevé, et a atteint celui de 150 en moyenne.

La messe de minuit se célèbre aux intentions de la Confrérie. Pendant les deux messes qui suivent et auxquelles tous assistent on chante des cantiques de Noël et de Notre-Dame des Champs avec un entrain qui rappelle les plus belles réunions de mission.

La Confrérie de Saint-Félicien fut érigée solennellement en 1889. Les Annales de l'Archiconfrérie reproduisaient en ces termes le court compte rendu qu'elles avaient reçu : « L'inauguration officielle de notre Confrérie a eu lieu le dimanche 14 juillet. Notre petite église était superbe avec sa parure de guirlandes, de fleurs et de bannières. Parmi les quarante-cinq oriflammes faites pour la circonstance paraissaient, à la place d'honneur, celles de Notre-Dame des Champs. La fête a été fort belle, surtout l'après-midi. Délégué par Mgr l'Evêque, M. l'Archiprêtre de l'arrondissement l'a présidée et a béni en même temps une grande statue du Sacré-Cœur. Le cantique : *Priez pour nous, ô Reine des Champs,* a été chanté avec un entrain extraordinaire par les hommes. L'impression générale a été excellente et tout fait espérer de consolants résultats. Nous approchons du chiffre de 150 associés, tous hommes et jeunes gens. Ce chiffre est respectable pour une paroisse de 440 habitants. »

Il faut ajouter que ce chiffre est considérablement

dépassé et no pas oublier que les paroisses limitrophes augmentent notre contingent.

Un article du règlement n'a pas peu contribué à multiplier les recrues. A la mort de chaque confrère, la Confrérie fait célébrer une messe pour le repos de son âme. C'est d'ordinaire la première messe du dimanche suivant. Une prière est récitée également à son intention à la réunion mensuelle. Une quête faite le jour de la fête du patron de Saint-Félicien pour les œuvres paroissiales couvre et au-delà les dépenses.

L'Assomption est la troisième fête. Co jour-là on a repris l'ancien usage de la bénédiction des récoltes. Elle se fait au retour de la procession des vêpres selon la formule admirable consacrée par le Rituel romain. Les jours précédents chaque maison envoie son bouquet d'épis. On en compose des guirlandes et des gerbes pour faire à la statue de Notre-Dame une parure symbolique et digne d'elle. Après la fête, le grain recueilli avec soin est confié au meunier qui se garde bien de faire payer son service : « Je fais ainsi ma part, dit-il. » Puis les religieuses se servent de la pieuse offrande afin de confectionner du pain d'autel pour les messes et les communions du temps de Noël. Les agriculteurs comprennent aisément l'honneur et la bénédiction qui découlent pour eux de leurs fonctions de pourvoyeurs de la sainte Eucharistie.

A la pratique de la bénédiction des récoltes s'est jointe celle de la bénédiction des semences. Celle-ci se fait ordinairement au retour de la grande procession décrite plus haut, un des dimanches qui précèdent la

Toussaint, c'est-à-dire avant l'époque où se sèment les gros grains. Chacun apporte un sac ou un cornet rempli de grains. Après la cérémonie, accomplie selon la formule du Rituel romain, il les remporte pour les mêler aux semences qu'il doit confier à la terre.

D'autres pieux usages ont été remis en honneur dans la paroisse, par exemple la bénédiction des bâtiments neufs. Tout y passe, suivant les règles de la liturgie, la maison d'habitation, l'étable, les greniers à fourrage et jusqu'au puits. A la devanture des habitations neuves on place une statue de la Sainte Vierge. La plaque du Sacré-Cœur brille à la porte extérieure de presque toutes les demeures. Il y a même un nouveau village qui porte le nom de Notre-Dame-des-Champs. Il est formé par la ferme-modèle et ses dépendances que les châtelains ont bâties récemment ; la statue de la sainte patronne y est à la place d'honneur.

La paroisse a voulu avoir un dernier monument de sa dévotion. L'ancienne bannière paroissiale ne paraissait plus convenable pour les grandes solennités. Le concours de tous a permis de la remplacer par une splendide bannière portant d'un côté l'image du patron de la localité et de l'autre celle de Notre-Dame des Champs.

On nous demande peut-être quels résultats a produits la Confrérie des hommes... Nous en avons déjà signalé quelques-uns. On peut y ajouter le maintien de l'esprit de foi relativement au grand dogme de cette Providence qui ménage ou refuse un temps propice et assure au travail sa fécondité. La Confrérie de Notre-Dame-des-Champs est une protestation et une ligue contre l'athéisme pratique qui finira si l'on n'y prend garde, par tuer la Religion dans les campagnes.

A cet avantage très réel se joint un accroissement très sensible de la dévotion envers Marie, une pratique plus fréquente des sacrements et dès lors une vie chrétienne plus intense dans la paroisse.

Enfin, nous l'avons fait déjà pressentir, la Confrérie des hommes a rendu possible d'autres œuvres qui ont été comme le développement et le couronnement naturel, le Syndicat paroissial et l'Assurance mutuelle contre la mortalité du bétail, deux œuvres qui méritent d'être exposées à part.

Comment fut fondé le Syndicat paroissial de Saint-Félicien.

C'était le jour de Noël 1894. La Confrérie des hommes célébrait sa fête patronale. Entre les complies et le salut du Saint-Sacrement, le curé adressa, comme il le fait dans les principales solennités, une courte allocution à ses paroissiens.

Voici à peu près comme il la termina :

« Je voudrais bien m'entretenir d'un sujet spécial avec les hommes, membres de la Confrérie. C'est un sujet que je ne puis guère traiter à l'église et qui demande d'ailleurs des explications assez longues. Je leur adresse en ce moment une invitation. Je les prie tous de venir aux vêpres dimanche prochain 30 décembre. Après l'office ils voudront bien se réunir dans la grande classe de l'école. On la chauffera, on y orga-

nisera des sièges pour tous. J'aurai à m'entretenir avec
vous de questions qui ne pourront que vous être
agréables, puisqu'elles auront trait à vos intérêts matériels. Ainsi je donne rendez-vous à tous dimanche
prochain. »

Pas n'est besoin de dire qu'une telle invitation lancée
à l'improviste sans que personne fût prévenu, eut le
privilège d'intriguer les cultivateurs. Ils étaient accou-
tumés, il est vrai, à voir leur curé leur demander une
foule de choses qui sortaient de l'ordinaire. Ils vinrent
en grand nombre. Ils étaient au moins une centaine.
C'était presque le nombre des électeurs inscrits de
Saint-Félicien. Plusieurs s'excusaient de ne pas venir
pour des raisons graves.

C'était un premier succès d'autant plus que certains
redoutaient un échec pour le curé, car ni le jour ni
l'heure ne semblaient favorables.

Le curé monta dans la chaire de la directrice de
l'école à la grande hilarité des pères de famille qui
avaient pris pour un instant les places de leurs
enfants, peut-être celles que naguère ils avaient
occupées eux-mêmes.

Par le fait, le curé n'en disconvenait pas, c'était une
classe qu'il allait faire à ses paroissiens.

Pendant une grande heure il leur adressa une causerie familière sur les syndicats agricoles, leur nature,
les privilèges que la loi de 1884 leur accorde, leur
fonctionnement et les services qu'ils peuvent rendre.
Parmi les œuvres des syndicats il cita l'assistance des
malades, l'union pour obtenir de meilleures conditions
dans les achats et les ventes, les assurances mutuelles

contre la mortalité du bétail et les caisses rurales.

Il fallait tirer une conclusion. Le moment n'était pas encore venu de fonder quelque chose et de recruter des adhérents. Ce n'est pas ainsi qu'on procède, surtout avec des hommes qui entendent pour la première fois de leur vie parler des associations agricoles. Tout ce qu'on pouvait leur demander c'était de déclarer si l'étude de la question leur semblait opportune. Dans ce cas, le conférencier les verrait en particulier chez eux ou au presbytère. On prendrait le temps de la réflexion, on se concerterait, puis quand on se croirait prêt et assez nombreux, on verrait à s'organiser. « Que ceux donc qui sont d'avis de voir mettre à l'étude la question syndicale lèvent la main. » A cette invitation tous se regardèrent, puis, comme les autorités donnaient l'exemple, toutes les mains se levèrent les unes après les autres.

« A bientôt, » dit le Curé, et il termina sa conférence par un pressant appel à cette forme de la charité chrétienne qui est l'association. Aidons-nous mutuellement sous le patronage de Notre-Dame des Champs.

La première impression fut excellente. Seulement, il faut l'ajouter, à la réflexion, bien des doutes surgirent, les défiances et les objections s'élevèrent : Un syndicat, c'est une chose si nouvelle, si difficile ! Le curé a de bonnes intentions, mais pour sûr qu'il ne réussira pas. La commune est trop petite, passe pour les villes. On dit que cela fait merveille dans d'autres départements. Mais le nôtre n'est pas encore prêt pour les imiter, etc.

Le curé avait bien prévu ce mouvement de défiance.

Tout mauvais esprit en était absent, cela lui suffisait. Il allait entreprendre pour tout de bon sa campagne.

L'hiver, surtout dans les jours de grande pluie ou de neige, crée des loisirs forcés aux cultivateurs. Le curé en profita pour aller visiter les propriétaires et les fermiers, spécialement ceux qu'il croyait sinon plus accessibles (car toutes les portes lui étaient ouvertes), du moins mieux disposés à entrer dans ses vues. Quelques-uns vinrent par groupes de deux ou trois au presbytère après les offices du dimanche. Autant d'occasions pour discuter le projet de syndicat paroissial. Quelques-uns demandèrent des explications, formulèrent des objections ; ce n'étaient point les plus réfractaires, bien loin de là. D'autres approuvaient tout, les uns sincèrement, plusieurs avec une arrière-pensée. Car il est dans le génie des paysans de Normandie, et d'ailleurs, de dire toujours « Oui ! » en face, ce qui ne les empêche pas de dire « Non ! » en arrière.

En général on croyait l'assurance du bétail chose impraticable et les plus déterminés convenaient que c'était un point à renvoyer à plus tard. Quant aux Caisses rurales avec leur système de prêts et de cautionnements, elles avaient le privilège de ne rencontrer que des sceptiques. Les autres opérations des syndicats agricoles, spécialement l'assistance des malades, obtenaient plus de faveurs.

Le dimanche 24 mars 1895 eut lieu une réunion dans le but d'organiser une association. Ceux qui avaient donné leur adhésion y assistèrent tous. Le vénéré Maire de Saint-Félicien retenu par une indisposition envoyait une lettre d'excuse. Il alléguait son grand âge (1) pour prier qu'on ne lui donnât que le titre d'associé ordinaire. Naturellement l'assemblée ne consentit pas à ratifier ce désir inspiré par une modestie sincère : M. le Maire fut proclamé président d'honneur.

Lecture fut donnée des statuts du Syndicat paroissial. En voici un résumé. Les premiers articles indiquent la nature et le but de l'association. D'autres l'organisent dans ses grandes lignes. Elle comprend des membres honoraires et des membres actifs Les membres honoraires sont ceux qui, plus riches que les autres, se contentent des avantages ordinaires procurés par le syndicat et renoncent à participer aux secours que la caisse réserve aux membres actifs en cas de maladie.

L'association est administrée par un conseil de douze membres dont cinq honoraires et sept associés. Ces conseillers ont la liberté de s'adjoindre deux autres membres dont le concours leur semble utile, par exemple pour les écritures.

Les conseillers sont nommés par leurs groupes respectifs réunis sous la présidence du doyen d'âge à la majorité des voix. La durée des pouvoirs du Conseil est de six ans. Les membres sortants sont rééligibles. En cas de vacances par décès ou démission, une élection se fait à la réunion générale suivante. Le mandat du remplaçant prend fin le jour où se serait terminé celui du remplacé.

Le Conseil choisit dans son sein un président, deux vice-présidents, un trésorier, un secrétaire. Celui-ci

(1) Maire depuis 1818 sans interruption, M. X... passe actuellement pour le plus ancien maire de France.

peut être pris en dehors du Conseil. Les articles suivants déterminent les fonctions des conseillers et leur adressent cet avertissement. Les membres du Conseil se rappelleront que leurs fonctions constituent une charge plutôt qu'un honneur et ils s'appliqueront à mériter la confiance que leur témoigneront leurs associés.

Deux réunions générales doivent avoir lieu tous les ans.

Les cotisations annuelles sont fixées à trois francs.

L'association se place sous le patronage de Notre-Dame des Champs et célèbre chaque année sa fête patronale le jour de Noël.

Tels sont, avec quelques articles concernant la police de l'œuvre, les statuts qui furent adoptés dès les premiers jours et déposés en double entre les mains du maire chargé de faire passer un exemplaire à l'administration.

Les élections furent faites suivant la forme indiquée ci-dessus. Malgré le refus formulé au préalable par le curé d'entrer dans le conseil, il eut toutes les voix de son groupe, c'est-à-dire des membres honoraires. On finit par se rendre à ses désirs et il fut convenu qu'il resterait ce qu'il avait été dès le commencement, le secrétaire et le porte-paroles du syndicat. Sans être du conseil, il assisterait à toutes les réunions et continuerait à être l'âme de l'Association.

On décida enfin de provoquer une réunion générale à laquelle seraient invités tous les agriculteurs. Le secrétaire y ferait un rapport sur l'œuvre et son fonctionnement.

Cette réunion eut lieu le 2 juin, jour de la Pentecôte. Elle fut fort nombreuse et provoqua quelques nouvelles adhésions. Les cotisations commencèrent à être recueillies et le syndicat prit sa marche régulière. Il comptait quinze membres honoraires et vingt-quatre membres actifs. C'était peu, c'était assez pour commencer, d'autant qu'il s'agissait d'hommes sérieux et sur lesquels on pouvait compter.

Services rendus par le Syndicat.

Les syndicats agricoles trouvent le moyen de rendre à leurs sociétaires des services appréciables et pourtant ils ne réclament qu'une faible cotisation annuelle. C'est le résultat de l'association : l'union décuple les forces.

1. — Le syndicat avait inscrit en tête de son programme l'étude des questions agricoles, la recherche des améliorations à introduire dans les exploitations rurales. Ce point ne laissait pas d'être très important dans un pays considéré comme arriéré, et attaché aux vieilles routines. Ce premier but a été atteint en partie. Bien des échanges de vues ont eu lieu entre les syndiqués. Leur attention s'est trouvée tout naturellement portée du côté de l'instruction agricole. Les organes spéciaux ne leur ont d'ailleurs pas fait défaut. Le curé les avait presque tous abonnés à *la Croix du Dimanche*, dite *Croix du Laboureur*. Ils y ont trouvé plus d'une indication utile. Quelques-uns en ont profité.

Le département possédait un grand syndicat très
florissart présidé par un des rédacteurs du *Laboureur*, M. G... Le curé de Saint-Félicien se mit en
rapport avec lui, et lui demanda de vouloir bien faire
une place à son petit syndicat dans l'association départementale. Cela ne se fit pas sans bien des pourparlers.
On n'admettait que des sections cantonales ; de plus la
coti ation exigée était de deux francs. Que resterait-il
aux syndiqués de Saint-Félicien pour leurs œuvres
spéciales ?

De bonnes raisons furent alléguées et finirent par
vaincre des résistances d'ailleurs fort légitimes. Un
syndicat général a son utilité, mais il ne réalise que
très imparfaitement son but. Composé en général de
propriétaires ou de gros cultivateurs, il n'atteint pas
ceux qui auraient précisément le plus besoin de
s'associer, les petits fermiers. Éparpillés, isolés souvent sur tous les points d'un territoire considérable,
les syndiqués se connaissent peu, n'ont que des rapports assez rares et ne peuvent pratiquer la solidarité
que d'une manière un peu éloignée. L'idéal, M. G.
aimait à le reconnaître, c'était le syndicat paroissial.
Il espérait que les sections cantonales devenues plus
florissantes pourraient se diviser selon le nombre des
communes. Mais alors puisque, l'on trouvait une organisation communale toute faite, pourquoi ne pas
l'adopter? Ne serait-ce pas d'un exemple excellent?

L'alliance fut conclue à ces conditions. Le syndicat
de Saint-Félicien garderait son autonomie, c'était
nécessaire, étant donné qu'il créait des œuvres spéciales. Il verserait chaque année la somme de vingt

18

francs au trésor du grand syndicat. Il recevrait en
retour chaque mois vingt numéros du *Bulletin* de
l'association et en outre aurait droit aux avantages
procurés aux syndiqués du département et de la section
cantonale voisine.

C'est ainsi que pour l'instruction de ses membres
le syndicat de Saint-Félicien leur passe régulièrement
un bulletin spécial fort précieux par les renseignements et conseils pratiques qu'il multiplie pour les
agriculteurs.

Une trentaine de manuels d'agriculture furent distribués à l'école pour initier les enfants à l'estime
de la vie des champs et leur donner des notions élémen-
taires sur le métier qu'ils devront pratiquer à l'exemple
de leurs parents.

Les résultats de cette instruction sans être merveilleux et universels sont cependant appréciables. On a
pu constater dans quelques exploitations plusieurs
améliorations notables. On a fait connaissance avec
les instruments agricoles perfectionnés, on a conservé
et préparé les engrais naturels avec plus de soin, on
a fait quelques essais heureux. On a pu dire que
l'agriculture à Saint-Félicien était en progrès. Ce n'est
toutefois qu'un des bienfaits les moins sensibles du
syndicat.

2. — Le second but de l'association était d'obtenir
de meilleures conditions pour les transactions com-
merciales, pour les ventes et les achats des produits
agricoles. Que plusieurs laboureurs s'unissent pour
faire leurs commandes, ils pourront espérer un double

bénéfice. Les fournisseurs accordent facilement un rabais sur le prix des commandes considérables. Au lieu d'acheter au détail, les membres d'un syndicat achètent en gros. D'un autre côté, parce que tous ensemble forment un client important, les marchands ont intérêt à les bien servir.

Nos syndiqués l'ont éprouvé à maintes reprises. Un quincaillier leur a promis des conditions favorables. Un pharmacien a consenti une remise de 20 0/0 sur les remèdes qu'ils prendraient pour eux, leur famille et leur bétail. Ils ont fait venir de concert certaines fournitures à des prix très modérés. Ils ont pu spécialement réaliser des économies réelles dans l'acquisition des engrais. Enfin leur affiliation au Syndicat des agriculteurs dont il a été parlé plus haut, leur a donné le droit de profiter des avantages nombreux que ce syndicat multiplie en faveur de ses adhérents et qui sont annoncés par le *Bulletin*.

3. — Une des œuvres les plus populaires du syndicat a toujours été le secours des malades. Indépendamment de la réduction consentie par le pharmacien en faveur de tous les associés et de leur famille et de celle que le médecin de l'association accorde aux membres actifs, ceux ci retirent de la caisse de secours les avantages suivants :

S'ils vont eux-mêmes trouver le docteur à son domicile, la caisse paie le montant intégral des honoraires de la consultation. Si au contraire c'est le docteur qui se dérange, le syndiqué malade et la caisse partagent les frais de la visite. Cette restriction était commandée

par la faiblesse des cotisations et la crainte que les associés ne fussent pas toujours assez discrets. On comprend aisément que l'obligation qui leur reste de payer
la moitié des dépenses médicales les empêche d'abuser
des faveurs que leur offre le syndicat.

C'est pour le même motif que la caisse ne paie aussi
que la moitié des médicaments pris chez le pharmacien par le syndiqué pour son usage personnel.

Quelques associés qui savaient que les sociétés de
secours mutuels réclament de leurs adhérents des
annuités considérables trouvaient que le curé ne
demandait pas une cotisation suffisante et qu'avec
trois francs la caisse ne pourrait tenir ses engagements. Ils ont été bien vite détrompés. Il faut en effet
tenir compte des offrandes des membres honoraires et
de plus se souvenir que les sociétés de secours mutuels
ont des dépenses fort considérables à supporter par
suite des frais d'administration, de chômage des
ouvriers, de funérailles, etc. A Saint-Félicien tous les
ans la caisse n'a pas eu en moyenne plus du quart de
ses ressources à consacrer à l'assistance des malades.

4. — Il y a des instruments agricoles que les cultivateurs ne peuvent en général se procurer parce qu'ils
coûtent fort cher et qu'ils n'en ont besoin qu'en de
très rares circonstances. Heureux, quand l'association
vient encore ici à leur aide et met ces instruments à
leur disposition ! Les sections cantonales du syndicat
départemental possèdent ordinairement pour l'usage
de leurs adhérents un trieur, meuble très utile pour
le nettoyage des grains destinés au commerce et sur-

tout à la semence. Les cultivateurs savent quels gros
inconvénients résultent du mélange de leurs semences
avec toutes sortes de mauvaises graines. Ils n'hésitent
pas à louer des trieurs ambulants, au besoin pour
plusieurs jours. Il faut payer les services rendus par
l'instrument et nourrir celui qui l'exploite. Les syndicats permettent à leurs associés de réaliser de ce
chef une économie qui dépasse de beaucoup le montant de leur cotisation.

Les syndiqués de Saint-Félicien se servirent d'abord
du trieur de la section à laquelle ils s'éta'ent joints.
Mais il fallait quelquefois aller chercher la machine ou
la reporter fort loin. D'un autre côté la caisse avait des
économies. Le conseil décida de les consacrer à l'achat
d'un trieur destiné exclusivement aux membres du
syndicat paroissial. Ce fut une dépense de près de
300 francs mais qui est couverte chaque année et
au delà par les services que rend l'utile instrument.
Chaque syndiqué verse à la caisse 50 centimes chaque
fois qu'il le transporte à son domicile. Cette taxe a pour
but de subvenir aux frais d'entretien et de réparation.

La question a été agitée depuis de faire l'acquisition
d'une semeuse artificielle : On a objecté une difficulté
assez sérieuse. Tous les cultivateurs semant leurs
grains aux mêmes époques, tous demanderont la
semeuse ensemble. Pour deux ou trois qui seront
servis à souhait, combien de mécontents ? Dans un
pays de bouilleurs de crus comme Saint-Félicien une
chaudière avec alambic rendrait bien des services Mais
une loi malencontreuse a découragé les partisans de
cette idée. Attendons un avenir meilleur.

5. — Ce sont là sans doute des succès. Mais quelque chose de meilleur est résulté des pratiques du Syndicat. L'esprit de concorde et de charité chrétienne a fait des progrès dans la paroisse. Le curé y a pris sa place, celle du père entouré de la confiance de toute sa famille, et son ministère a largement profité de la situation que lui a faite sa sollicitude pour les intérêts matériels de tous.

Rien de plus intéressant que ces réunions des hommes de la paroisse venus pour entendre le rapport qu'il leur fait sur les opérations du syndicat et sur les progrès qu'il s'agit de réaliser. Tous sont invités à présenter leurs observations, plusieurs le font, et d'une manière très opportune. Le mot pour rire arrive bien vite, on lui fait bon accueil, et tous sortent de la réunion, contents et fiers des résultats obtenus et désireux de bien faire.

La note religieuse a été donnée à ces réunions par la messe qui a précédé. Elle a été dite pour les membres défunts de l'association. Le curé y fait une exhortation de circonstance et ne manque pas d'ajouter à son prône une prière avec l'invocation à Notre-Dame des Champs pour obtenir la prospérité de l'Œuvre. C'est ainsi que se trouve réalisée la règle posée par Notre Saint-Père le Pape Pie X dans sa première Encyclique : « S'associer entre catholiques dans des buts divers, mais toujours pour le bien de la religion, est chose qui, depuis longtemps, a mérité les bénédictions de nos prédécesseurs. Nous non plus, nous n'hésitons pas à louer une si belle œuvre et nous désirons qu'elle se répande et fleurisse partout, dans les villes comme dans les campagnes.

Mais en même temps nous entendons que ces associations aient pour premier et principal objet de faire que ceux qui s'y enrôlent accomplissent fidèlement les devoirs de la vie chrétienne. »

Association mutuelle pour l'Assurance du bétail.

La principale richesse des cultivateurs dans le pays, c'est le bétail. Les grains ne leur rapportent à peu près aucun bénéfice, aussi la plupart ne sèment que pour leur usage personnel. Dans des années d'abondance les pommes et les poires sont une grande ressource, mais, outre que ces années ne sont pas la règle, la loi des bouilleurs de cru a tari cette source de gros profits. Il ne reste aux laboureurs que l'élevage. Mais si un accident ou une maladie frappe un ou plusieurs animaux de leurs étables, ils sont incapables de payer leurs fermages, c'est la ruine à bref délai. Le remède efficace et unique, c'est l'assurance du bétail.

C'était un sujet sur lequel le curé de Saint-Félicien revenait dans toutes les réunions. Les esprits finissaient par être préparés à ce qui tout d'abord semblait une nouveauté suspecte. Il ne fallait plus qu'une occasion favorable pour vaincre les dernières incertitudes.

Le député de l'arrondissement, homme des plus dévoués à l'agriculture, avait traité avec une rare compétence le sujet dans un opuscule adressé à tous les conseillers municipaux et notables de l'arrondissement. Au Conseil général lui et ses amis avaient

engagé le Préfet à tout faire pour populariser ces
assurances encore à peine connues.

Le curé de Saint-Félicien, heureux d'appuyer ses avis
sur la parole du député, fit comprendre à ses paroissiens qu'ils devaient donner l'exemple, qu'organisés
déjà en syndicat, ils avaient toute facilité de le faire
et que ce serait un déshonneur pour eux de se laisser
devancer. Il prévoyait d'ailleurs, ce qui est arrivé
depuis, que des associations cantonales s'établiraient
partout, et qu'elles auraient parfois ce double inconvénient d'être l'apanage des politiciens locaux et
d'éloigner les hommes le dimanche de leur paroisse
pour les amener au chef-lieu de canton. Raison de
plus pour lui de tenir à son initiative.

Approuvé en principe, le projet fut vite mis à
exécution. Le curé procéda comme il l'avait fait pour
le syndicat. Il avait annoncé qu'il fallait au moins
soixante adhésions. Des démarches et des visites personnelles les lui eurent bien vite procurées et au delà.
Dans une réunion générale on discuta et on approuva
les statuts. Ils ne se distinguent en aucun point essentiel des règlements adoptés par les associations similaires. Un court résumé suffira pour en indiquer les
grandes lignes.

Le territoire de l'association est le même que celui
du syndicat.

Les animaux susceptibles d'être assurés sont toutes
les bêtes de race bovine âgées de six mois et non
atteintes de maladie. On n'assure les animaux que
dix jours après leur arrivée sur le territoire du syndicat. Le bétail transféré ailleurs cesse d'être assuré.

Le territoire de l'association est divisé en quatre quartiers. Chaque quartier élira trois délégués, chargés d'apprécier les animaux et de visiter les étables ; avec le bureau du syndicat, ils formeront le conseil de l'association. A eux d'estimer les bêtes, de donner leur signalement au secrétaire, de visiter les animaux malades, d'imposer, s'il y a lieu, la consultation d'un vétérinaire, d'autoriser l'abattage des bêtes qui ne donnent aucun espoir de guérison : C'est sur l'expertise que deux au moins d'entre eux auront faite au dernier moment que le conseil règle l'indemnité accordée aux sinistrés.

Les obligations des sociétaires sont connues : déclarer les animaux en temps utile, annoncer les mutations, prévenir au moins deux visiteurs quand ils ont une bête malade, soigner leur bétail en bons fermiers, etc.

L'indemnité accordée en principe monte aux deux tiers de l'estimation définitive faite des animaux qui ont péri. Si une mortalité extraordinaire survenait, il y aurait lieu de diminuer le montant des indemnités.

Les syndiqués s'engagent à payer une quote-part proportionnelle qui ne doit pas dépasser 1 0/0 par an de leur capital assuré.

Les indemnités après avoir été ainsi réglées par le conseil seront payées dans les réunions semestrielles. Le syndicat trouvera le moyen d'avancer un acompte aux sinistrés qui seraient pressés de remplacer le bétail perdu.

Les élections se firent par quartier d'après un procédé très simple. Chacun reçut la liste des adhérents de son quartier et la rapporta sous enveloppe cachetée après avoir marqué d'une croix le nom des trois visiteurs de son choix. L'expérience a prouvé que l'élection fut des mieux raisonnées et des plus heureuses, car les douze visteurs ont justifié la confiance de leurs électeurs par leur compétence et leur zèle.

Les statuts furent déposés selon la loi et l'association fonctionna d'une manière régulière.

Au moment où elle commence son quatrième exercice, elle a le droit d'être fière des services qu'elle a rendus et d'espérer en l'avenir.

Quel est le nombre de ses adhérents? Du chiffre primitif de soixante-dix il est monté à celui de cent dix. Ce chiffre est relativement considérable si l'on considère que le terri†oire du syndicat est exigu et qu'à part quatre ou cinq, les étables assurées sont dans un rayon qui ne s'éloigne de l'église que d'un ou deux kilomètres d'un côté et de trois de l'autre. C'est dire que, dans ce rayon, à très peu d'exceptions près, tous ont donné leur nom. Beaucoup ne sont que des petits fermiers qui n'ont qu'une vache dans leur étable. Mais c'est spécialement pour eux que l'œuvre a été fondée.

Si l'assurance n'avait pas tenu à maintenir les limites étroites de son action, elle aurait vu se doubler pour le moins le chiffre de ses associés et de ses opérations. Continuellement elle a eu des refus à opposer aux adhésions qui lui étaient proposées. Elle s'inspire de ce fait d'expérience qu'une société sur un territoire peu étendu évite les frais d'administration et les ennuis de déplacements loin-

tains. Tous les membres sont voisins, de là une grande
sécurité au point de vue de la surveillance et de la
confiance réciproques. C'est ce que faisait remarquer
le Préfet du département dans la session du Conseil
général où était décidée une campagne en faveur de la
mutualité. Par le fait, beaucoup d'assurances ont été
fondées depuis dans le pays. Mais elles sont à peu près
toutes cantonales. Elles demandent un pourcentage
double, 2 0/0. Elles ne recrutent leurs sociétaires que
parmi les propriétaires ou les gros fermiers. Partout
on constate que, soit à cause du prix de l'assurance,
soit à cause des complications de leur administration,
ces assurances n'atteignent pas les petits cultivateurs
et ne remplissent pas leur but.

La présence du syndicat de Saint-Félicien, les réclamations des voisins et les nécessités électorales ont forcé
le conseiller général et le conseiller d'arrondissement
de fonder une association cantonale. Malgré tout elle
reste peu nombreuse et dès le premier règlement elle
n'a pu donner que des indemnités égales à la moitié des
pertes. Et l'association de Saint-Félicien continue à être
assaillie de demandes venues des communes voisines
et qu'elle se voit obligée de repousser.

Quelles sont les ressources de notre mutuelle ?

Sa seule ressource régulière est la quote-part que
versent les associés. Le maximum consenti est
0 fr. 50 0/0 par semestre ou 1 franc 0/0 par an. Jamais
le maximum n'a été atteint.

Il faut dire que des secours extraordinaires ont permis de réduire un peu les indemnités dues par les
assurés.

Le Syndicat a son administration et sa caisse à part.
Le Gouvernement l'exige, malgré les protestations de
M. Gailhard-Bancel et du parti agricole. Il a été convenu
que la caisse du Syndicat pourrait donner à l'assurance
une partie de ses économies annuelles, surtout lorsque
les semestres seraient chargés. L'intention des membres
honoraires du Syndicat est du reste d'aider à l'œuvre
qu'ils trouvent la plus utile, c'est-à-dire à l'assurance.
On conçoit quel concours précieux le Syndicat donne
à l'œuvre sœur qu'il couvre de son patronage.

L'administration encourage les Mutuelles. Celle de
Saint-Félicien en a profité. Elle a réclamé et obtenu
de la préfecture le don de 160 francs que le Conseil
général alloue à chaque fondation nouvelle.

Une pétition dûment régularisée a été envoyée par
l'intermédiaire de la préfecture au ministère de l'agriculture à l'effet de demander une subvention de
1,000 francs. Le ministère a envoyé la jolie somme de
800 francs, ce qui prouve que, sans être appuyé par
des politiques, amis du Gouvernement, on peut obtenir
ce qui du reste ne doit être refusé à aucune Mutualité
qui se fonde sérieusement.

Les sommes obtenues de la préfecture et du ministère ont été placées comme fonds de réserve et les
intérêts qu'elles produisent servent à alléger le fardeau
qui pèse sur les associés.

L'ambition de la société serait d'augmenter son
capital et d'avoir des intérêts considérables. Ainsi son
avenir se trouverait assuré.

Chaque année la préfecture, après avoir donné à
chaque Mutuelle nouvelle l'allocation consentie par le

Conseil général, partage les fonds qui lui restent entre les associations, proportionnellement à leurs pertes. Celle de Saint-Félicien ne manque pas de réclamer sa part. Elle ne lui est pas refusée non plus.

Quant aux services rendus par la Mutuelle, ils sont déjà très appréciables. Quatorze bêtes à cornes assurées ont péri. Les sinistrés ont été indemnisés des deux tiers du montant de leur perte. Tous ont été satisfaits

Une constatation a été faite. Les étables sont mieux tenues. Aucun cultivateur ne voudrait passer pour négligent. La certitude d'être indemnisés en cas de pertes a donné de la confiance à tous et ils reculent moins à acheter des bêtes de prix. Mieux tenues les étables sont aussi mieux montées.

On signale pourtant une grosse lacune : « Et nos chevaux, quand les assurera-t-on ? » D'abord il a été convenu que cette assurance serait distincte de l'autre. Est-il juste de faire payer pour les chevaux de petits fermiers qui n'ont qu'une ou deux vaches ? De plus les risques pour la race chevaline sont plus onéreux, de là, la nécessité d'adopter un tarif plus élevé que pour la race bovine.

Le Syndicat ne s'est pas encore senti assez fort pour fonder cette nouvelle œuvre. Peut-être l'essayera-t-il en adoptant cette clause que l'on ne s'engagerait pas à payer les deux tiers comme pour les bêtes à cornes, mais que l'on répartirait au prorata les ressources disponibles entre les sinistrés. L'avenir dira si ce projet vivement désiré par beaucoup passera à son tour dans le domaine des réalités.

Œuvre de Presse.

Le succès de la campagne qu'entreprit le curé fut d'abord très relatif. Ne vendre que vingt ou vingt-cinq *Croix* dans une localité où l'on distribuait plus de cent autres journaux, c'était presque un échec. Malgré les recommandations qu'il multiplia en public et en particulier, malgré l'attrait de la *Vie des Saints* qu'il ajoutait comme supplément, après trois mois d'efforts, il ne faisait aucune nouvelle conquête.

Comment se fait-il qu'un mois plus tard il se trouva maître de la place, et que depuis dix ans il ait toujours fait vendre chaque semaine de cent à cent dix *Croix* et *Pèlerin*, et souvent plus, ainsi qu'un nombre égal de *Vie des Saints* ? Le procédé est connu. Il réussit ailleurs qu'à Saint-Félicien. Le malheur est qu'il n'est pas assez employé.

Parmi les enfants de l'école, le curé choisit un garçon de douze ans qui habitait à l'extrémité de la paroisse. Un samedi soir il lui donna une dizaine de journaux en le chargeant de les proposer dans les villages (1) qui se trouvaient sur sa route. Il revint le lendemain rapportant ses dix sous et demandant un plus grand nombre de journaux pour la seconde campagne. Un de ses camarades, lancé dans une autre direction, réussit également. Le troisième samedi, six garçons se partageaient le territoire de la commune, non sans pousser

(1) Les écarts ou hameaux s'appellent *villages* dans certaines provinces de l'ouest.

une pointe sur les villages les plus rapprochés des paroisses limitrophes. Le succès fut complet, grâce au zèle des petits porteurs. Il ne faut pas oublier que le Ciel fut mis de la partie et que la croisade fut consacrée à l'Enfant-Jésus de Prague, fort honoré à l'école de Saint-Félicien.

Chaque semaine il fallait réclamer un ballot plus fort : « Si on vous demande ce que vous gagnez, avait dit le curé à ses petits auxiliaires, vous répondrez que si vous arrivez à vendre quatre-vingts journaux la semaine, je vous inviterai à dîner au presbytère le jour de saint Joseph. » Or ce jour-là le chiffre était dépassé et il atteignait la centaine, à savoir : cent *Croix* du dimanche, cent *Croix* locales et cent *Vies des Saints*.

Le 19 mars, les six enfants communièrent, prononcèrent un petit acte de consécration à la Croix, et ce fut grande fête au presbytère.

Ainsi a pris naissance l'œuvre des Pages du Christ de Saint-Félicien.

Pour l'organiser le curé lui donna le règlement suivant :

1. — Une association est formée entre les porteurs de la *Croix* de Saint-Félicien... sous le titre de Pages du Christ. Elle reconnaît pour son Chef et Roi le saint Enfant-Jésus et pour protecteur saint X..., patron de la jeunesse de la paroisse.

2. — Les porteurs de la *Croix* se pénètreront de l'esprit qui doit animer les soldats et les chevaliers de Jésus-Christ. Ils comprendront que l'œuvre à laquelle ils apportent leur concours est une œuvre excellente, capitale, recommandée instamment par le Souverain

Pontife et Nos Seigneurs les Evêques. C'est un véritable apostolat qu'ils exercent en portant ce que l'on a appelé la prédication à domicile, l'image de la Croix, la doctrine conforme à la vérité, les exemples des saints. Ils auront une grande estime et un véritable amour pour leur œuvre et ils lui consacreront tout leur dévouement. Ils travailleront non pas en mercenaires, mais en enfants chrétiens qui sont fiers et heureux de donner à la Croix de Jésus un témoignage public de leur attachement.

3. — Les Pages du Christ s'appliqueront à faire régner entre eux l'esprit de la fraternité chrétienne. Ils s'aideront mutuellement par le secours de leurs exemples et de leurs prières.

4. — Ils auront pour la Croix une grande dévotion, en traçant avec foi et respect le signe sacré sur euxmêmes et ne manqueront jamais de saluer les Calvaires qu'ils rencontreront.

5. — Avant chacune de leurs courses, ils demanderont la bénédiction de l'Enfant-Jésus, invoqueront leur saint Patron et leur Ange Gardien. Autant que possible cet exercice se fera en commun.

6. — Ils ne négligeront aucun des détails qui leur ont été recommandés. Des journaux bien pliés, une course commencée en temps opportun, l'exactitude à servir les abonnés, une grande promptitude à parcourir les villages, le soin d'éviter toute perte de temps, tels sont les devoirs d'un porteur consciencieux.

Ils ne craindront pas de recommencer des démarches qui ont été d'abord infructueuses ; la persévérance triomphe souvent des refus les plus obstinés.

7. — Le dimanche, les Pages rendront compte de leur course et ils auront ordinairement après Vêpres rendez-vous devant la statue de l'Enfant-Jésus pour le remercier des succès qu'il leur a assurés.

8. — De temps en temps dans une réunion plus longue, ils se concerteront sur les moyens à prendre pour développer leur propagande et ils rendront compte de la manière dont ils observent leur règlement.

9. — Quand un des Pages sera empêché de faire sa course, il devra avertir de bonne heure le Directeur pour qu'il puisse pourvoir à son remplacement.

10. — L'association célébrera sa fête le jour de saint Joseph. Après la sainte communion les Pages feront ou renouvelleront publiquement leur acte de consécration. Ils le renouvelleront en particulier chaque fois qu'ils auront le bonheur de communier.

Sans doute, tout cela réclame bien des explications auprès d'enfants de onze à treize ans. Mais quand ils sont pieux et cultivés, ils ont facilement l'âme ouverte aux inspirations du zèle. Tous ceux qui ont réuni autour d'eux un petit troupeau de garçons formés à la piété savent de quelle générosité ils sont capables, et avec quel entrain et quelle émulation ils s'acquittent des fonctions qu'on leur confie.

Les premiers Pages du Christ ont été des modèles. Il faut dire que quatre d'entre eux commençaient des études dans le dessein d'entrer au séminaire, ce qui a permis au curé, leur professeur, d'utiliser plus longtemps et plus pleinement leurs services pour la diffusion de la Bonne Presse.

Leurs successeurs se sont en général inspirés de

leurs exemples et de leur esprit et ils ont apporté pour perpétuer l'œuvre la vaillance et la foi dont leurs devanciers avaient fait preuve pour la fonder.

Le mot de vaillance n'est pas exagéré. Distribuer des journaux dans une ville peut avoir son mérite. Mais que dire de ces enfants qui tous les samedis soir font à travers les champs, dans la boue des bas chemins, sous la pluie, dans la neige, une course d'une ou deux lieues pour visiter des hameaux très éparpillés et placer leurs feuilles dans dix, quinze ou vingt maisons?

Leur zèle est d'ailleurs désintéressé, car ils n'ont pas de traitement. Le banquet de la Saint-Joseph est leur grande récompense. Il va de soi que leur Directeur leur accorde de temps en temps quelque faveur. Des encouragements précieux leur sont venus de la Maison de la Bonne Presse. Les six fondateurs, signalés par hasard à la Direction de la *Croix*, ont reçu, sans les avoir demandés, des diplômes de Chevaliers de la Croix. Leurs successeurs ont tour à tour obtenu le titre de Pages du Christ. Les familles des porteurs ont été aussi flattées de ces distinctions que les enfants eux-mêmes.

En résumé le curé a fait comprendre à tous que s'il s'occupait de la diffusion de la Bonne Presse, c'était pour le bien, qu'il s'agissait d'une œuvre catholique et non d'un commerce, et c'est ce qui a fait tout son succès.

Il n'y a pas un garçon qui ne désire entrer en lice à son tour et il n'y a pas de famille qui ait opposé de difficultés au choix qui était fait de l'un de ses membres pour porter les journaux.

Les petits Pages sont connus et aimés de tous. On les admire lorsque, dans de grandes circonstances, ou à la suite de quelque conquête, ils paraissent le samedi et le dimanche portant fièrement le ruban bleu et l'inscription « La Croix » autour de leur chapeau. On les entend avec édification, le jour de saint Joseph ou dans une cérémonie de mission, prononcer à haute voix, un cierge à la main, leur acte de consécration à la Croix. Il y a plus, la confiance qu'ils inspirent, les fait choisir comme intermédiaires entre les paroissiens et le pasteur. Ils font les commissions, portent les bulletins du Syndicat, les convocations aux réunions, les Annales de la Propagation de la Foi. Ils apportent les nouvelles et les annonces à insérer dans le journal, etc.

Deux détails prouveront jusqu'à quel point le curé a pu se servir de ses petits auxiliaires.

On se souvient de la campagne lancée par le dévoué Pierre l'Ermite pour l'achèvement du dôme du Vœu national. Le curé de Saint-Félicien chargea ses Pages de faire la quête dans une de leurs tournées. Ils recueillirent près de 50 francs.

On avait organisé dans l'arrondissement un double pétitionnement, l'un en faveur de la liberté d'enseignement, l'autre, patronné par J. Lemaître, contre la Franc-Maçonnerie. Le curé fit signer les notables en tête des listes, puis chargea ses commissionnaires habituels de les porter partout. Ils recueillirent quelque deux cents signatures d'électeurs de Saint-Félicien et du voisinage. Tous les hommes de la commune en particulier donnèrent leur nom.

Lorsque en l'année 1902 la Maison de la Bonne Presse ouvrit un concours entre ses différentes catégories de porteurs, les Pages du Christ de Saint-Félicien envoyèrent un rapport sur leurs opérations. Ils ne s'attendaient pas à l'honneur qui leur était réservé. Qu'on juge de leur surprise quand ils reçurent de Paris une lettre leur annonçant qu'ils avaient gagné le prix d'honneur du concours, section des Pages du Christ.

C'est sur ce fait glorieux pour elle qu'il convient de terminer l'histoire de notre petite association. Puisse-t-elle demeurer digne de son passé et contribuer au maintien de la foi dans la paroisse !

Le curé de Saint-Félicien a constaté les heureux effets de la croisade de la Bonne Presse au sein de son troupeau. Les pratiques n'ont pas diminué, au contraire, l'esprit catholique y semble plus vivant, le nombre des militants s'y accroît. Les électeurs font leur devoir de citoyen. Aux deux dernières élections générales le candidat franchement catholique a eu toutes les voix, sauf sept, puis six, malgré une campagne effrénée en faveur de l'autre candidat. Et si on éliminait quelques villages éloignés qui échappent en partie à l'influence paroissiale, l'unanimité serait complète. Viennent les jours d'épreuve, on peut espérer que la paroisse saura défendre sa foi et sa liberté religieuse.

CONCLUSION

Ceux qui liront ce modeste travail seront tentés de dire que le curé de Saint-Félicien est un heureux pasteur. Il n'en disconvient pas. Si le mérite est en raison des difficultés vaincues, son mérite est des plus minces, cela est de toute évidence. On lui a pourtant demandé un abrégé historique des œuvres de sa paroisse parce que l'on a cru que ce serait une démonstration de plus de cette vérité que les œuvres, soit les unes, soit les autres, sont possibles, même dans une foule de petites paroisses, surtout dans celles qui sont demeurées chrétiennes.

D'ailleurs qu'on ne croie pas que le curé de Saint-Félicien soit au comble de ses vœux ; il n'a pas réussi en tout. Son premier rêve était d'avoir un patronage rural pour ses garçons. Ses essais ont été infructueux et il a vite reconnu que ce qui est possible dans beaucoup de localités était irréalisable chez lui. Pas de bourgade. A cause de la pauvreté de leurs parents la plupart des jeunes gens au sortir de l'école sont placés comme domestiques. Ceux qui restent, à supposer qu'ils viennent aux Vêpres, ce qui n'est pas rare, sont pressés de rentrer chez eux pour le service de la maison. Il ne reste plus au curé que de cultiver individuellement ses jeunes gens et il y a bien des moyens de le faire.

Le Syndicat et la Mutuelle n'ont pas rendu à bien loin près les services que l'on en peut attendre. C'est déjà quelque chose d'avoir une organisation sérieuse et des cadres bien formés.

On parle d'une société coopérative de distillation. Quand les pommiers et les poiriers donneront des fruits en abondance il y aura lieu de voir s'il n'y aurait pas quelque avantage à tenter un essai de ce genre.

L'exemple porte ses fruits : Plusieurs associations paroissiales sont projetées dans le pays. C'est peut-être le prélude d'un mouvement général que la Religion approuvera et dans lequel elle n'aura qu'à gagner, pourvu que les fondateurs de ces œuvres restent fidèles à la vieille devise des agriculteurs chrétiens

Cruce et aratro.

Abbé C. VALLIER.

Les Séminaristes en Vacances

La Colonie de Vacances des Séminaristes de Lyon

Pourquoi ces pages ?

Le sacerdoce est la plus grande puissance sociale qui
soit au monde, à tous points de vue. On peut affirmer,
sans crainte d'être contredit : « Tels prêtres, tel milieu. »
Il semble bien en effet — et les ennemis de la religion le
pensent plus que nous — que nul, autant que le prêtre,
ne peut avoir d'action sur tous ceux qui l'entourent.
Voilà pourquoi l'œuvre des œuvres, même en se plaçant
à ce qu'on nomme aujourd'hui le point de vue social,
reste encore le recrutement et la formation du clergé.

Rien ne doit donc réjouir autant ceux qui ont à cœur
le relèvement de la France abaissée, que de voir grandir
à l'ombre du sanctuaire, et donner sa mesure, au grand
jour des vacances, une génération de clercs dignes de
ceux qui les ont précédés et capables d'être, demain, les
mâles sauveurs qu'il nous faut en l'affreux orage où
nous sommes.

Aussi bien, nous a-t-il paru utile et réconfortant de
montrer, en racontant simplement les faits, quelques-
unes des œuvres accomplies par les seminaristes en
vacances — œuvres dans lesquelles ils ont réalisé le plus
grand bien, tout en continuant, ce qui est nécessaire,

leur propre formation aux grands apostolats du prêtre.

Nous prendrons pour exemple les grands séminaristes de Lyon, certains que ce qu'ils font dans cette ville apostolique et dans ce beau diocèse, doit aussi se faire ailleurs, heureux en même temps de payer à ces grands séminaristes notre legitime tribut d'admiration et aux œuvres qu'ils continuent un peu de notre reconnaissance. ·

Racontons d'abord comment quarante grands séminaristes, en 1904, ont quitté leurs familles et renoncé à leurs loisirs, en août et septembre, pour s'astreindre librement au dur mais fecond labeur des *Colonies de vacances* dont ils ont ete les initiateurs et les ouvriers, et comment ils s'y sont livrés, avec ensemble et succes, à l'apostolat simultané de la prière, de la parole écrite ou parlee, de l'action sous toutes ses formes (1).

I. — *La Préparation.*

Fondons des Colories !

On parlait beaucoup, pendant les premiers mois de l'année scolaire 1903 1904, au grand séminaire de Lyon, des Colonies de vacances. A Douvaine, l'abbé Bonneau, aidé par les seminaristes de Saint-Augustin, venait de

(1) Nous avons déjà parlé sur les « Colonies de vacances » envisagees sous ce jour spécial, dans le *Recrutement sacerdotal* de décembre 1904, revue qui est, on le comprendra sans peine, de la plus haute importance sociale, puisque son but, qu'elle réalise, est d'aider au recrutement et à la formation de prêtres conscients de toute leur mission, vrais successeurs et imitateurs parfaits de Jésus Christ *medela et salus mundi*. A la suite de cet article, nombre de prêtres, de seminaristes et des présidents de Conférences de Saint-Vincent de Paul nous ont demandé des renseignements. Ils les trouveront, s'ils lisent bien, dans les pages qui suivent. Mais qu'ils se reportent, pour plus de précision, à l'excellente brochure de M. Turmann : *Au plein air*, dans la collection de *l'Action Populaire*. Qu'ils cherchent, également, le *Bulletin des anciens élèves de Saint Sulpice* : ils trouveront, au numéro de *juin 1902*, une remarquable mono-

renouveler, pour les enfants de son Patronage, avec un succès égal à celui de l'année précédente, son essai, le premier dans le diocèse de Lyon, d'internat catholique à la montagne. A Saint-Jean-Soleymieux (Loire), trente-cinq Lyonnais avaient béni les vaillants séminaristes qui leur avaient, de toutes pièces, procuré ce bienfait d'un mois de séjour en plein air. On racontait qu'à Verrières, il s'était fait, avec une double série de quatre-vingt-dix enfants, des merveilles, corps et âme : les récits des visiteurs surpris et charmés, les confidences des séminaristes qui avaient fondé et fait vivre l'œuvre, *l'Echo des vacances*, enfin, et ses enthousiastes relations, disaient fièrement et hautement qu'il y avait, dans la Colonie de vacances, une œuvre éminemment sacerdotale à continuer et à développer, dont les séminaristes pouvaient et devaient être encore les propagateurs et les artisans.

Tout naturellement, les amis, les partisans des Colonies se réunissaient pendant les récréations, sans qu'il fût besoin de tenir un congrès officiel Chacun répétait ce qu'il avait vu, ce qu'il aurait voulu faire, ce qu'il avait fait. Qu'elles furent intéressantes, ces conversations brûlantes où, ensemble, l'on cherchait par la discussion, à connaître, pour le réaliser, l'idéal !

Les responsabilités. — Vive l'internat !

Le premier point d'interrogation qui se pose, effrayant, est celui des responsabilités : il aurait pu faire peur à plus d'un. « Mais, s'est écrié le plus prudent et le plus instruit de tous ces jeunes, que craignez-vous ? Les acci-

graphie d'une Colonie catholique et les indications les plus précieuses — qui n'existent peut être nulle part ailleurs — sur le règlement, la nourriture, le trousseau, etc. Ils rencontreront également de nombreux renseignements, non seulement dans la livraison de décembre 1904 du *Recrutement sacerdotal*, mais aussi dans celle de mars 1905 (*Le Recrutement sacerdotal, organe des intérêts du recrutement et de la formation du clergé*. Librairie Lethielleux, 22, rue Cassette, Paris, 6º. Abonnement : 3 francs par an).

dents ? D'abord je puis vous l'affirmer à la suite de l'inspecteur André qui connaît à fond la question, depuis
l'origine des Colonies — et elles remontent à 1845 — : *on
n'a encore signalé aucun fait de nature à entraîner pour
les organisateurs ou les surveillants de désagréments sérieux.*
Et puis il suffit de contracter *une assurance* contre les
accidents : pour 4 ou 6 sous par mois et par enfant, les
risques financiers sont couverts ainsi. Quant aux appré-
hensions et aux ennuis que peut causer la crainte des
accidents, cela ça fait partie de l'Œuvre. Mais à quoi bon,
quand on fait toute la surveillance possible, se tour-
menter inutilement ? Il est entendu au reste qu'il n'y a
pas d'accidents : et il y a un bon Dieu pour les Colonies ! »

— Alors, en avant !

Quelques-uns, les novices, tiennent pour le placement
familial ; ils sont rares, car on leur oppose immédiatement la rude observation d'un confrère bien renseigné :
« Au point de vue physique, ça peut être épatant ; au
point de vue moral, c'est dégoûtant ! » — Presque tous
dès le commencement, tous à la fin, veulent l'internat —
encore qu'ils se croient obligés de répéter contre lui toutes
les injustes critiques dont on l'accable depuis quelque
temps. Ils admettent, avec *l'Univers,* que « l'internat pour
le résultat moral à obtenir, est la forme la plus facile et
la meilleure, sinon la seule possible (1). » — Ceux de la
campagne cependant se promettent de porter remède aux
graves inconvénients du placement familial, en s'offrant
aux œuvres qui pratiquent ce mode de colonisation pour
constituer, en faveur de leurs pupilles, un Patronage
rural quotidien (2).

La Colonie doit être une œuvre raisonnable chrétienne, française.

« Quels enfants prendrons-nous ? — On les choisira,
n'est-ce pas, pauvres ? et, à égalité de besoins, parmi les

(1 1er Janvier 1904 : Feuilleton.
(2) Voir *Ln plein air,* p. 9.

meilleurs de nos œuvres. — Chez nous, on fera payer les familles : viendra qui paiera. — Alors, c'est une affaire ? — Nous en ferons une bonne œuvre. — Oui. Mais vous vous croirez obligés de leur en donner pour leur argent, parce que, sur 35 francs ils en auront donné 10 ou 15 ; et vous les gaverez, comme cela s'est vu, de vin blanc, de café, de brioches, de gâteries de toutes sortes. Le joli résultat que vous obtiendrez ! — Permettez, cher confrère : ç'a été une erreur de première année que nul ne recommencera. Nous ferons à tous points de vue de l'éducation véritable, raisonnable et chrétienne. »

« Les enfants iront-ils à la messe ? — Certainement, tous les jours. — Mais alors, c'est une retraite fermée que vos Colonies. Ce ne sont plus des vacances ! — Pensez-vous qu'une demi-heure de messe et quelques quarts d'heure d'instruction religieuse empêcheront ces grands jours de vingt quatre heures d'être des vacances ?

« Voyez-vous, mon cher, il faut faire œuvre chrétienne ou n'en pas faire : où nous ont conduits ces écoles libres, religieuses de nom seulement et de costume, ces Patronages où l'on joue et l'on prie avec l'unique intention de *garder* des enfants, ces cercles où il n'y a de sacerdotal que la soutane du prêtre qui vient y faire une apparition ? — Voilà une œuvre excellente : l'assistance par le grand air : on n'osera pas la vouloir franchement chrétienne et y faire de l'éducation véritable. Et finalement, l'on perdra son temps et son argent.

« Vous avez raison. Vous y ferez aussi œuvre patriotique française ? — Vous le demandez ? Nous aurons un drapeau. Le nôtre, l'an dernier, coûtait 20 francs. Oh ! qu'il était joli ! tout le monde l'admirait. — Le nôtre ne coûtait que 20 sous. Il était simplement beau. Tout le monde l'aimait. — Parmi nos chants, ceux qui parlaient de la France, de la patrie, étaient les plus goûtés des enfants, comme aussi ceux qui étaient militaires d'allure ou d'inspiration.

Il faut tout prévoir.

« Nous aurons des casquettes d'uniforme. — Pourquoi pas un costume complet ? — Et puis des tambours et des clairons dont les enfants ne sauront pas jouer. Ah ! paraître, faire du bruit ! Vous arriverez tout au plus à faire, comme c'est arrivé, qu'un maire paisible vous défende de passer en rang dans le village... Des chants, mon cher, des chants spéciaux et vivants : voilà ce qu'il faut. Cela développe la poitrine et fait entrer les bonnes idées dans la mémoire et dans le cœur. »

On discute, en détail, tout, jusqu'à la question du nettoyage des cabinets !... « Chez nous, c'était la grande punition. — Chez nous, la grande récompense. Aussi, on ne les lavait que toutes les semaines. — Et chez nous, matin et soir ! »

Ceux-ci élaborent un règlement minutieux à l'excès, tandis que les voisins acceptent, sans trop songer, l'*Ama et fac quod vis*, prétendant que « dans une mauvaise république les lois pullulent » ; ceux-là, plus sages, conseillent simplement d'adopter, en l'adaptant, le règlement que publia le *Bulletin des Anciens Elèves de Saint-Sulpice* dans sa livraison du *15 novembre 1902*, et qui est, pour la lettre et pour l'esprit, le modèle du genre. « Au reste, conclut un philosophe, tous les règlements sont bons : il n'est que de les faire accepter et de les vivifier. »

Et le local ? Et le directeur ?

Et le local ? On s'en occupe. M. X... a écrit à cinq endroits différents, depuis un mois déjà. Deux curés ne lui ont point répondu. Un troisième lui dit : « Monsieur, vous êtes au séminaire pour faire de la théologie : c'est à vous le rappeler que j'utilise le timbre qu'indiscrètement vous m'avez envoyé pour la réponse. » Un supérieur de collège ecclésiastique : « Mon cher ami, j'ai accordé trop vite ce que vous me demandiez. Monsieur l'Econome me fait souvenir, avec quelque apparence de raison, qu'il ne faut pas entraver la liberté des trois ou quatre professeurs qui restent à la maison pendant les vacances, et qu'au reste, la cuisine est un royaume où deux chefs ne peuvent régner à la fois. Aussi suis-je obligé de vous dire que vous aurez seulement la jouissance du dortoir et du préau où se trouvent les cabinets. Pour les repas, vous pourrez sans doute vous entendre avec l'hôtel voisin. »

— Bien ! Les raisons ne valent pas grand'chose. Mais, faute de mieux ! On a bien fait comme cela ailleurs. Voyons encore :

« Monsieur le Directeur, j'admire le zèle ardent qui vous pousse à dépenser, après les pénibles labeurs d'une année scolaire, le meilleur de vos vacances avec de pauvres enfants ; aussi est ce de grand cœur que je mets mon école, mon église et ma cure à votre entière disposition, heureux de montrer ainsi tout l'attachement que j'ai gardé à ces Messieurs de Saint-Sulpice, ces prêtres dont... » Ah ! Ah ! Tiens, on me prend pour un Directeur ! Pourquoi pas ? Laissons durer l'équivoque jusqu'à ce que tout soit si bien lancé qu'on ne puisse plus reculer. Ne suis-je pas Directeur... de la Colonie à venir ?

En même temps, on reçoit la réponse des prêtres — des jeunes — à qui l'on a écrit. « Je suis désolé, j'aurais dû accepter, selon mon désir, votre offre. J'ai consulté : on me dissuade à cause de ma santé. A l'année prochaine. » — « Cher Monsieur, c'est le propre de la jeunesse inexpérimentée de mettre la charrue avant les bœufs. Les vacances sont faites pour se reposer. Personnellement, je serais incapable de bien mener ma classe si je ne prenais mes vacances. Ne comptez donc pas sur moi. Au reste, je reprends mon préceptorat de l'année dernière ; et vous savez que j'y suis, avec quatre enfants, pour six semaines au moins. Mille regrets »

« Mon cher ami, je n'ai rien de ce qu'il faut, ni grande

santé, ni longue expérience, ni licence ou doctorat. Mais tout mon dévouement vous est acquis et toute mon affection pour les âmes des enfants. Nous ferons votre œuvre. »

Ah ! enfin... Au reste, si l'on ne trouve pas de prêtre, on s'en passe : quatre colonies, cette année, ont vécu ainsi, dirigées par les séminaristes seuls (1). Ce n'est, certes, pas l'idéal, tous le reconnaissent. Mais on ne fait pas toujours comme l'on veut ! En tout cas, si les enfants ont eu un peu moins de profit, les séminaristes n'ont eu que plus de mérite.

De l'argent !

Une grande question : celle des ressources. Ça a été à Lyon la moins embarrassante. Tout frais compris, il faut compter, ordinairement, pour un mois, à 40 enfants, 1,600 francs. Les Conférences Saint-Vincent-de-Paul de Lyon — et nous savons que leur initiative va être imitée, — alimentent, pour les enfants des familles qu'elles assistent, trois colonies de garçons, 'es seules qui nous occupent ici (2). Quelques patronages se chargent de leurs enfants. On fit cependant, au Grand Séminaire, cueillette d'argent : nécessité, l'ingénieuse rendit inventif.

Du Grand Séminaire on commande, puis l'on place, par

(1) A Domessin (Savoie), la Colonie était dirigée par M. Gellerat aidé des séminaristes lyonnais de Saint-Sulpice. — A Pélussin était M. Barriquaud. — A Saint-Didier-sur-Rochefort (Loire), M. Reynaud.— A Maolhes (Loire), MM. Grangier et Chauvet.

Deux colonies avaient à leur tête des professeurs de collèges libres : L'Argentière (Loire), Soleymieux (Loire).

Trois autres, des professeurs d'école cléricale ou de séminaires : Saint-Just en Chevalet, Saint-Jean-Soleymieux et Verrières (Loire).

Deux autres enfin étaient conduites par un vicaire de la paroisse Saint-Augustin, c'est Douvaine (Haute-Savoie), l'autre par un vicaire de la paroisse Saint Nizier, à Larajasse (Loire).

(2) Voir les *Comptes-rendus de Saint-Vincent de Paul*, 1903 et 1904.

lettres et pendant les vacances de février, des carnets d'offrande : chacun s'inscrit pour 1 ou 2 francs, et le total fait le prix d'une place, de plusieurs places d'enfants à la montagne.

Un jeune diacre, prêtre depuis la Trinité, préfet de récréation au collège des Minimes, trouva, chez les élèves et les professeurs, une somme suffisante pour envoyer une vingtaine d'enfants au grand air : son nom mérite d'être cité, comme son exemple imité : c'est M. l'abbé Lévêque (1).

Un séminariste, de sa cellule, édite et vend des cartes postales : il en avait pris les vues à une colonie où il a reçu l'hospitalité quelque temps, et il les débite au profit de « l'OEuvre catholique des saines vacances » qui existe... dans ses désirs, mais que cela lui permettra de réaliser : j'ai nommé l'abbé Reynaud et sa colonie de Rive-de-Gier établie à Saint-Didier (Loire).

D'autres, à quatre, lancent une brochure — qu'il faut lire : — *Colonies de Vacances*, fort intéressante (2). L'un fait d'abord l'historique de l'OEuvre ; un deuxième raconte la « Préparation » d'une colonie ; un troisième décrit à la perfection « la journée de vacances » ; un « ami des enfants » indique, avec preuves à l'appui et un remarquable talent d'appropriation, quels résultats peut donner une chrétienne colonie des vacances. Le tout, vendu « au profit des colonies. »

Ce qu'on fit encore ? On organisa le « sou de la montagne. »

C'était chose touchante que de voir les inlassables quêteurs demander et souvent recevoir le petit sou hebdomadaire, que les confrères plus charitables apportaient d'eux-mêmes tous les mercredis à « la tirelire des

---

(1) Lire le très vivant *Compte-rendu des vacances à Soleymieux*, par M. Lévêque. Paquet, Lyon, rue de la Charité, 1 franc. — Même librairie, *Souvenir de Saint-Just-en-Chevalet*, par M. Maillet, 0 fr 25

(2) Imprimerie française, Chalon sur-Saône.

vacances, » On vendit l'*Echo*, toujours au « profit des colonies » existantes et à exister. D'autres organisèrent pour les vacances de février des représentations à grand succès. Un séminariste, même, se prit, un jour de pluie, devant ses confrères, à débiter des monologues, à chanter des chansonnettes, en s'accompagnant lui-même, puis à passer sa barrette « pour les colonies! » D'autres enfin — et encore n'est ce pas le moment de tout dire — d'autres s'offrirent à rechercher, dans la bibliothèque du Grand Séminaire, des documents pour les prêtres chargés de Conférences ecclésiastiques, moyennant une honnête *componende*. Les demandes ne manquèrent pas. Aucune ne fut accordée *in forma pauperum*.

La direction.

Généralement, c'est la sympathie qui assembla ceux qui, ensemble, devaient coloniser. Et c'est une nécessité que de se grouper ainsi, par amitié, si l'on veut que les vacances, toutes pénibles qu'elles soient, ne laissent pas que d'être reposantes. Oh! qu'il fait bon s'aimer pour ne faire qu'un dans le don incessant de soi-même, fait avec toute la force et la fécondité que procure cette union des âmes à la poursuite, ensemble, d'un commun idéal. — On se promit bien aussi de s'adjoindre des jeunes gens laïques dévoués — des directeurs de patronage, des maîtres d'écoles libres surtout.

Par la suite, afin d'en donner la liste à M. le Vicaire général chargé des Petits Séminaires et des Colonies de Vacances, MM. les Supérieurs des Grands Séminaires demandèrent officiellement, en lecture spirituelle, les noms des volontaires sans destination, désireux cependant de s'engager. C'est grâce à cette prévoyance admi-nistrative qu'on put au dernier moment former, en trois jours, les cadres d'une Colon'e, succursale de Verrières, Pélussin.

Et quand le séminariste a trouvé tout cela, enfants,

local, surveillants, ressources, etc., etc., il profite de ses
vacances de milieu d'année pour faire le siège de son curé.
Je dois dire à l'honneur de la vérité que ce ne fut point
le plus difficile. Non pas que les objections fissent défaut;
mais la réponse était si vite, si bien et si aimablement
trouvée et proposée, qu'étonné et, au fond, enchanté, le
bon Pasteur répondait : « Ah ! ces petits, ils en font trop !
Cette jeunesse ! Puissent-ils n'en jamais revenir ! — Oui,
c'est bien, mon enfant, va, tu as toute permission, et,
quoi qu'il arrive, je te soutiendrai. » Six colonies se sont
ainsi organisées et ont admirablement vécu cette année,
elles sont dues, tout entières, à l'initiative directe et agissante des séminaristes qui peuvent revendiquer comme
leur œuvre tout le bien qui s'y est fait et qui s'y est fait
par eux seuls.

J'ai bien entendu quelques-uns de ces Messieurs les
vicaires affirmer, en souriant, qu'à la cure, maintenant,
ce sont les séminaristes qui font tout; mais ces Messieurs étaient heureux en même temps de rendre hom-
mage au zèle intelligent et « débrouillard » de leurs
jeunes frères, dont ils ont toujours encouragé et soutenu
l'action.

Aussi, quelle joie quand, après les petites vacances, on
revient au Séminaire ! L'ardeur redouble.

Derniers lointains préparatifs.

On lit les ouvrages qui traitent de l'éducation, Dupanloup en particulier, et l'on s'étonne d'y trouver ses
propres idées, celles qu'une longue expérience d'élève a
montré être les meilleures, les plus efficaces.

Le plan que l'on prépare pour les instructions du
matin, pendant la messe, s'ajoute au canevas des sujets
variés que l'on choisit pour les « Causeries ».

On pense aux récréations, et l'on cherche des jeux
nouveaux, tout en repassant les règles des jeux anciens.

Ceux-là, dans leur chambre à deux, font, chaque soir,

20

avant de se coucher, un quart d'heure de gymnastique suédoise, pour l'apprendre ensuite aux enfants ; et leurs voisins, qui entrevoient ces mouvements étranges, pensent à des incantations magiques.

D'autres preparent des sacs de confettis pour un *rallye-paper*. Les anciens soldats sont consultés, et ils enseignent comment se pratique l'exercice, comment s'ordonne la petite guerre.

Ici, l'on ne parle que de positifs et de négatifs ; il s'agit d'organiser des projections pour les jours de pluie.

Des cantiques et des chants sont composés par les uns et imprimés par les autres, au Grand Séminaire : « Limographie économique. Service des jeunes. » Toute la doctrine théologique entre dans ces cantiques, où l'on ne veut rien laisser de banal, et, dans ces chants, tout l'enthousiasme chrétien d'un jeune homme de vingt ans à l'âme intelligente et généreuse.

Qu'elles sont belles, vos chansons, M. Lavarenne ! Réjouissez-vous : elles ont servi à toutes les Colonies, et combien les enfants les aimaient ! Et, vous le savez, quelques minutes avant sa mort, notre pauvre petit Celestin, un de ceux que nous avons aimés en 1903, disait en pleurant : « Maman, chante-moi une chanson de Verrières, celle où l'on parle de M. Tabardel, » se rappelant ainsi, à Lyon, après un an, dans une affection suprême, sa belle Colonie et ces Messieurs qu'il aimait.

Une pièce enfin est sur le chantier, faite pour les personnages qui la joueront ; et il en sort le *Colis de M. Dominique*, qui a eu déjà et qui aura encore d'éclatants succès.

Quo ne fait-on pas !

De la théologie, répondra quelqu'un. Il ne m'appartient pas d'en parler : ce n'est point mon sujet. Ce que je sais, c'est que les séminaristes ont une conscience et un directeur ; c'est que les fervents des Colonies sont tous argumentateurs, et qu'aux concours des grandes thèses leurs noms sont les premiers ; ils savent, du reste, qu'il serait déraisonnable de négliger une partie essentielle de leur formation pour s'absorber exclusivement dans une autre partie non moins essentielle.

II. — *En Vacances et en Colonie* (1).

Où l'on fait connaissance.

« Ah ! Monsieur l'abbé, vous venez encore m'enlever mon fils. — Oh ! Madame, non. Je viens simplement vous demander si vous voulez bien lui permettre de monter respirer le grand air avec moi sur la montagne. Ce sera si bon pour lui après son année de séminaire, et je le soignerai si bien ! — Allons, dites-moi donc plutôt que, comme l'année dernière, je dois en faire le sacrifice ! Et tenez, je le fais, bien volontiers, pour vos chers petits

(1) Pour rendre un témoignage exact, je raconterai seulement ce que j'ai vu de très près, à l'œuvre : la vie des séminaristes qui firent la Colonie de Verrières, n'ayant pas entendu dire qu'ailleurs ces Messieurs aient montré moins de respectueuse délicatesse dans le zèle le plus intelligemment dévoué qu'on puisse souhaiter.

Dans les colonies sans prêtre directeur, les séminaristes ont dû, autant que possible, en remplir les fonctions : de ces cas, je ne dirai rien, sinon que, *pour l'avenir même de ces œuvres, ce ne peut pas être normal*, encore que ç'ait été pour ces Messieurs une école où ils ont dû passer maîtres du premier coup.

L'idéal — nécessaire — est qu'un prêtre directeur soit là, sans cesse, sauf à bien comprendre son rôle, qui est de laisser aux séminaristes la plus entière initiative dans l'ensemble de la vie à laquelle tous prennent part, comme aussi dans la fonction spéciale que par la force des choses chacun s'attribue : économat, récréation, etc.

Il y a eu cette année, dans le diocèse de Lyon, 12 colonies catholiques, abritant et élevant, au régime de l'internat, plus de 500 enfants. Dans chaque maison, une règle très sage conseillait la présence de quatre grands séminaristes auxiliaires du prêtre responsable de l'Œuvre. — Mgr Dadolle, vicaire général, recteur des Facultés, des Petits Séminaires et des Ecoles secondaires ecclésiastiques, a été chargé officiellement des Colonies de vacances par S. E. le Cardinal Archevêque, qui avait encouragé et béni déjà les premiers essais.

enfants. Mais combien de temps me le garderez-vous ? — Mon Dieu, Madame, pour moi je resterai deux mois, mais lui, après un premier mois... — En recommencera un autre ! Ah ! ces enfants ! Mais quand partez-vous ? — Je vous le laisse encore huit jours : il est en vacances depuis avant-hier ; quand il reviendra, ce sera encore huit grands jours ! Vous voyez bien que je ne vous l'enlève pas ! — Et vous allez, j'en suis sûre, vous mettre encore à faire la visite de tous vos enfants, courir par tout Lyon, rentrer à des heures impossibles ? — Écoutez, Madame, je vous promets que M. l'abbé rentrera, tous les soirs, au moins à 6 heures. Pour vous prouver que je dis vrai, nous commençons aujourd'hui : vous verrez si à 6 heures il n'est pas là ! »

Et l'on commence, en effet, la visite des cinquante-deux familles, répandues par toute la ville, dont les enfants auront le bonheur d'aller sur ces monts « où l'air est plus pur et Dieu plus rapproché ». Qu'elles sont instructives, ces visites ! Quel bien elles font à ceux qui les reçoivent et à ceux qui les font !

On ne s'étonne plus, quand on est monté au septième d'une haute maison et que, dans un réduit, sous les toits, on a vu et entendu une femme, veuve, sans travail, dans le dénuement le plus absolu, on ne s'étonne pas que la tuberculose se développe si vite dans les corps émaciés des pauvres petits enfants privés d'air, de nourriture et de bonheur : ce n'est pas seulement un mois qu'il faudrait passer à la montagne pour compenser cette totale privation, c'est une vie tout entière.

On comprend, d'autres fois, pourquoi tel enfant, malgré la grande misère où se passe sa jeune existence, a de l'ordre, du sérieux dans la pensée, du courage au fond du cœur : il suffit d'avoir parlé quelques instants avec sa mère, et constaté comment elle sait ennoblir et embellir sa pauvreté.

La plupart du temps, les parents que l'on visite racontent toutes leurs peines, toutes leurs espérances, toute leur

vie, au jeune séminariste, parce qu'il a la soutane, comme
à un prêtre ; combien ces premières confidences élèvent
l'âme de celui qui les reçoit !

En route. — L'arrivée. — Le Règlement

Mais hâtons-nous. Tous les préparatifs sont terminés.
Nous voici à la gare. Déjà, il a fallu se séparer de ses
parents, un peu tristes de voir partir leur fils, mais fiers
et heureux de le voir, selon leurs désirs, commencer déjà
à être « un bon prêtre ». Déjà, on ne s'appartient plus.

« Monsieur l'abbé, mon fils est un petit diable ! —
Votre fils, Madame ? Ce n'est pas possible. Mais ne crai-
gnez rien ; à Verrières, ils sont tous gentils. — M'sieur
l'abbé, mon petit a un reste de bronchite. — Je lui met-
trai de la teinture d'iode, ce soir ! — Monsieur, Monsieur l'abbé... » — Et les papas et les mamans répètent
à tous ces Messieurs les mêmes plaintes, les mêmes
recommandations, les mêmes espérances : ces Messieurs
commencent à sentir quelle est leur responsabilité, et
tout ce qu'on attend d'eux.

En route ! Aussitôt l'on chante, on fait chanter. « Attention à ton chapeau ! Il va s'envoler par la portière. » —
« M'sieur, il me f... un coup de poing ! — Tu dis ? — Il
me f... un coup de poing. — Comment ? — Il me jette un
coup de poing ! » — « Dites donc, mes amis, vous n'avez
pas encore eu le temps de faire votre prière... Si nous la
faisions ? » — Puis on déjeune... Et les quatre heures de
chemin de fer sont vite passées.

« Montbrison ! Tout le monde descend. » C'est fait tout
de suite. Les paquets vont à une voiture. Et le bataillon
se met en marche : onze kilomètres à monter. Ces Messieurs vont et viennent, rangent les uns, poussent les
autres, excitent tout le monde. Nous voilà arrivés. Allons
à l'église « saluer le bon Dieu ». Entrons enfin à la maison de la Colonie. Tandis que les enfants s'organisent,
ces Messieurs, hâtivement, tiennent « un premier con-

seil »! Rien de plus simple, rien de plus important. Il s'agit de choisir ceux que l'on croit assez intelligents pour « servir » leurs camarades : sergents et caporaux. Déjà il a fallu apprendre à connaître ces petits. Déjà il a fallu porter un premier jugement sur eux. C'est fait.

Aussitôt a lieu la lecture et l'explication du règlement. « Votre séjour à la montagne, mes chers amis, doit faire de vous des corps vigoureux et des âmes plus vigoureuses encore. Le but du règlem   st de vous aider à bien jouir de ce double bienf t. (t pour être utiles à vos âmes autant et plus qu'à votre corps, que ces Messieurs, vos frères aînés, sont tout heureux d'être ici avec vous. »

Conduisons rapidement, après le souper, les enfants au dortoir. « Bénissez-nous, ô mon Dieu. — Ainsi que tous ceux que nous aimons. » Et ils s'endorment, les petits, dans le grand silence du grand dortoir : à côté d'eux, derrière un simple rideau, leur frère aîné reposera, lui aussi, prêt à se réveiller au moindre bruit, car son affection pour eux lui rend le sommeil léger, aussi léger que toutes les fatigues dont ses journées seront désormais remplies : *ubi amatur, non laboratur, aut labor amatur.*

Debout!

Ils dorment encore, les chers enfants. Au milieu du dortoir, M'sieur l'abbé se promène, levé avec le jour, s'arrêtant à chaque lit et demandant silencieusement à Dieu de bénir ces petites âmes bien-aimées. Quand s'ouvrent les yeux des enfants, c'est, avec la soutane noire, le visage souriant du séminariste en prière qu'ils voient tout d'abord. Et si, en attendant le signal du lever, les petits sont tourmentés par le démon qui dès le matin se présente à eux pour commencer son œuvre de tentation, un regard sérieux et bon leur dit qu'il faut résister et ne point offenser Dieu.

M. l'Abbé s'est assis. Sa tête se penche, ses yeux se ferment. Sur ses genoux, un livre : « Branchereau, *Médi-*

tations à l'usage... » Chut! il fait oraison. Bientôt, il change de livre. Approchons-nous : *Les Pensées de Pascal.* C'est la méditation philosophique.

La flûte chante le *Nous voulons Dieu*, dont, chaque matin, les accents résonneront invariablement aux oreilles, et bientôt dans le cœur et sur les lèvres des enfants. Le séminariste veille à ce que le lever soit prompt, modeste et recueilli. Puis, vite, il court chercher de l'eau pour la toilette des enfants. « Allons, défaites vos lits, qu'ils prennent l'air. » « Tiens, les oreilles sont en deuil! Faites-vous bien propres pour aller à la Messe » « M'sieur, vos souliers. — Hé bien? — Donnez-les moi, je les cirerai. — Non, à moi, M'sieur! — Prenez-en chacun un. Merci. » Et pendant ce temps, un autre brosse consciencieusement les épaules de M. l'Abbé, tandis que d'autres se disputent pour bien faire son lit.

A la messe.

« En rang! en rang! C'est l'heure de la Messe. — René et Michel, vous servirez aujourd'hui. Voilà le calice. Passez en tête. — Stéphane, tu distribueras les cantiques. — En revenant, Charles, tu iras chercher un kilo de sucre pour la cuisine. — Hé! là-bas, ne mettez pas les mains dans les poches; suivez bien. »

A l'église, devant le tabernacle, tous font, profonde, la génuflexion, sachant que si l'on doit se faire bien petit devant Dieu, c'est pour se relever bien grand devant les hommes.

Puis ils se groupent tout autour de l'autel, et l'un de ces Messieurs récite la prière du matin.

« A genoux! la Messe va commencer. Nous la dirons aujourd'hui pour que Dieu nous fasse comprendre combien Il est bon. »

Et alors, avec le prêtre, s'engage et se poursuit cette action sublime, ce drame intime et solennel qu'est la Messe, et qui s'ouvre par un magnifique dialogue : *Introibo ab altare*

Dei. — C'est Lui qui nous donne la joie de notre jeunesse, répondent d'une seule voix les cinquante enfants et les séminaristes. — Louez le Seigneur. Il est bon. — Sa miséricorde est éternelle (1). — Je vous le confesse, à vous, mes frères, j'ai péché. Priez pour moi. — Que le bon Dieu ait pitié de toi et qu'Il nous pardonne à nous aussi, qui avons péché par nos paroles et nos actions. — Ah! que le Seigneur soit avec vous. — Et qu'Il reste avec toi. »

C'est beau, cette Messe — et le séminariste sent grandir en lui l'admiration et l'enthousiasme : Quand donc, se dit-il, pourrai-je offrir à mon tour ce divin Sacrifice?

En attendant, il fait chanter les enfants et mêle sa voix aux leurs. Puis il explique quelque cérémonie ou quelque parole sainte : « *Sacrificium vestrum.* C'est le vôtre. — *Sursum corda.* Répondrez-vous que vos cœurs s'élèvent, qu'ils sont vers Dieu? — Voici l'incompréhensible mystère de la Consécration. Prions, mes amis, pour adorer Dieu, le remercier, lui demander pardon, solliciter ses grâces. » Et le séminariste fait ainsi que cette messe où l'on prie, où l'on chante, où il parle, soit le meilleur moment de la journée tout entière. Chaque matin, l'un de ces Messieurs fait la sainte communion, au nom de tous. Et, les jours de plus grandes fêtes, c'est de la messe où ils ont eux-mêmes communié que les enfants gardent le plus profond et le plus vivant souvenir.

Après la Messe, vient l'instruction, faite par le prêtre Je n'ai jamais vu personne parler pendant cette instruction : toutes les attentions se concentraient sur la parole divine, que les enfants semblaient, littéralement, vouloir boire de leurs lèvres entr'ouvertes. Et j'ajouterai que les séminaristes attendaient, eux aussi, ce moment avec impatience, car ils trouvaient, dans cette causerie simple sur les sujets les plus élevés de notre sainte religion, une véritable nouvelle oraison d'où n'était pas absente la prière affectueuse, ni surtout la résolution pratique du

(1) Particularités de la liturgie lyonnaise.

jour. « Puisque, nous l'avons vu, Dieu est bon, soyons-le
aussi. Et dans telle et telle circonstance, rappelez-vous la
devise que nous inscrivons en nos cœurs ce matin : « Sois
bon. »

Les repas.

Les enfants déjeunent, ces Messieurs aussi : ils président au repas. Leur table est de plain-pied avec celles
des enfants, qu'ils dépassent seulement de toute leur
grandeur personnelle. Et, puisqu'ils président, ils font
comme Notre-Seigneur, ils servent. Ce n'est pas que le
service régulier ne soit organisé et laissé aux enfants.
Voyez plutôt : un coup de sonnette, et les sergents vont
à la cuisine chercher le plat dont ils feront ensuite la
distribution, se réservant la dernière part, s'il en reste !
Mais il manque toujours quelque chose à ces chers petits.
Par bonheur, M. l'Abbé est là. Puis, ils viennent chercher
du pain. Puis M. l'Abbé doit se lever pour apprendre à
quelqu'un comment on coupe sa viande, comment on se
tient à table. Qu'importent ces dérangements, n'est-ce
pas ? Et c'est de tout cœur que vous dites en la prière
finale : « Nous vous remercions, ô mon Dieu » ; et je suis
sûr que vous ajoutez tout bas : « Oui, merci à vous, qui
me permettez de me dévouer pour vous, et de me donner
autant que je le puis, ne pouvant, selon mon désir, servir
moi-même de nourriture à tous les affamés du corps et de
l'âme, ainsi que vous l'avez fait vous-même. »
C'est la récréation du matin qui commence : la partie
la plus laborieuse du jour.

Les jeux.

Faire jouer, et tout le monde : voilà un problème. Il se
résout. Barres, ballon, drapeau, sont les grands jeux :
Oh ! les luttes homériques ! Il vous en souvient peut-être,
cher confrère, de ce jour où, franchissant le court espace

qui sépare le Séminaire de la Colonie, vous êtes venu prendre part à nos émouvantes parties de ballon. Quatre abbés de chaque côté : quelle joie pour les enfants ! Des fenêtres de la maison, cinq carreaux y restèrent. Il en coûta bien aussi quelques nez écrasés, quelques coups de pied malencontreux ; et vous-même, malgré votre dignité, vous fîtes une de ces chutes graves, mais sans danger, dont les enfants, comme celui qui la fait, gardent le souvenir, et qui, sur l'instant, les mettent dans l'exultation. Mais quel entrain, quelle vie, quelle jeunesse ! Qu'il fait bon, n'est il pas vrai, avoir au milieu des enfants, pour exciter et soutenir leur enthousiasme, des frères aînes — un peu plus qu'enfants — mais jeunes, jeunes encore et toujours !

Puis, les petits jeux . godilles, quinets, fantôme, sauts, courses. Aujord'hui, c'est « au cheval » ; et des écuries modèles se montent. — Un autre jour on bâtit des maisons, on construit des canaux. — Puis, il y a « théâtre » ; des figures barbouillées de cirage, des vestes retournées, des tabliers en guise de tente ! c'est quatre billes les troisièmes, vingt les deuxièmes. « M. l'Abbé, un sou les réservées ! » — Que n'inventent-ils pas ! Ces Messieurs veillent sur les enfants, surveillent la récréation, laissant la plus complète initiative, encourageant et dirigeant tous les mouvements spontanés, punissant très, très rarement, presque jamais, car M. le Directeur a une théorie de punitions — qu'il a empruntée du reste à Dupanloup et à l'expérience — et qui vaut .. ce qu'elle vaut, mais qui, c'est un fait, produit d'excellents résultats. — A certains jours, on fait de la gymnastique suédoise, et ces Messieurs, avec les enfants, exécutent les divers groupes : Un ! deux ! Un soir même, à 10 h. 1/2, dans la cuisine, on entendit du bruit : c'étaient ces Messieurs qui apprenaient, pour mieux le savoir, « le troisième groupe » !

Les occupations du matin.

Pendant la matinée encore, « on fait les lettres ». Oh !
qu'elles sont délicieuses, ces premières expressions du
sentiment qui n'a qu'un mot : « Je t'aime bien », cette
première manifestation de la joie profonde : « On est bien
à Verrières. On mange bien, on joue bien, on est bien
sage et on prie pour ses parents ! » — Parfois, la main
est inhabile à seconder le cœur : ces Messieurs se font
professeurs d'écriture, ou ils suggèrent quelque idée,
sans jamais faire eux-mêmes la lettre, voulant laisser
l'enfant parler et écrire comme il sait.

Puis, « on exerce la pièce, on prépare la séance ». Et ces
Messieurs se font maîtres des répétitions avant de diriger la solennelle exécution. Ils apprennent aux enfants à
paraître et à parler en public, essayant, à l'occasion, de
former leur goût. — Les sopranos répètent la partie des
chœurs que les altos viennent chanter ensuite, en attendant les répétitions générales. — Il faut exercer les
solos, les débits, les pantomimes, etc., etc. Voilà le séminariste directeur de théâtre !

Parfois, un coup de sifflet. « En salle. » C'est une causerie. Qui la fait ? M. le Directeur souvent, ceux qui
viennent nous visiter, plus souvent encore, les séminaristes quelquefois : ce ne sont pas leurs débuts, car ces
Messieurs ont parlé souvent dans leurs réunions de
groupes, au Séminaire ; et pourtant, c'est peut être leur
premier contact avec un auditoire vrai qu'il faut respecter, intéresser, instruire. Voici quelques-uns des sujets
qu'ils ont traités : « La Politesse — les Animaux domestiques — le *Sillon* — l'Électricité — les Jeux — la Messe
— les Évangiles du dimanche — les Volcans — les Mis-
sionnaires — les Chansons de la Colonie », etc. —
Dirai-je que la seconde fois que l'on parle, c'est toujours
mieux que la première, et qu'aucun auditoire n'est plus
difficile que les enfants ? Il faudrait que l'on s'habituât à

parler toujours comme si l'on s'adressait à des enfants,
c'est-à dire clairement, simplement, respectueusement.

Les services.

C'est encore le matin que « l'on rend les services. »
Ah ! la belle science ! Et ces Messieurs ont autorité pour
l'enseigner puisqu'ils la pratiquent « Qui veut laver les
cabinets ? — Moi, M'sieur, moi, moi. » Et l'on se presse, et
l'on se dispute. « C'est toi, René, qui les laveras ce matin,
parce que tu as été très gentil hier. » Ceux qui n'ont pas
obtenu cette faveur réservée « à ceux qui sont intelligents et dévoués », s'efforcent d'être plus gentils encore,
s'il est possible, « pour laver les cabinets demain ! » On
balaie ainsi les salles, les escaliers, le dortoir ; on cire
les souliers, on fait les commissions ; on aide à la cuisine.
Ces Messieurs sont toujours là, continuant l'éducation
de ces petits, *verbo et exemplo*. Et ils me pardonneront si
je révèle qu'ils remplissent parfois des fonctions que
Dieu semblait avoir réservées au cœur et aux mains
d'une mère !

Entrez dans une salle. De gros dictionnaires latins
côtoient des histoires anciennes à côté des livres de
mathématiques. C'est le silence : on fait ici les devoirs
de vacances. Quelques - uns écrivent « leur journal ». Les latinistes nouveaux sont dans une chambre
spéciale, apprenant avec un de ces Messieurs que
« *Dominus* » veut dire « le Seigneur » et « *bonus*, bon »,
et ils ne tardent point à savoir que « *Dominus est
bonus* (1) ! » Les Petits Séminaristes de la Colonie (2)

(1) Encore que, jusqu'à présent, les choix aient été heureux
et vantés, peut-être est-il bon de remarquer qu'il n'y a pas
lieu de se départir de la prudence ordinaire dans le recrutement sacerdotal en Colonie ; et que, s'il faut bien distinguer
l'enfant de sa famille, il ne faut point oublier leur union héré-
ditaire et fatale. Or, les familles des Colons, souvent pauvres à
l'extrême, ne lèguent pas toujours à leurs enfants même la
richesse de la vertu et du sang.
(2) C'est le commencement d'une Colonie appelée à se dévelop-

· il y en avait cinq à Verrières — travaillaient leur
« Ragon »... Et nous avons eu la joie d'entendre
M. le Vicaire général adresser à quelques-uns d'entre
eux, dans le compte rendu des devoirs de vacances, une
mention spéciale et donc élogieuse « pour devoirs supplé-
mentaires ».

Le séminariste se recueille.

« Où donc est Monsieur X... ? » On le cherche, on par-
court la maison en tous sens. Inutile. Il a disparu : le
Directeur même ne veut pas dire — car il le sait — où
il est. C'est que pour le grand Séminariste en Colonie,
c'est le moment du recueillement, du travail : il a des
thèses de philosophie à établir, un sermon à composer,
des études à faire ou à revoir. Il a aussi sa correspondance particulière. Il a les Causeries à méditer et à
écrire, car il ne veut point parler, même quand, à la
rigueur, il pourrait bien le faire, sans préparation écrite :
il veut et il faut respecter les enfants. Il a un article à
faire pour l'*Echo*, puis pour telle grande revue bien
connue, puis pour telle correspondance, intime, entre
Grands Séminaristes.

Il a, pour tout dire, à changer de travail, et donc à se
reposer, car à la Colonie, comme au reste partout dans la
vie, le repos ne peut être qu'un changement de travail,
à notre époque surtout où il faudrait, comme disait
Paqueron à son fils, « faire entrer mille ans dans chaque
année pour utiliser vraiment la vie, et réaliser quelque
chose qui demeure : *Laboremus, laboremus !* »

Il a, je ne dirai pas à travailler « pour lui », — car cette
expression reçue ne laisse pas que de paraître étrange

per : celle dans laquelle seraient admis comme colons les petits
séminaristes que les vacances enserrent dans la ville et dont les
parents sont pauvres. Déjà Lyon possède à Joubert (Loire) une
œuvre de ce genre. La nécessité en a été démontrée excellem-
ment dans le *Recrutement sacerdotal* (Juin 1902, pp. 175 et
suiv.).

sur les lèvres d'un prêtre — il a du moins à refaire ses
forces vives pour donner davantage et mieux, ensuite,
aux âmes qu'il aime, pour lesquelles il se dépense tout
entier, et plus encore s'il est possible : *super impendar.*

Et c'est ce que font, à tour de rôle, ces Messieurs.

Quand « Monsieur l'Econome » a fait le « baptême du
vin » et qu'il a multiplié le pain en cinquante morceaux,
les enfants entrent au réfectoire, en silence et chapeaux
bas, comme toujours du reste quand ils entrent dans une
salle. Laissons ces Messieurs continuer leur apostolat, et
demandons à Dieu de les bénir.

Les soirées.

Rejoignons-les en récréation. En attendant le facteur,
on joue. Ces Messieurs jouent, et les enfants aussi. Je
devrais dire : les enfants jouent, et ces Messieurs aussi,
car tel doit être et tel était l'ordre existant.

« Que va-t-on faire ? Il pleut ! — Il pleut ? Oh ! M'sieur,
jouons aux charades, aux portraits, au métier, aux devi-
nettes, à l'eureka — Voyez, M'sieur, mon p'tit bateau, il
va sur l'eau ! — M'sieur, allons apprendre de nouveaux
chants. — Faites-nous des projections, s'il vous plaît. —
Non, une causerie, M'sieur. — Ah ! non, faisons une
séance. » Et aussitôt ils organisent une séance, où
rien ne manque : chants, débits, pièces, solos, duos,
chœurs ; chacun veut dire quelque chose, et franchement,
rien n'est plus intéressant. — Rien ? Si ! Une seule
chose : le théâtre guignol. C'est du délire quand ces
Messieurs veulent bien monter le théâtre, et faire vivre
et parler les guignols si cher aux Lyonnais.

Il pleut ? Tant mieux. Mais il ne pleut pas. Et l'on
part en promenade. C'est alors qu'interviennent les
séminaristes du pays : ils sont chez eux. Ah ! les jolis
coins de bois qu'ils connaissent, les fouillis de mûres et
de framboises, les réserves d'airelles ! On les suit par les
sentiers, dans les chemins, par les vallons, sur les mon-

tagnes. Avec eux nous explorons tout le pays à la ronde. En cours de route, ces Messieurs causent avec les enfants : oh ! bienfaisantes et instructives conversations ! Tous les sujets sont parcourus, et l'on reste stupefait en constatant combien, dans ces cerveaux de 10 à 12 ans, il y a deja, non seulement de bon sens et d'esprit, mais de connaissances, vraies ou fausses, acquises.

Les belles semailles d'idees que vous avez faites, M. Giron, en racontant « vos histoires », et vous, M. Tabardel, en parlant avec ces petits science et philosophie, tandis que M. Marnat expliquait les costumes et les choses de la campagne !

Ces Messieurs, a tour de rôle, s'écartaient un instant pour dire le breviaire, l'office de la Sainte Vierge, le chapelet. Pendant les haltes, ils exerçaient tous la surveillance la plus minutieuse, aussi nécessaire pour les corps que pour les âmes. Puis, le goûter préparé, ils en faisaient la distribution

Les grands jours.

Aux grands jours, on partait, drapeau au vent, quatre par quatre, la tête haute, bien au pas, et chantant à tous les echos :

> Le régiment des braves gones
> Marche toujours au cri de liberté ;
> Leurs fronts sont hauts, leurs âmes bonnes,
> Ils sont unis dans la fraternité.

Dans les hameaux, dans les villages, dans les cités, partout c'etait une surprise charmée que de voir cette armee d'enfants suivre les trois couleurs sous le commandement de leurs chefs, des prêtres. Ainsi avons nous parcouru toute la région d'alentour, allant spécialement là ou se trouvait « la fête du village », entrainant a l'église tous les gens du pays pour les courber ensuite sous la parole de vérité et sous la bénédiction du bon Dieu. Tout le monde admirait et applaudissait Mes-

sieurs les Abbés; et certes, ils avaient fait ainsi mieux
qu'une banale prédication.

Quand on revenait le soir, souvent avec la nuit, de
petites jambes étaient fatiguées. Ces Messieurs prenaient
alors sur leurs épaules les petits tout heureux, et ajou-
taient ce poids nouveau au poids de leur propre fatigue.
Et quand on voulait les décharger : « Non, non. Je veux
m'habituer à porter le sac pour la caserne, disait l'un. —
Laisse donc, ajoutait l'autre, le joug est doux et le fardeau léger. »

Chers petits enfants, que vous étiez aimés !

Le caillou — Adieu !

Les lits sont faits, car à la Colonie, on les fait à
7 heures du soir ! On a soupé Voici la récréation : ces
Messieurs organisent des rondes, des monômes, où tout
le monde joue, afin que nul ne reste, à prendre froid,
dans un coin. Quand il fait beau et clair, ils parlent
avec leurs enfants. Et c'est un spectale charmant que
ces grappes vivantes, causant doucement, sous le ciel
étoilé, à la lueur caressante de la lune, et cherchant à
savoir ce qu'il y a « au-delà du ciel bleu. »

« Le Caillou ! Le Caillou ! » Tout cesse. On se précipite
dans une salle : on est heureux, on chante, on crie, on
jubile. Qu'est ce donc que le *Caillou ?* « C'est, répondrait
un séminariste, le moment de la lecture spirituelle, de
l'examen particulier, d'une classe de philosophie chrétienne. C'est une intime réunion de famille où, ensemble,
dans une revue détaillée de la journée tout entière, on
revoit une à une les bontés de Dieu, et où l'on porte sans
effort son âme tout entière vers le vrai, le beau et le bien,
jusqu'au moment où la prière du soir, la prière pour
ceux qu'on aime, vient achever la journée dans la joie et
la vie du Christ, alors qu'on a décidé que les heures si
vite enfuies sont à marquer d'un *caillou* archi-blanc. »

C'était, en tout cas, le meilleur moment, avec la Messe,

pour le Directeur, pour les séminaristes et pour les enfants; celui dont tous nous garderons à jamais le souvenir; celui où s'accomplissait, par la direction intellectuelle et morale faite avec le cœur, l'Œuvre tout entière.

« Adieu, M'sieur », murmure l'enfant dans le silence du dortoir. « Adieu, mon petit », répond à voix basse le grand frère tout ému, en donnant à cet adieu toute sa belle signification : « A Dieu ».

Et quand tous sont endormis, ce qui ne tarde guère, ces Messieurs se rendent dans la salle commune, et, ensemble, ils bénissent Dieu à nouveau des multiples grâces reçues dans ces heureux et féconds loisirs qu'Il leur a faits. Puis, on essaie de prévoir l'horaire du lendemain. Chacun fait son dernier exercice particulier de piété. C'est aussi l'heure du lavage des photographies. Puis on descend à la cuisine : il faut égrener des haricots. puiser de l'eau, fermer la grande porte.

Ensemble, l'on va aux dortoirs, faire lever ceux dont le sommeil menace d'être trop imprévoyant.

Enfin, quand tout est fini, on se donne le baiser du soir, le baiser d'adieu.

Et ainsi s'achève la journée du séminariste en Colonie.

Hélas !

Il est temps de s'arrêter. Et pourtant, je n'ai pas dit toutes les fatigues, ni tout le bonheur des séminaristes en Colonie. Car cette journée se répète trente, et puis parfois comme à Verrières avec de nouveaux Colons, trente fois encore, pendant la durée du séjour, et souvent avec des imprévus qui redoublent la peine, sans diminuer l'ardeur. Et quand les enfants sont rentrés chez eux bien portants, heureux et meilleurs, l'Œuvre n'est pas finie. Elle se continue : il faut refaire la visite des familles, revoir les enfants, garder avec eux des relations. Il faut tirer et distribuer des photographies-souvenirs (1), composer un *Echo des vacances*, organiser un grand pèlerinage à Fourvières Il faut, en un mot, penser aux vacances qui viennent, hélas ! de finir, et songer déjà aux vacances prochaines et à la nouvelle Colonie.

CONCLUSION

Qui donc, après avoir suivi l'emploi du temps dans la vie d'une Colonie chrétienne, hésitera à reconnaître que c'est un immense bienfait pour les enfants admis à en profiter, et une grâce d'en haut pour le séminariste admis à s'y dévouer ?

Transporté sur la montagne, il jouit, lui aussi, du grand air, de la lumière, des promenades, de la douce communauté, de la vie heureuse des vacances.

Puis, surtout, il fait du bien. Au lieu, je ne dis pas de l'oisiveté — car un jeune homme qui a du cœur ne peut admettre que le repos se confonde avec l'oisiveté — au lieu de ce repos que l'on cherche parfois dans l'inaction somnolente, ou dans une activité purement physique. ou dans la fréquentation des livres et des hommes, repos qui, en somme, ne profite à personne, si ce n'est, et encore, à celui qui s'y laisse aller, ce séminariste choisit un travail reposant dont le bienfait est incalculable. Participant à l'œuvre commune ou la faisant tout entière, il peut en revendiquer tout le succès. Et, une fois de plus, répétons-le : si on le veut, la Colonie des vacances peut, doit être, comme elle a été, une œuvre éminemment sacerdotale, infiniment féconde, « laissant sa trace, plus profondément encore que dans le sang, dans les âmes (2). »

(1) (Collection de dix cartes postales, représentant des scènes de la Colonie de Vacances de Verrières 1901, 1 franc. Se vend au profit d'une nouvelle Colonie projetée en faveur de petits séminaristes pauvres.)

(2) V. *Correspondant : Colonies de vacances*, 10 septembre 1901.

Enfin, au lieu que les vacances, comme il arrive si souvent, soient funestes à la persévérance ou à l'intégrité de sa vocation, le séminariste en Colonie y fait son éducation véritable, celle qu'opère non l'étude, mais la vie. « Tous les séminaristes qui sont allés dans les Colonies en reviennent enchantés et meilleurs », écrivait un Directeur de Grand Séminaire. Et un Supérieur disait : « J'y envoie certains séminaristes, persuadé qu'ils se feront encore plus de bien à eux-mêmes qu'ils n'en feront aux enfants. Tel dont l'avenir clérical était compromis par une apathie invincible qui atteignait toutes les facultés de son âme, y a pris le goût du dévouement, du sacrifice, du travail, et nous n'avons eu, à tous points de vue, qu'à l'admirer pendant le cours de l'année. »

On voit le bien à faire ; il faut le faire ; on le fait et on y prend goût. D'aucuns ne se dévoueront jamais peut-être, parce que, jouisseurs, ils n'ont jamais été à même de connaître la profonde et précieuse jouissance qu'il y a à faire le bien. D'autres voudraient réaliser leurs désirs de total dévouement, mais ils ne l'oseront jamais, par humilité, par respect humain, par manque d'entraînement. Ceux-là se feront inactifs pour n'avoir pas *vu*, malgré les déclamations sur le malheur des temps, tout le bien à faire ; et d'autres ne feront rien, pour n'avoir pas cru ceux qui disent : « Le bien est possible », à l'encontre de ceux qui affirment : « Il n'y a rien à faire. »

La Colonie de Vacances met sous les yeux du séminariste l'immense misère physique et morale dont souffre le peuple de Dieu. Elle montre aussi le remède très efficace : Jésus-Christ, et la façon de le donner : le dévouement le plus parfait aux âmes qui vivent dans les corps. Elle fait connaître enfin qu'il est possible de se dépenser tout entier et quel bonheur on y trouve malgré les indifférences et les critiques, malgré la faiblesse personnelle, pourvu que l'on soit trois ou quatre unis dans la réalisation d'un commun idéal.

Rentré au Séminaire, le séminariste, agrandi par le don de soi-même, enrichi de tout ce qu'il a vu et entendu, averti maintenant par son expérience personnelle, conscient du besoin des âmes et de la grandeur de sa mission, soutenu par ses souvenirs, animé par ses espérances, se jette dans le travail avec une ardeur inconnue qui vivifie sa prière, ses études, son action : la Colonie de Vacances continue son bienfait.

Cette éducation sacerdotale que le séminariste recevait pendant les vacances, encore plus qu'il ne la donnait, développait, et en tous sens, toutes ses facultés, toutes ses aptitudes. Elle aurait été suffisante et incomparablement précieuse, si elle lui eût simplement communiqué le désir d'apprendre à aimer les enfants de plus en plus et le mieux en mieux, et à les diriger vers Dieu : c'est la science des sciences, celle qui sauverait une nation, si tous la possédaient vraiment — prêtres de paroisse, chargés de catéchismes, de congrégations, de patronages, prêtres du ministère professoral, chargés de l'enseignement, de l'éducation chrétienne. — Et l'on peut dire que ceux-là l'apprendront certainement, au temps de leur séminaire, s'ils sont capables d'instruction, qui auront passé par l'école professionnelle appliquée que doit être et qu'a été la Colonie de Vacances.

Les Œuvres de Vacances des Séminaristes de Lyon

Leur préface.

« Aimons Dieu, aimons Dieu, mais que ce soit aux dépens de nos bras et à la sueur de nos visages. » Ces paroles de saint Vincent de Paul à ses prêtres, faisons-les nôtres à la veille de reprendre nos œuvres de vacances.

Fidèles à notre devise : « *Melior pejore œvo* », nous aurons à cœur de consoler le divin Maître par une charité très intense.

Désireux de faire voir à quoi occupent leurs vacances les prêtres de demain et d'augmenter ainsi la commune espérance, nous ne pouvons mieux indiquer leurs intentions qu'en répétant leurs propres paroles. Elles servent de préface au livret que les grands séminaristes de Lyon emportent au début des vacances et où ils retrouvent la notice et les éphémérides des œuvres auxquelles ils se livrent chaque année.

Ah ! ces œuvres, les leurs véritablement, comme ils y pensent pendant les neuf mois de leurs tranquilles études ! Et, quand viennent surtout les grands congés d'été, avec quelle sollicitude ils les préparent, avec quelle impatience ils les attendent.

Hâtons-nous donc nous aussi d'entrer *in medias res*, en pleines vacances. Voyons, aux œuvres, les grands séminaristes du diocèse de Lyon.

Ce qu'on fait... comme partout.

Comme partout, d'abord, les séminaristes lyonnais en vacances sont, s'efforcent d'être, la joie de leur famille, l'édification de leur entourage, les auxiliaires respectueux de leur curé. Comme partout aussi, ils font pendant leurs vacances les devoirs qui leur sont imposés : thèmes de philosophie, de théologie, d'écriture sainte, d'histoire, sermons, études, etc. Comme partout enfin, ils se plaisent à faire, d'ici de là, des catéchismes aux enfants, des conférences aux jeunes gens, des assistances aux offices de l'église — sacrifiant aux exigences de la nécessité en donnant des leçons rémunérées, en aidant leurs parents de toutes façons. Et il est bien évident, pour tout dire que, autant que personne, ils sont fidèles à leurs exercices de piété, non moins qu'à toutes les obligations de leur état.

Il n'est qu'un point, capital, en quoi un grand nombre d'entre eux diffèrent peut-être de beaucoup d'autres, c'est qu'ils se refusent à trouver leurs plaisirs de vacances là où, généralement, on les recherche, à savoir, dans le moindre effort, dans l'abstention de tout ce qui coûte, dans la recherche des plus grandes commodités. Et j'en pourrais citer plus d'un qui refuse d'aller à la campagne, pour demeurer à *ses* chères œuvres de ville, qui accepte l'argent d'un grand voyage, mais pour ensuite le dépenser avec les enfants et les pauvres ; qui se donne librement à un travail plus considérable que celui du reste de l'année ; qui se fatigue chaque jour et peine plus peut être qu'il ne le fera jamais, pour Dieu et pour les âmes. Qu'est ce à dire ?

Les Colonies des Vacances.

La grande œuvre des vacances, amoureusement préparée pendant toute l'année scolaire, a été, à Lyon, depuis deux ans les Colonies catholiques d'enfants pauvres à la montagne. Quarante grands séminaristes sont rentrés pour un mois dans ces internats où leur mission était, ainsi qu'ils l'avaient eux-même comprise, de procurer à des enfants un peu plus d'air, de lumière, de bonheur, un peu plus de vie, un peu plus de Dieu. Et l'on ne saurait trop redire que si les résultats de ces Colonies sont incomparablement bons, il y faut un dévouement que rien ne lasse, de jour et de nuit Mais, pour intéressant que soit le sujet, ne redisons pas ce qui vient d'être exposé tout au long !

La Colonie ne dure, ordinairement, qu'un mois. Les Lyonnais, qui ont de qui tenir, ne se croient pas obligés au repos, les deux mois qui leur restent ; et, avec leurs confrères, ils se livrent à de nouveaux labeurs.

Le Patronage des Vacances.

Tout le monde connaît, aujourd'hui, le Patronage : il sera bientôt, pour beaucoup d'enfants de nos villes, presque de nécessité de moyen à leur persévérance et a leur salut! Tout le monde sait aussi que, pendant les vacances, beaucoup de Patronages périclitent ou tombent : c'est jeudi tous les jours ; on va à la campagne ; le Directeur prend ses vacances. Les séminaristes le savent.

« C'est jeudi tous les jours ? Nous ferons patronage tous les jours. — On va à la campagne ? Pas tout le monde : avec ceux qui restent nous irons souvent faire des promenades. — Le Directeur s'en va ? Nous sommes là ! »

Et, de fait, ils réalisent leur programme. Bellecombe à Lyon, Saint-François-Régis à Saint-Etienne restent ouverts du dimanche matin au samedi soir. Saint-Denis, Saint-Joseph, le Pardo, etc , reçoivent les enfants plusieurs fois la semaine. Montez à Saint-Augustin, au Bon-Pasteur, descendez à Sainte-Blandine, parcourez tous les Patronages de Lyon pendant les vacances, et vous verrez sur la cour, dans les salles, à l'église, partout, les grands séminaristes. Et les directeurs prêtres, quand ils y sont, se font un devoir de laisser les séminaristes absolument maîtres de diriger à leur gré l'œuvre où ils apprennent, en la pratiquant, la science de l'apostolat.

Ah! les bonnes journées! Voyez le séminariste vivifiant la messe du matin, faisant faire les devoirs de vacances, excitant et réglant les jeux, maintenant la discipline. Entendez-le expliquer le catéchisme, développer une causerie, réciter la prière, détailler l'examen de conscience, diriger et aimer les enfants. Aujourd'hui, il leur montre des projections; demain chantera son phonographe. Hier il opérait des tours de carte et de prestidigitation. Bientôt, grande loterie. Que faire encore pour intéresser ses petits — et se fatiguer lui-même? Regardez-le. Il s'endort sur son Petit Office après souper. Mais quand, réveillé par sa mère heureuse et inquiète tout à la fois, il tombe à genoux, brisé, c'est pour dire à Dieu dans sa prière du soir un merci joyeux et convaincu et lui demander de bénir ses chers petits enfants.

Le livret des Œuvres de vacances porte que les Patronages feront entre eux des concours préparatoires au grand concours général de tous les Patronages des vacances. Aussi Sainte-Blandine provoque Saint-Louis en combat singulier d'échasses. Saint-Joseph monte à la Croix-Rousse se mesurer au Bon-Pasteur. Et un jour, impatiemment attendu des enfants, longuement préparé, dès le grand séminaire, par les séminaristes, tout Lyon se rencontre dans l'arène désignée. Tout a été prévu, le brassard de chaque œuvre, les différents tournois, les règles du combat, jusqu'au moindre détail. Puis, la lutte finie, sur le champ même de la bataille, on fait venir qui sait parler à ces troupes ardentes, frémissantes sous leurs drapeaux, et prêtes, tout à l'heure, à répéter d'une seule voix l'acte de consécration au Christ, depuis longtemps médité et appris

Bientôt, nouvelle réunion plénière pour la distribution des récompenses : tout est pompeusement décoré. Puis vainqueurs et vaincus fraternisent à un goûter d'amis.

Et comment oublier ces inoubliables séances où chaque quartier apporte ses chants, ses débits, ses mouvements de gymnastique, son drame et sa comédie, aux applaudissements émus des parents ravis. Comment ne pas parler de ce grand pèlerinage des Patronages lyonnais de vacances à Fourvière, où la Vierge voit rassemblés près de son autel ceux qu'elle doit aimer le plus : les enfants et leurs amis, les futurs prêtres, venus de tout Lyon implorer sa bénédiction et entendre une parole divine. Nul ne peut oublier cela, ni les témoins, ni les enfants surtout, ni vous non plus, grands séminaristes, qui savez si longuement prévoir et organiser, puis patiemment et complètement réaliser ce bonheur et ces bienfaits.

Les Projections, le Théâtre, les Chansons.

La Colonie et le Patronage des vacances : voilà des œuvres qui appartiennent en propre aux séminaristes : ils y sont chez eux. Après en avoir eu, le plus souvent, l'initiative, ils en ont, effectivement, la charge. Voici encore un terrain sur lequel ils ont un droit, que nul ne songera à leur contester, de propriété : le théâtre et la chanson.

Certains séminaristes, ayant des appareils de projection, se mettent, pendant les vacances, à la disposition de leurs confrères de la ville et de la campagne : nombreuses sont les séances, les conférences, qu'ils ont ainsi données de toutes parts devant les auditoires les plus variés : enfants, malades, jeunes gens, séminaristes, paroisses tout entières les ont applaudis tour à tour.

Il y a mieux. Les Lyonnais raffolent de « Guignol ». Quelques séminaristes bien doués et dévoués se sont réunis, et vont dans les œuvres, jeudis et dimanches, jouer guignol : je vous assure du succès. Qu'on ne prétende pas que cela nuit au prestige de la soutane : d'abord elle est cachée derrière le théâtre. Et puis, « le prestige de la soutane » ce n'est, actuellement, qu'un mot : le prestige du dévouement et de la bonté est une réalité. Ils le savent bien ces vicaires et ces curés qui, non contents des drames ou des « mystères », font eux-mêmes souvent parler « les Guignols » : ce ne sont ni les moins aimés ni les moins influents.

Dans chaque Patronage, nous l'avons dit, les séminaristes organisent des séances récréatives : Nul n'ignore ce qu'il faut dépenser de temps et de peine pour arriver à quelque résultat. Ils ont fait davantage : composer eux-mêmes des pièces, des chants, des débits, à l'usage des enfants et des Cercles. Rien ne vaut ce qui est local, ce qui est approprié aux personnages qui doivent chanter ou jouer. *Race de Félons* a été fort applaudi à Saint-

Etienne. *Le Colis de M. Dominique*, représenté d'abord à la Colonie de Verrières, a été créé à Lyon ensuite, en faveur du Cercle d'études du IV⁰ arrondissement par le Lierre, société artistique de jeunes gens amateurs qui se mettent obligeamment à la disposition des Œuvres.

Mais le « clou » c'est encore *Bistanclaque-Pan*, une *revue* croix-roussienne du plus haut intérêt. Les vers et la musique étaient de séminaristes en collaboration avec des jeunes gens laïcs. Ce fut un exposé touchant de la crise de la soierie à Lyon : il faudrait citer ici les éloges mérités que prodigua à cette œuvre la presse lyonnaise. L'impression morale ne s'apprécie pas tant elle fut bonne et es bénéfices pécuniaires sont loin d'être à dédaigner !

L'Apostolat par la chanson, voilà encore une œuvre des séminaristes lyonnais. Chansons pour les Colonies, chansons pour Patronages, chansons pour les hôpitaux, chansons pour la caserne, chansons pour les ouvriers, chansons pour tout le monde : on en a mis partout. Pas encore beaucoup, c'est vrai, mais ce n'est qu'un commencement. Vive Dieu : c'est une œuvre féconde — et les séminaristes, qui de tout temps ont rimé quelques couplets sur les mille incidents de la vie du séminaire peuvent et doivent s'y employer de toute leur verve et de tout leur cœur — tout comme aussi, à la presse.

La Presse... des vacances.

On pourra bientôt dire qu'en vacances, chaque séminariste vit la plume à la main, comme la parole sur les lèvres et le dévouement dans l'âme. Ont-ils existé ces temps héroïques où, dit-on, l'encre séchait au fond des encriers quand, au séminaire, on n'écrivait que deux fois par an pour les grands examens ? Je ne le crois pas. Mais c'est un fait qu'actuellement le séminariste — je ne veux plus parler que des vacances — écrit, beaucoup, et donc apprend à écrire bien.

Lisez *l'Echo de Saint-Pontique*, organe de quelques

patronages lyonnais : les comptes rendus des vacances
sont discrètement signés d'initiales qu'on rencontre au
grand séminaire. Parcourez *la Semaine religieuse, le
Nouvelliste, le Rappel républicain* — les feuilles régionales
surtout — vous y verrez pendant les vacances des sup-
pléments d'informations locales remarquables. Et si pendant les vacances les bons journaux se lisent davantage,
qui en fait la propagande ?

Fait-on comme autrefois où, petits séminaristes, nous
allions prendre des extinctions de voix à crier « *la Croix*
et son supplément » et où, grands séminaristes, à
l'exemple de quelques vicaires, nous vendions *le Pèlerin*
à la porte de l'église ? Quoi qu'il en soit, on répand les
bons journaux et on y collabore.

Surtout, les grands séminaristes de Lyon ont entre eux
des « Correspondances ». Au grand séminaire, pendant
l'année, vivent des groupes d'études et d'œuvres floris-
sants : le Sacré-Cœur, l'Excelsior, le Sillon, l'Athénée, etc ,
sans parler de ceux qui n'ont point de nom. Pendant les
vacances, les membres d'un groupe gardent entre eux
des relations : à tour de rôle, l'un d'eux recueille, tous
les huit jours, les lettres-articles de tous ses confrères,
les limographie et envoie à tous le bulletin ainsi formé.
Une « Correspondance » générale plus étendue unit,
également chaque semaine, tous les groupes, et se compose de même façon. En sorte que nombre de séminaristes sont obligés de faire pendant les vacances des
lettres-articles ; et que quelques-uns d'entre eux sont
obligés de confectionner un numéro complet, apprenant
ainsi quelle est la tâche d'un secrétaire de rédaction.

Je viens de relire ces bulletins de 15 ou 20 pages. Et
vraiment je sais peu de lecture aussi attachante. Impossible de trouver ailleurs plus de jeunesse, plus d'enthousiasme, plus d'idéal, uni à autant de bon sens pratique,
d'idées justes et neuves. Rien ici qui sente l'intolérance
ou le laxisme indifférent. Oserais-je dire que certains de
ces articles, nombreux, mériteraient d'être publiés et

qu'ils emporteraient les suffrages de tous? Et quelle variété : « Demandes de prière. — Pages de spiritualité. — Sujets d'oraisons. — Etudes : philosophie, théologie, histoire, littérature, poésie. — Lettres d'action surtout où chacun raconte ses projets, ses œuvres, ses déceptions. — Offres, demandes et discussions diverses. »

Oui, ces « Correspondances » réalisent leur but : « Nous avons voulu garder le séminaire au milieu même de la dispersion, resserrer, même absents, notre amitié. — Nos lettres sont des lettres de un à plusieurs. — Notre amitié est faite de piété, d'études, d'action commune : de quoi parleraient nos lettres sinon de ces choses. »

Oui, elles sont excellentes ces mises en commun d'âmes sacerdotales se rapprochant, non pas seulement par l'invisible prière, mais se faisant signe les unes aux autres par l'écriture, et se rappelant que Dieu est bon, que les âmes sont belles, et que nous prêtres, nous devons être comme Jésus-Christ « le plus et le mieux possible » des sauveurs.

Et le moindre résultat de ces lettres, qui suffirait amplement à les rendre nécessaires, est encore qu'elles vous obligent à apprendre à tenir la plume, qui reste, à notre époque, la maîtresse puissance.

Et cœtera.

Ces Correspondances sont lithographiées par *le Service des Jeunes*, c'est-à-dire par des séminaristes, qui prennent aussi sur le temps de leurs vacances de longues heures pour copier, sur leur appareil, mille programmes, invitations, etc., et de véritables recueils de cantiques et de chansons — toujours pour les Œuvres.

Je devrais dire encore, en ce genre d'idées, comment quelques séminaristes ont organisé, en une ville ouvrière, une campagne de *Tracts* fort réussie. Chaque semaine, à leurs frais, car, écrivent-ils en tête de leur feuille : « La vérité ne s'achète ni ne se vend, elle se donne », chaque

semaine ils inondent le pays de leurs papiers aux couleurs
variées dans lequels ils sèment, habilement, vaillamment,
persuasivement, la Vérité. Je devrais signaler aussi ce
séminariste qui, à lui seul, fit *des élections*, écrivant les
articles dans les journaux, envoyant des rectifications
par l'intermédiaire d'huissier, composant et faisant pla-
carder les affiches, stylant le candidat et les comités.
Mais ces séminaristes-là ont eu la prudence de ne se
point découvrir à personne. Leurs œuvres qu'ils ont
pleinement réussies, et qu'il est difficile non de louer
mais d'imiter, demandent une pareille discrétion.

Visitons les malades et les pauvres. Instruisons-les.

C'est à *l'Hôpital* maintenant qu'il nous faut accom-
pagner les grands séminaristes de Lyon.

Ils ont gardé la charitable coutume — l'œuvre collec-
tive n'existant plus — d'aller, individuellement, faire
visite aux malades du catholique hôpital Saint-Joseph.

Mais ce sont les incurables de l'Hospice de la Croix,
près de Fourvière, qui attirent spécialement leur inlassable charité. Ils y vont le vendredi soir et voici « l'ordre
du jour » : « D'abord réunion à la chapelle où ils prient
pour les malades ; puis l'un d'eux fait aux chers délaissés
une instruction (cette année sur la vie de Notre-Seigneur),
ensuite ils vont faire visite à chaque malade ; et enfin ils
retournent à la chapelle recommencer leur adoration. »
Et il faut voir comme ils sont attendus, désirés, regrettés.
Ils savent si délicatement intéresser, instruire, aimer,
et à l'occasion, amuser ceux qui souffrent.

Vers le 8 septembre ils leur prêchent une retraite dont
ils se partagent chaque jour les instructions et pour la
clôture, le 14, fête de l'Exaltation de la sainte Croix, la
patronale, le programme porte : « Grand'messe en
musique — Sermon solennel par un séminariste diacre.
— Salut du Saint-Sacrement, en musique. — Séance
récréative offerte aux malades. »

Le dimanche matin, c'est aux *Colonnes de raseurs* qu'ils portent leur zèle. Je copie sur une Correspondance : « Œuvre intéressante entre toutes. Dans les locaux assignés se réunissent chaque dimanche une trentaine de pauvres de tout acabit. Ils viennent là se faire raser gratis (par des volontaires du dévouement); et tandis que cette opération s'accomplit sous ses yeux, le séminariste s'essaie, dans un petit prône (oh ! bien modeste), et tâche, tout en intéressant son auditoire, de lui rappeler quelques-unes des grandes vérités de la foi, vérités qui ne sont plus chez la plupart, que des racontars futiles ou des souvenirs déjà bien effacés. » Et, de toutes ces instructions ou conférences qui se font chaque dimanche en un certain nombre de paroisses, il en est de bien travaillées, fort agréables et très utiles à entendre. Dans l'article que je citais, le grand séminariste proposait la création d'un vestiaire reliquat des vieilleries mises de côté par beaucoup et qui pourraient être utiles à ces chers pauvres. Son appel a été entendu.

L'œuvre par excellence : les petits séminaristes.

Voilà bien des œuvres importantes toutes, et du plus haut intérêt. Et je n'ai pas encore parlé pourtant de celle qui paraît aux grands séminaristes, et qui est vraiment capitale, celle à laquelle ils apportent tous leur meilleure activité : l'*Œuvre des Petits Séminaristes*.

Le petit séminariste, en vacances, est un isolé, un déclassé, un dépaysé, un délaissé : c'en est trop pour expliquer que la plupart des vocations perdues le soient pendant les vacances. Les chiffres sont d'une triste éloquence. Les grands séminaristes — tant ceux du temps passé que du temps d'aujourd'hui — ont souffert de ce mal évident auquel *seuls* ils peuvent apporter remède efficace. Et ils sont allés chercher le petit séminariste, lui dire qu'ils sont frères, mettre leurs mains dans sa

main et l'entraîner avec eux sur le chemin du sacerdoce
et de l'idéal.

Chaque mardi, petits et grands séminaristes se réunissent à Fourvière, à une messe intime et vivante dans
laquelle ils unissent leurs prières et leurs chants. A la
communion, au nom de Jésus le Prêtre souverain, le
prêtre qui offre le sacrifice fait une instruction — la
seule qui en huit jours leur soit personnellement adressée.
Puis la bénédiction.

« Pendant le déjeuner (je cite), on s'efforcera de recruter quelques auxiliaires pour les Patronages ; nous ne
saurions faire acte plus charitable envers ces jeunes
gens que de les porter au don d'eux-mêmes : la charité est
le secret de la persévérance.

« A 8 h. 3/4. Réunion. Conférence faite autant que possible par un petit séminariste. Nous laisserons place
entière à l'initiative privée, et nous adopterons volontiers
les sujets susceptibles d'intéresser qui seront proposés. »
Et c'est ce qui, chaque mardi, a lieu.

Ah ! ces réunions du mardi ! Quel bien elles ont fait !
Quel bien elles font encore ! Non, cher petit seminariste,
tu n'es plus un isolé. Vois tes camarades. Vois tes frères
aînés. Non, ne crois pas ce que le monde te dit du sacerdoce où tu veux aller : écoute comme ces futurs prêtres
te parlent du prêtre, regarde leurs œuvres, vois leurs
nobles préoccupations. Et si tu sens en toi l'ennui d'une
vie inutile et désœuvrée ou, plutôt, si tu te sens au cœur
le besoin de te dévouer déjà, suis-les, suis-les : ils te
mèneront aux âmes et à Dieu.

Mais, dira-t-on, cette œuvre n'offre-t-elle pas de graves
inconvénients ? Ne craignez-vous point par exemple les
amitiés particulières ? — Qu'il y ait eu parfois à l'occasion
de ces réunions — où ne sont admis les enfants qu'à
partir de la troisième — ce qu'on nomme des amitiés
particulières, au sens péjoratif, il est possible. Mais
qu'importe au résultat général ces exceptions inévitables
— et qui, en tout cas ne trouveront pas longtemps dans

ces réunions d'œuvres, leur aliment ? — Oui, il s'est formé là des amitiés particulières, mais d'excellentes, de nécessaires. Ah ! s'il m'était permis de crier publiquement ma reconnaissance et de citer des noms, je dirais, personnellement, que j'ai rencontré là, autrefois, le grand séminariste à qui je dois la persévérance et l'enthousiasme de ma vocation ; et que, grand séminariste à mon tour, j'ai connu là et aimé ceux avec qui, comme première œuvre, il m'a été donné de travailler, prêtre, à la Colonie des vacances à Verrières.

Encore pour les petits séminaristes, et pour les petits clercs.

C'est qu'aussi bien, l'œuvre ne se borne pas à ces matinées de mardi. On ne fait ici que reprendre ensemble un contact commun. Chaque grand séminariste s'empare de quelques petits séminaristes et se met à leur disposition. Il cherche d'abord à les entraîner aux Patronages ; ainsi le recommande le livret des œuvres de vacances : « Nous ferons tous nos efforts pour les intéresser aux Patronages. A leur première visite, allons à eux, confions-leur un' rôle précis, tel jeu à entretenir, un petit catéchisme à faire, etc. Evitons qu'ils ne s'ennuient. » Et le mardi, après la réunion générale « tous ceux qui s'occupent de Patronages se réunissent pour causer de cet apostolat. »

Puis le grand séminariste associe ses jeunes frères à toutes ses œuvres, sachant bien que donner le goût et l'habitude des œuvres, c'est assurer le sacerdoce, et un sacerdoce fécond. Il devient leur professeur, veillant à l'accomplissement des devoirs de vacances, les mettant en avance pour les classes à venir. Et il n'est pas rare que des séminaristes, très gratuitement, sans autre récompense souvent que le bien fait — et parfois non reconnu — passent chaque jour quatre, cinq, six heures et plus à donner des « leçons ». Ils se fixent leurs rendez-vous le matin après la messe (ce qui oblige le

petit séminariste à y assister). Parfois le soir ils vont
ensemble se promener, et l'on choisit généralement
comme but, une œuvre à visiter.

Bref le grand séminariste se fait l'Ange gardien, véritablement, de ses chers petits frères en Jésus-Christ, les
petits séminaristes : *S... es messis in semine.*

Les grands séminaristes encore s'occupent des élèves
des écoles cléricales, à qui ils s'efforcent de garder et de
développer pendant les vacances l'attrait vers le plus
noble idéal du sacerdoce. Et les grands séminaristes de
l'École apostolique de Saint Jean résolvent très pratiquement à Lyon la question des Colonies de vacances pour
les élèves des écoles cléricales : les emmener chaque jour
à la campagne où ils les occupent aux travaux intellectuels, aux exercices de piété et aux jeux les plus variés.

Piété. — Etude. — Action.

Hâtons-nous d'achever, car ce n'est point encore tout.
Et cependant nous nous contentons d'indiquer les œuvres
des grands séminaristes, sans chercher à les faire valoir,
persuadé que le lecteur attentif en comprendra toute
l'importance et le mérite.

Le séminariste sait que pour donner il faut avoir et
que les forces s'épuisent si elles ne sont réparées. Aussi
a-t-il des œuvres où il s'en va renouveler sa vie, afin de
la répandre à nouveau plus vivifiante que jamais.

Chaque samedi Notre-Dame de Fourvière voit monter
à elle la plupart des grands séminaristes lyonnais. Ils
assistent à la messe, prient et chantent ensemble, com-
munient côte à côte et cœur à cœur. Après l'action de
grâces, restaurés dans l'amour du Christ, ils vont au
grand séminaire. Et, durant leurs agapes fraternelles,
« il est dit quelques mots pour rendre compte de la
semaine écoulée et préparer la semaine suivante. »

Puis dans une salle spéciale, ils assistent à une conférence donnée le plus souvent par un d'entre eux. Le

sujet, cette année, était la grande question de l'éducation. « Pratiques avant tout, ces causeries ont le double avantage de faire étudier sérieusement un sujet très important, et de former à l'art de la parole et de la discussion. »

Et c'est ainsi que le samedi les grands séminaristes se rappellent pratiquement leur magnifique programme qui est aussi celui de toute la jeunesse catholique française : « Piété. Étude. Action. »

Chaque mois, les séminaristes forment une section spéciale de *l'Adoration nocturne*. Et, encore que, à cause du véritable surmenage que s'imposent les séminaristes en vacances et à cause des sollicitudes bien raisonnables de la famille, cette œuvre bien belle semble moins leur convenir, ils y vont pourtant nombreux « faire une nuit de garde, disent-ils, prier pour nos œuvres, nos vocations, notre ministère futur, pour l'Église et pour la France. »

Ah ! je comprends vraiment pourquoi, pendant vos vacances, vos journées sont si pleines, vos travaux si féconds, grands séminaristes de Lyon : le secret de votre dévouement c'est déjà votre sacerdoce. Et j'entends le sens profond de la devise par laquelle se termine le livre d'or de vos œuvres : « En avant, mes amis, c'est pour le bon Dieu ! »

Il faut conclure. — C'est pour le bon Dieu.

Voilà donc signalées, non approfondies, hâtivement et imparfaitement, les œuvres principales des séminaristes lyonnais en vacances. Il nous aurait fallu dire encore la part qu'ils prennent aux congrès régionaux quand ils ne les organisent point en entier, monter avec eux, en février, sur l'estrade où se tient le Bureau du Congrès national des Cercles d'études, et les suivre pendant *la semaine sociale*, non seulement aux cours généraux, mais encore dans leurs enthousiastes réunions particulières.

Il nous aurait fallu surtout parler des séminaristes de

la campagne qui, dans leur milieu, ne le cèdent en rien à ceux de la grande ville, mais c'est une nouvelle étude, non moins instructive, qui nous serait nécessaire.

Allons donc, quoique à regret, à nos conclusions; et pour les tirer répondons à deux objections qui se posent naturellement.

Est-ce tous les séminaristes de Lyon — ville et diocèse — qui se livrent ainsi avec tant d'ardeur aux œuvres, pendant les vacances, ou bien l'apostolat n'est-il, comme ailleurs, que le fait d'une élite?

En concédant d'abord qu'un certain nombre de jeunes clers sont empêchés par des impossibilités physiques ou morales de participer selon leurs désirs aux œuvres de vacances, nous pouvons affirmer que c'est la grande majorité des séminaristes qui occupent leurs loisirs ainsi que nous l'avons dit.

Très rares sont ceux qui, par principe, se refusent à toute action : en existe-t-il même? Rares aussi les purs intellectuels, occupés à leur pensée, se retranchant dans l'abstraction : les plus intelligents du séminaire s'honorent d'être, de toutes façons, partisans convaincus et agissants des œuvres. Ils savent que le champ du père de famille est vaste à cultiver et qu'il n'y a pas assez d'ouvriers; ils auraient honte de perdre leur temps alors que tout les sollicite à travailler, à répandre autour d'eux plus de vie intellectuelle, morale, religieuse, matérielle. Ils veulent être des lumières mais qui éclairent et réchauffent.

Quant aux indifférents, il doit bien, hélas! en être quelques-uns. Au moins sont-ils si peu nombreux que nul ne tient compte de leur présence ou de leur absence, et que, en tout cas, ils se sentent, ce qu'ils sont — et c'est ainsi qu'on les considère — comme des exceptions inférieures et humiliantes (1).

(1) Ce n'est pas nous qui traiterons d'indifférents ceux qui se contentent pour l'instant de travailler, d'étudier et de prier sans agir à l'extérieur, mais pour se préparer plus et mieux à leur

Mais alors, direz vous, tous s'occupent-ils de toutes les œuvres dont il a été parlé ?

Cela paraît difficile, et ce n'est pas. Quelques-uns circonscrivent leur champ d'action et s'astreignent à une seule œuvre. D'autres vont un peu à toutes. Chacun selon son tempérament. Mais ce qui est certain c'est que la vie des vacances est une vie très occupée — très active, je ne dis pas agitée — et parfois bien fatigante. Et même, quelques séminaristes s'épuisent vraiment outre mesure; j'en sais, des meilleurs, qui peut-être ont ainsi compromis pour toujours leur santé. Évidemment c'est profondément regrettable. Mais au moins est-il permis de s'enthousiasmer en voyant jusqu'où vont les ardeurs du zèle chez les futurs prêtres.

Ce zèle peut se calmer, se refroidir : s'éteindre, jamais. Qui a connu, aimé et pratiqué les Œuvres dans sa jeunesse, y reviendra toujours.

Et voilà pourquoi il faudrait que de plus en plus, de mieux en mieux, partout comme à Lyon, petits et grands séminaristes apprennent, pendant les vacances, que le secret de la persévérance, de la dignité, du bonheur et de la fécondité d'une vie sacerdotale, c'est le dévouement complet aux hommes pour Dieu, dévouement dont les œuvres sont la manifestation, le soutien et la garantie.

« En avant ! mes amis, c'est pour le bon Dieu ! »

_____

ministère futur, quel qu'il doive être, l'essentiel est que l'on ne vive pas « pour soi » en dilettante, en égoïste — peu importe alors la conviction que l'on a des formes de l'apostolat et du temps auquel chacun doit s'y livrer.

Tracts périodiques de l'A. P.

1re SÉRIE :

1. TRACT-PROGRAMME. — **Aperçu général sur l'A. P.**

2. Vicomte de BIZEMONT. — **Une Caisse rurale**, *monographie d'une banque villageoise.*

3. Abbé MAZELIN. — **Un Curé et ses Œuvres rurales.** — Organisation d'une paroisse, retour à l'association.

4. Stanislas DU LAC. — **Le Syndicat du Fil et de l'Aiguille.** — Petites ouvrières, grandes misères. Premiers résultats.

5. de GAILHARD-BANCEL. — **Le Syndicat agricole.** — Résumé d'une expérience de quinze années.

6. J. FRANÇOIS. — **Assurance du Bétail par la Mutualité.**

7. DELCOURT-HAILLOT. — **Rouges et Jaunes.** (Presque épuisé).

7* Mlle DE GOURLET. — **La Maison sociale.** — Rayonnement d'idées et d'œuvres dans un quartier populaire de Paris.

8. **Le comte Albert de Mun** — *Son Œuvre au Parlement et dans le pays... proposée aux études des «Jeunes ».*

9.-10. Léon DE SEILHAC. — **Associations et Syndicats. — Coopération.** — Syndicats. — Coopération ; production, consommation, crédit.

11. J.-B. PIOLET. — **Les Jardins ouvriers.** — Leur modèle dans la création de Saint-Etienne.

12. Patris DE BREUIL. — **Visite d'une Paroisse ouvrière.** — Œuvres organisées par l'abbé Cetty, à Mulhouse.

13. Et. MARTIN-SAINT-LÉON — **La Mutualité.** — I. *Étude générale.* Sa récente législation Son histoire ancienne.

14. CHARPENTIER — **Conférenciers populaires.** — Comment ils se forment. Essais à l'étranger et en France.

15. FLORNOY. — **La Femme du monde et les Œuvres sociales.** — Attrayante étude sur le rôle social qui revient à la femme.

16. François VEUILLOT. — **Plaisance.** — Quartier excentrique de la capitale, vivifié par les œuvres du Rosaire.

17. ENGERAND. — **La Dentelle à la main** ou restauration de l'un des petits métiers qui se font à la maison.

18. DEDÉ — **Mutualité** — II. *Constitution d'une Société de secours mutuels.*

19. Léon DE SEILHAC. — **Professions et Métiers.** — I. *Le Pêcheur de Sardines.* — Enquête.

20. DEDÉ — **Union mutualiste des Françaises.** — L'Œuvre aide par ses conseils et ses subsides les sociétés locales.

21. Mme FROMENT. — **Professions et Métiers.** — II. *Ouvrières Parisiennes.* — Observations faites sur place.

22-23. MAZELIN. — **Conférencier agricole.** — I *Exposition.* — II *Documentation.*

24. Léon AUDRAY. — **Professions et Métiers.** — III. *L'Employé.* Commencement d'organisation.

2ᵉ SÉRIE :

25. A. RENAULT. — **Le Syndicat agricole de la Champagne.** — Il rayonne sur trois départements et multiplie ses sections.

26. H. VIVIENNE. — **Les Meneurs socialistes.** — Histoire d'un ouvrier qui assiste aux variations intéressées de ses chefs.

27. Victor DE CLERCQ. — **Organisation de la petite bourgeoisie en Belgique...**

28. P. DU MAROUSSEM. — **Qu'est-ce que l'ouvrier ? Qu'est ce que la Question ouvrière ?**

29 30. François VEUILLOT. — **Association catholique de la Jeunesse française.** — **Le Sillon.** — Les « Jeunes » sont entrés dans le mouvement social. Exposition de leurs doctrines, de leur organisation.

31. Mᴵˡˡᵉ ROCHEBILLARD. — **Syndicat d'Ouvrières lyonnaises.** — Effort admirable d'une femme pour organiser les ouvrières.

32. QUILLET. — **L'Enseignement ménager.** — Programme et conditions d'installation.

33. E. MONTIER. — **Les « Philippins » de Rouen.** — Type de patronage transformé en Collège populaire.

34. Léon DE SEILHAC. — **Comment organiser le Placement ?** La loi de 1904. Organisations en France et à l'étranger.

35. DEDÉ. — **Mutualité.** — III. *Fonctionnement d'une Société de Secours mutuels.* — Manuel nécessaire à un administrateur.

36. A. PERRIN. — **Le Syndicat central des Unions fédérales.** Avantages offerts aux professions de l'Ameublement, de l'Architecture, de l'Alimentation, du Bâtiment, etc.

37. Mᴵˡˡᵉ DE GOURLET. — **Colonies sociales.** — Résidence des riches dans les quartiers peu fortunés. — *Settlements.*

38. Pierre SYLVESTRE. — **Le Catholicisme social pratique à Bergame (Italie).**

39. Max TURMANN. — **En plein air.** — **Colonies de vacances, colonies syndicales.** — qui donnent la santé, du bonheur, les grands aspects de la nature, les bonnes paroles qui élèvent les âmes.

40. François VEUILLOT. — **Union d'employés des Chemins de Fer.** — Efforts tentés par un personnel excellent, pour se grouper.

41. Max TURMANN. — **Le Volksverein.** — Union populaire allemande.

42. P. DÉRÉ. — **Le Typographe.** — Observations prises sur le vif chez les ouvriers du Livre.

43. Emm. RIVIÈRE. — **Syndicats et Commissions mixtes.** — Expérience d'un industriel.

44. V. LOISELET. — **La grève d'Armentières** (oct.-nov. 1903).

45. PETERS. — **Avaux-le-Château.** — Petit pays des Ardennes appelé à la vie syndicale par son curé.

46 JEAN-PIERRE. — I. **Maîtres et Serviteurs.** — Exposé de la crise du service domestique.

47. G. DE SAINT-AUBERT. — **Les Retraites ouvrières** — Étude impartiale des différents projets de loi.

48. VALERY. — **Syndicat agricole modèle à Quet-en-Beaumont.**

3ᵉ SÉRIE :

49. Du MAROUSSEM. — **Qu'est ce que la question sociale ? Qu'est ce que la Démocratie ?**

50. L'Abbé CETTY. — **Le Crédit ouvrier.** — Exposition d'une institution de Crédit populaire élevant en 1904 jusqu'à 368 maisons à Mulhouse.

51. A. DELAIRE — **Le Play et son École.** — Les principes, les exemples, les méthodes du Maître résumés par le plus fidèle des disciples.

52. DEDÉ. — **Mutualité.** — IV. *Législation et Statuts.*

53. M. BEAUFRETON. — **Union familiale de Charonne :** Patronage, cercle, enseignement ménager, institut populaire en un groupement.

54. Em. CACHEUX. — **Habitations ouvrières à bon marché.** I. — Remarques inspirées par la science, par l'expérience. Types divers.

55. JEAN-PIERRE. — **Maîtres et Serviteurs.** — II. *Les Réformes du Service domestique.*

56. LELEU. — **Cercles d'études.** — Exemples, programmes offerts à la jeunesse.

57. Ch. VINCQ. — **Hygiène professionnelle.** — Elle prévient les maladies si fréquentes qui naissent du travail.

58. Em. CACHEUX. — **Habitations ouvrières à bon marché.** — II. *Construction. Coopératives d'habitations.*

59. Mᵐᵉ CHANGEUX. — Deux Causeries : **Que faire de nos filles ? Comment lutter contre l'alcoolisme ?**

60. **Correspondance de l'A. P.** — Echange de vues entre les lecteurs et les rédacteurs.

61. Maurice BEAUFRETON. — **Education sociale de la Femme.**

62. Georges PIOT. — **Pourquoi et comment s'associer ?** — Armé de textes, l'auteur montre comment la loi de 1901 peut servir la liberté.

63. Abbé THOUVENIN. — **Caisse de Retraite et de Dotation.** — Institutions nécessaires : l'une aux vieillards, l'autre aux jeunes gens.

64. Louis RIVIÈRE. — **Assistance par le Travail.** — Les meilleurs moyens de donner du travail et par là de faire *bien* le bien.

65. Victor BETTENCOURT. — **L'Apprentissage.** — Décadence. Relèvement.

66. RÉMY. — **Un Secrétariat d'action sociale dans le Sud-Est** — Les « Jeunes » de Lyon et la *Chronique du Sud-Est.*

67. H.-J. LEROY. — **Le Clergé et les Œuvres sociales.** — Intervention. Réponse aux objections.

68. Firmin CORDIER. — **L'Enquête.** — Utilité. Mécanisme.

69. PELUD RIBOUD. — **Assurance mutuelle contre l'incendie.**

70. DOSIO VERCELLI. — **L'assistance des émigrés italiens en Europe**

71. MÉNY. — **Nos petits Marmitons.** — Enquête.

72. Ch. GIDE. — **Les Coopératives de consommation.**

4ᵉ SÉRIE :

73. G. CERCEAU. — **Léon XIII et le Travail**, d'après les Actes Pontificaux.

74. H. GETTY. — **Le Mariage dans les Classes ouvrières.**

75. TERREL. — **Le Crédit agricole** ou la *Fédération des Caisses rurales.*

76. Max TURMANN. — **Syndicats allemands. Syndicats socialistes, syndicats chrétiens.**

77. H.-J. LEROY. — **L'Art doit-il être populaire ?**

78. Abbé Ch. THELLIER DE PONCHEVILLE. — **Une caisse ouvrière de prêts pour maisons ouvrières.**

79. G. LORETTE. — **Les Laiteries coopératives.**

80. Fr. FUNCK-BRENTANO. — **Les Devoirs de l'Argent.**

81. L'Abbé GETTY. — **Choses d'Allemagne. Rayons et ombres.**

82. E. FLORNOY. — **Galerie sociale. Ozanam.**

83. De LA TOUR du PIN. — **La Représentation professionnelle.**

84. L. RIVIÈRE. — **Protection de la Jeune Fille.**

85. De BOISSIEU. — **Rôle social du Propriétaire rural.**

86. Abbé BROUILLET. — **Vieille Loye.** Initiatives d'un curé avec les verriers; avec les ruraux.

87. Henry de FRANCE. — **Les Associations.**

88. DAUDÉ-BANCEL. — **Une Coopérative de Consommation : « La Famille »**

89. Antoine MARTIN. — **Vers un groupe d'Etudes : Péripéties d'une Fondation.**

90. J. de L'ÉCLUSE. — **La Batellerie.**

91. E. BEAUPIN. — **Cercles d'Etudes de Jeunes Filles.**

N. B. — *Cette liste s'arrête fin décembre 1905. — Voir en tête du volume les prix de l'abonnement annuel 1906.*

Abbeville. — Imprimerie F. PAILLART.

Tableau analytique des Tracts de l'A. P.

En rappelant la triple division de ses Tracts : *Principes, Enquêtes, Monographies*, l'A. P. les a groupés, dans un but pratique, sous les titres suivants :

Principes et études générales · 1 — 8 - 28   49 — 51 — 60 — 61 — 62 — 67 — 68 - 73 — 77 — 80 — 81 - 82 — 83.

Œuvres rurales : 2 — 3 — 5 — 6 — 14 — 22 — 23 - 39 - 45 — 48 - 63   69 - 72 — 73 - 79 — 85   86

Œuvres urbaines : 4 — 7 — 11 — 12 - 14 — 16 - 21 - 31 — 34 — 37 — 39 - 40   50 — 52 — 54 — 58 — 63 — 64 — 65 — 71 - 72 — 74 — 78 - 84.

Œuvres sociales sacerdotales : 3 — 11 — 12 — 45 — 48 — 50 — 67 — 86.

Œuvres féminines : 4 — 15 — 17 — 20 — 21 — 31 — 32 — 46 — 55 — 58 — 61 - 84.

Œuvres de jeunes gens · 14 - 16 — 22 — 23 - 29 — 30 — 33 — 56 - 65 - 66.

Professions et métiers : 7 - 18 — 19 — 21 — 24 — 26 — 40 — 42 — 44   46 — 47 — 53 — 57 — 68 — 70 — 71 — 74 — 83   85.

Syndicats . 4 - 5 — 9 — 10 - 23 - 31 — 36 — 40 — 43 — 62 — 76.

Mutualité et coopération : 2 — 3 — 6 — 13 — 18 — 20 — 35 — 45 — 48 — 52 - 53   54 — 58 — 62 — 63 — 69 — 72 - 73 — 78 - 79

A l'étranger   12 — 27 — 38 — 41 — 50 - 70 — 76 — 81.

N. B. — La *traduction italienne* d'une première série de 24 tracts est éditée par LUIGI BUFFETTI, Trévise (Italie).

Publications de l'ACTION POPULAIRE
Rédaction-Administration : 48, rue de Venise, REIMS

Guide Social

de

l'Action Populaire

3e Année   In-8° de 380 pages   2 fr.   1906
Franco   2 fr 65

1re Partie   **L'ANNÉE SOCIALE**
2e Partie   **LES GROUPEMENTS D'ACTION**
3 Partie   **ŒUVRES SOCIALES**

Après chaque partie   Silhouettes sociales,   Nombreuses
bibliographies classées avec soin,   Titres paginaux
Tables d'ensemble et de détail, — Tables analytique et
onomastique — Adresses et Renseignements multiples

Annuaire-Almanach

de

l'Action Populaire

1re Année GUIDE SOCIAL 1904

Prix de chaque volume 2 fr

Guide Social

de

l'Action Populaire

2e Année   1905

Franco 2 fr 65

Rédaction-Administration de l'ACTION POPULAIRE
48, rue de Venise, REIMS
V LECOFFRE, 90, rue Bonaparte, PARIS

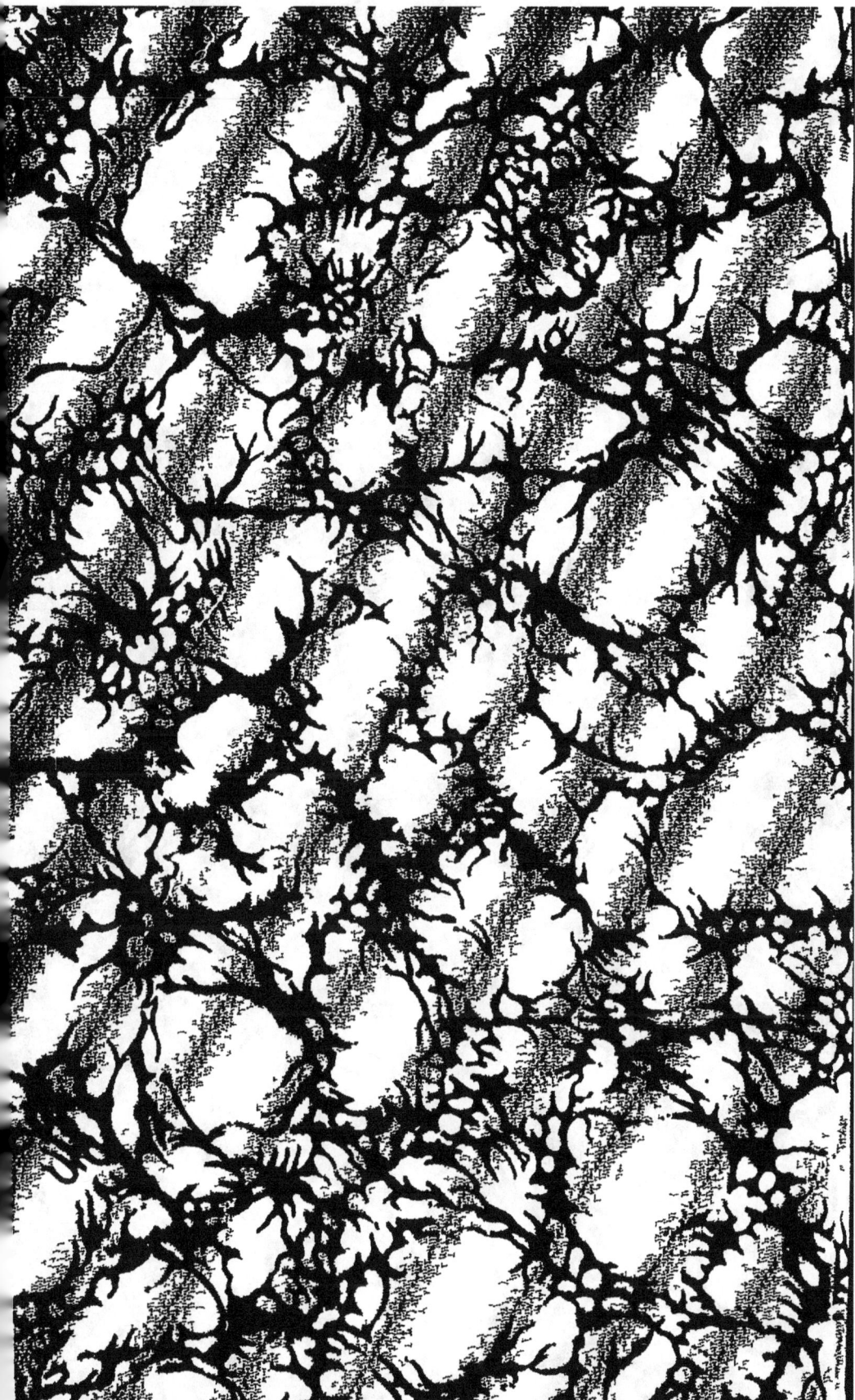

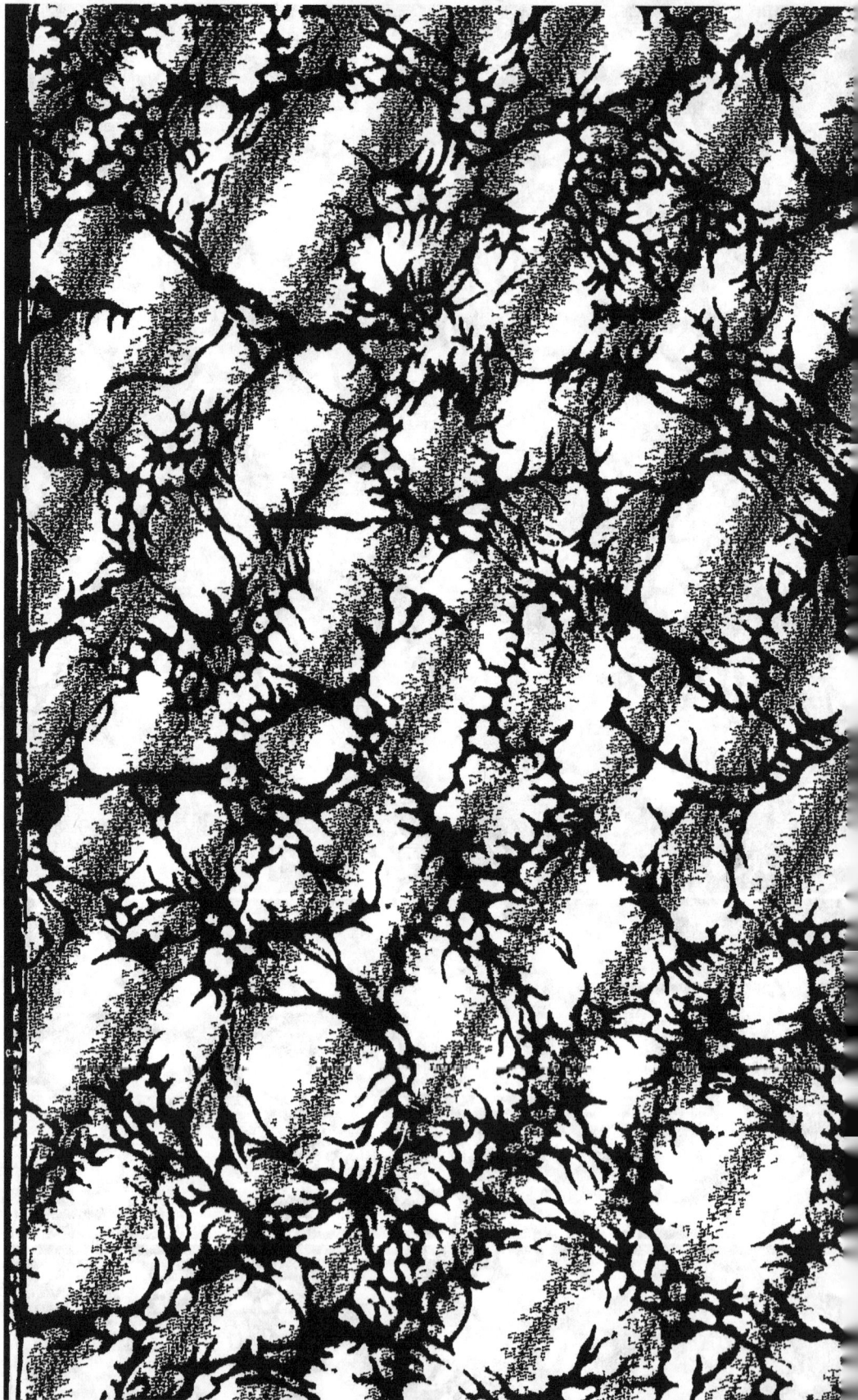